ちくま新書

ファラオ

――古代エジプト王権の形成

馬場匡浩
Baba Masahiro

1849

ファラオ——古代エジプト王権の形成【目次】

第6章　ピラミッド――その誕生と機能　221

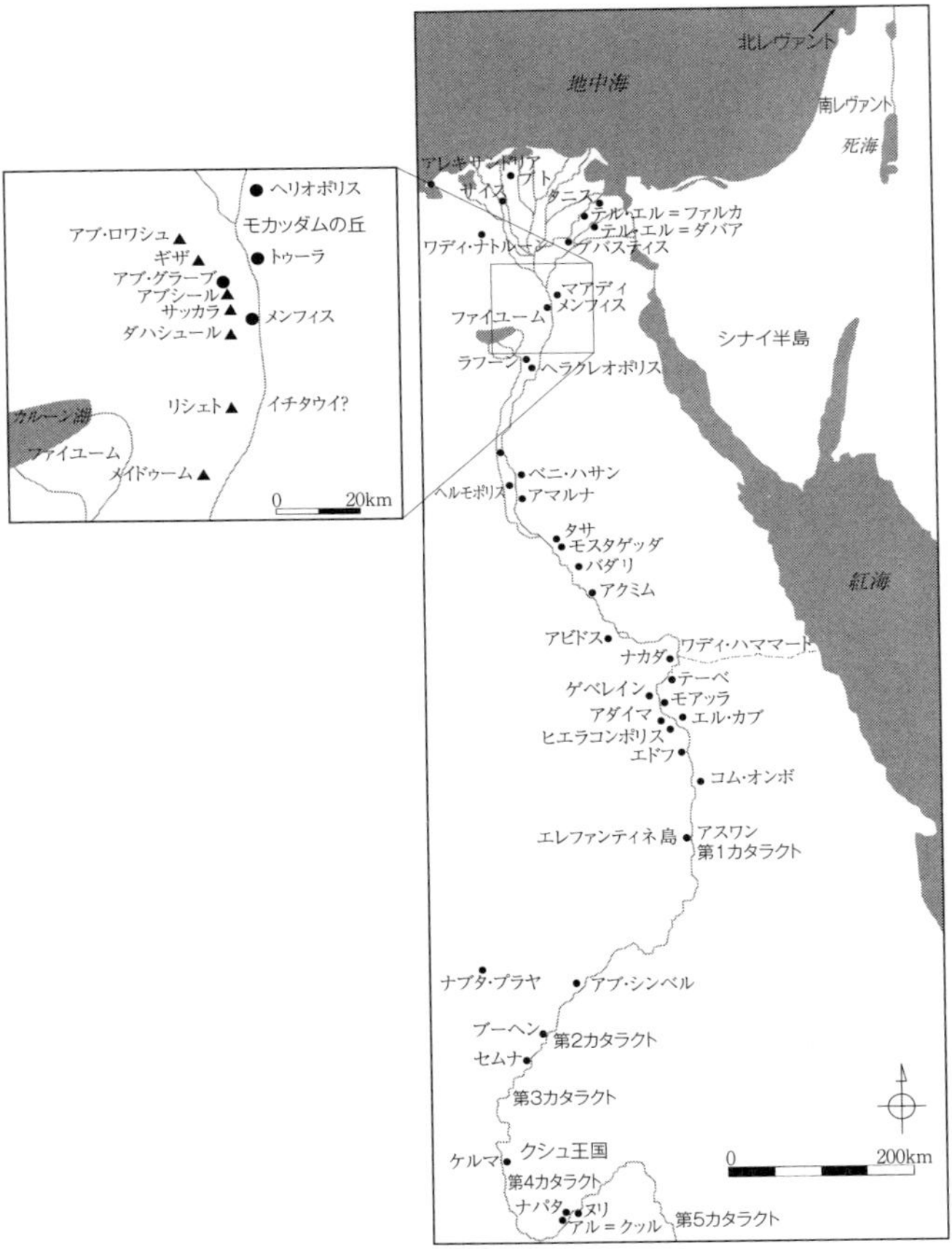
ヘリオポリス
モカッダムの丘
アブ・ロワシュ
ギザ
トゥーラ
アブ・グラーブ
アブシール
サッカラ
メンフィス
ダハシュール
リシェト
イチタウイ?
カルーン湖
ファイユーム
メイドゥーム
0
20km
北レヴァント
地中海
南レヴァント
死海
アレキサンドリア
ブト
サイス
タニス
テル・エル＝ファルカ
テル・エル＝ダバア
ワディ・ナトルーン
ブバスティス
マアディ
メンフィス
ファイユーム
シナイ半島
ラフーン
ヘラクレオポリス
ベニ・ハサン
ヘルモポリス
アマルナ
タサ
モスタゲッダ
バダリ
アクミム
紅海
アビドス
ワディ・ハママート
ナカダ
テーベ
ゲベレイン
モアッラ
アダイマ
エル・カブ
ヒエラコンポリス
エドフ
コム・オンボ
エレファンティネ島
アスワン
第1カタラクト
ナブタ・プラヤ
アブ・シンベル
ブーヘン
第2カタラクト
セムナ
第3カタラクト
クシュ王国
ケルマ
第4カタラクト
ナパタ
ヌリ
アル＝クッル
第5カタラクト
0
200km

はじめに

読者のみなさんは、「ファラオ」がエジプト文明の王であることはご存じであろう。そのイメージは、神なる王、絶対的権力をもつ王、豪華絢爛な墓に埋葬された王、などであろう。そのどれも間違ってはいない。だが、ファラオの役割や王権の具体像を知る方は多くはないのではなかろうか。

ファラオに課せられた使命は、かれらの世界を安寧に保つこと、これに尽きる。権力を振りかざし、ただ優雅な生活を送っていたわけではなく、エジプトを平和で安定した状態に維持するために、ファラオは存在したのである。そしてこれこそが、古代エジプトの王権であり、ファラオは代々、この使命としての王権を頑なに引き継いできたのだ。

エジプト文明は、アフリカ北東部のナイル川下流域に栄えた、世界最古の文明の一つである。この文明は、最初のファラオが誕生した紀元前三一〇〇年ごろから、ローマ帝国の属州となって終焉を迎える紀元前三〇年まで、およそ三〇〇〇年間の歴史がある。そのながい歴史のなかで、二四〇人以上のファラオが即位し、かれらを頂点とするピラミッド型の社会を維持してきた。

ファラオは、国家における最高権力者であり、行政・軍事・宗教のトップとして全権を担っていた。それはすべて、使命のためである。異国民の侵入を防ぐために軍隊を先導し、秩序ある世界を願って神殿で神々に供物を捧げるのだ。ファラオはこれらを自ら実行しなければならないのだが、現実的にそれは不可能であるため、官僚や神官たちに代行させていた。

†ファラオの表現

特別な存在であるファラオは、一目でそれとわかる独特の姿で表現された（図0-1）。頭には、エジプトの北と南をそれぞれ象徴する白冠と赤冠、それらを統一した複合冠、ネメス頭巾などを被り、顎には長い付け髭を付ける。手には、ナイル川の農耕民と砂漠の遊牧民の支配をそれぞれ表す殻竿（ネケク）と王笏（ヘカ）を持つ。

衣装では、ビーズ装飾が施されたエプロンをまとい、腰には「ウシの尾」と呼ばれる装飾を付ける。これは雄ウシの尻尾であり、その力強さがファラオのメタファーとなってい

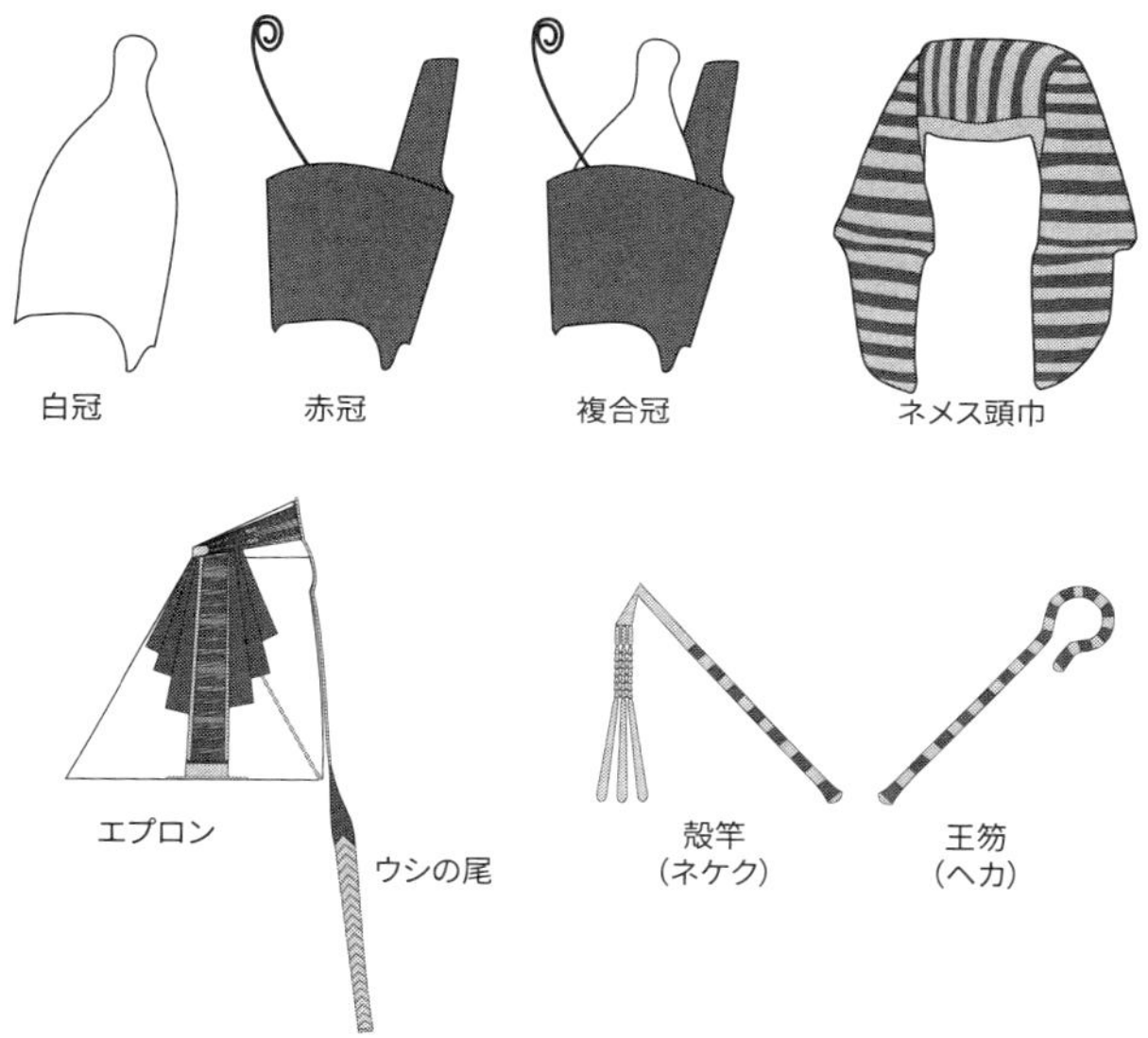

図0-1　ファラオを象徴するアイテム

る。

これらはすべて、王を象徴するアイテム（レガリア）である。文明成立とともに、これらアイテムのほぼすべてが出揃っており、この初期に確立された王の表現様式は、王位の正当性を示すために代々踏襲され、それが王権の維持にもつながったのである。

王を表現するもう一つの特徴は名前であり、これも王権のシンボルとして使われ続けた。王名は五種類存在した（図0-2）。

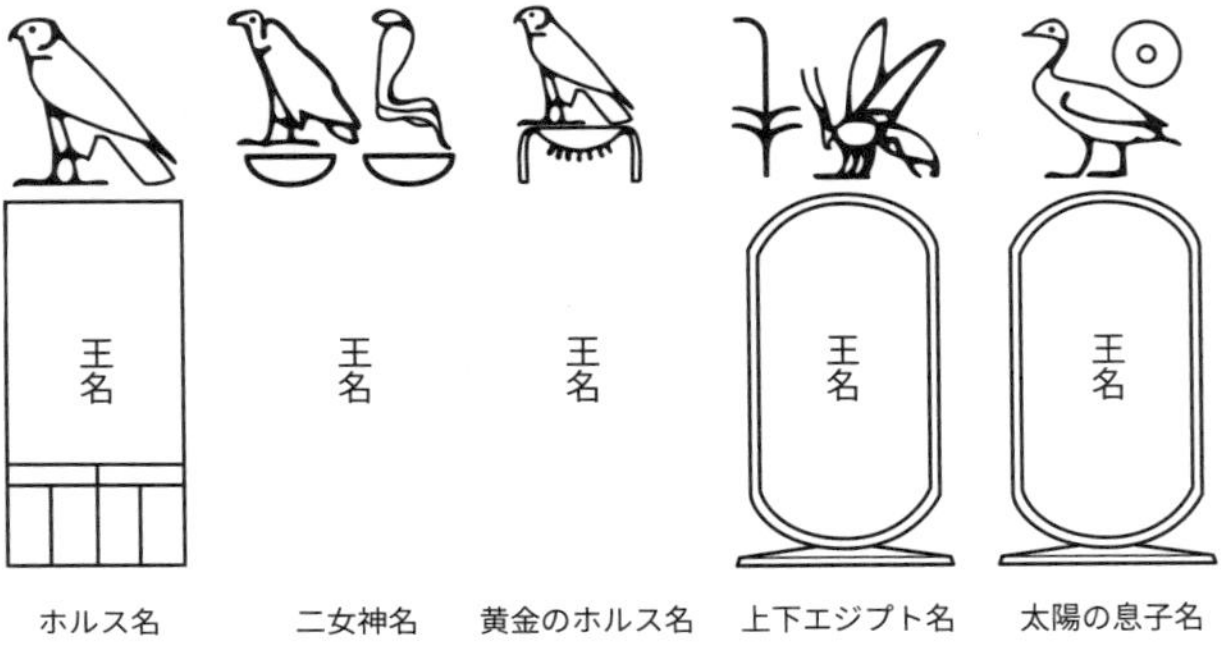

図0－2　5種類の王名

最初に登場したのが「ホルス名」であり、王宮をモチーフとした長方形の枠（セレク）と、神話における地上の王ホルス神で描かれる。ホルス神が王を守っていることと、王がホルス神の化身であることを示している。

その後、ハゲワシのネクベト神とコブラのウアジェト神で構成される「二女神名」、そして、植物のスゲとミツバチを楕円の枠（カルトゥーシュ）の上に戴く「上下エジプト名」の使用が始まる。「二女神名」のネクベトとウアジェトは、上エジプト（南部）のエル・カブと下エジプト（北部）のブトをそれぞれ信仰地にもつ。「上下エジプト名」も、スゲが上エジプト、ミツバチが下エジプトの象徴であり、これら二つは、ファラオがエジプト全土の支配者であることを示す。

そして最後に、「黄金のホルス名」と「太陽の息子名」が加わる。「太陽の息子名」は、太陽信仰が高まったピラミッド時代を特徴付け、ヒエログリフで太陽神ラーと息子を表すアヒルがカルトゥーシュの上に描かれる。

　これら五つの名前のうち、「太陽の息子名」は生まれたときに授かる「誕生名」、「上下エジプト名」は王位を継承したときに付けられる「即位名」であることから、これら二つが頻繁に使われている。

図0－3　ファラオを表現する文字

†ファラオという呼び名

「ファラオ」という言葉は、古代エジプト語の「ペル・アア（大きな家）」に由来する（図0－3）。王は大きな王宮に住み、そこで執務を行っていたからだ。この呼び名がギリシア語に訛《なま》ってファラオとなった。

　ペル・アアと呼ぶようになったのは新王国時代からであり、王朝の開始からつねに王は「ネスウ（植物のスゲ）」と表現されていた。「上下エジプト名」のそれである。現在ではファラオの呼称が一般化していることから、本書では、いつの時代の王でもファラオと呼ぶこととする。

しかしなぜ、スゲなどの水生植物が、いってしまえばそんな弱々しい草が、王を表す文字となったのであろうか。おそらくそれは、花を咲かせたスゲの文字「シェマウ」も上エジプトを表すことから、スゲそのものが南方のシンボルであり、ファラオの来歴が南にあることをこれらの文字は留めていると考えられる。ちなみに、下エジプトはパピルスの文字「メフウ」である。

文字にみるこうした南方起源は、私が調査に参加するヒエラコンポリス遺跡の発掘からも支持される。ここでは、どこよりもはやくエリート（支配者）が出現し、ファラオの使命につながる儀礼祭祀の実践もみられるのだ。

†本書の構成

ヒエラコンポリス遺跡における近年の調査により、これまで資料不足で具体的な議論ができなかった王権の形成について、その考古資料を得ることができた。それが、本書を執筆する契機となっている。よって本書の構成は、ファラオと王権の形成を主軸としたものとなっている。

まず第1章では、ファラオのエジプト文明を知っていただくための基礎情報として、自然環境と歴史概要について述べる。通史というものは、往々にして退屈なものであり、とりわけ古代エジプトは三〇〇〇年にもわたる歴史があるので、概要であってもながくなってしまう。そのため、本章は軽く読み流していただいてもかまわない。次章以降を読み進めながら必要に応じて立ち戻ってみると、より理解が深まるであろう。

第2章は、ヒエラコンポリス遺跡の調査成果から、エジプト文明という国家の成立について考える。まずは、私たちの発掘によって明らかになったことを詳しく紹介する。それをもとに、社会の複雑化という視座から、ファラオを推戴する初期国家の形成について述べる。

第3章では、文明成立後の王朝時代におけるファラオの神性を扱う。古代エジプト人が創造した世界観と神話、そして、その世界におけるファラオの位置づけや役割などについて紹介する。

第4章では、そうしたファラオを生み出した根幹となる王権について述べる。王権を概観したあと、ヒエラコンポリスのエリートたちが実践した動物儀礼を基軸に、権力とイデオロギーの生成の制度化という視点から、ファラオと王権の形成について迫ってみたい。

第5章は来世についてである。古代エジプトでは再生復活の死生観が編みだされたが、それはもともとファラオに特化した考えであり、なおかつ、復活を成し遂げる場がピラミッドであった。冥界で復活するために必要な要素とプロセス、その指南書である葬送文書、そして、魂が必要とするミイラについて紹介する。

そして第6章はピラミッドである。ピラミッドは、これまで述べてきたファラオの神性・王権・来世のすべてが凝縮された建造物である。まずは、その誕生から発展の変遷を追い、そして、あまり知られていないピラミッドの機能について解説する。最後に、ピラミッド時代が終焉を迎えたその要因を考察し、墓か否かの問題についても述べてみたい。

日本語の出版物ではあまり扱われていないファラオの実像について、実際の発掘成果と最新の研究成果を盛り込みながら迫っていくことにしよう。

第1章

背景

——自然環境と歴史概要

紀元前四五〇年頃、ギリシアの歴史家ヘロドトスがエジプトを訪れ、その異様な文明に驚いた。人類史上最大のピラミッド、半人半獣のスフィンクス、歴代ファラオの巨像、神殿の壁面を覆い尽くす謎めいた文字。しかし何にもまして、ヘロドトスが好奇心をそそられたものが二つあった。それは、卓越した古さと、文明の土台となるナイル川であった。

本章では、ファラオのエジプト文明を知るための基礎として、まず自然環境について述べる。そして、時代を動かしたファラオを取り上げながら通史を簡潔に紹介していく。

1 自然環境

ナイル

私たちは、自然環境の影響をつねに受け、それぞれの風土に適した文化や社会を育んできた。エジプト文明も、ナイル川と砂漠というコントラストの強い環境において、独特な文化を生み出した。

大部分を砂漠が占めるエジプトの大地に潤いをもたらす最大の源が、国土の中心を南北に貫くように走るナイル川だ（図1－1）。ナイルは、エジプトの渓谷をゆったりと流れ、デルタで幾筋にも分かれて地中海に流れ込む。南の渓谷と北のデルタでは環境や景観が異なり、古代から人々は、前者を上エジプト（上流）、後者を下エジプト（下流）と分けて呼んでいる。砂漠と川、北と南、こうした対照性をもつ自然環境が、エジプト文明を築く基礎となった。

ナイル川は全長六六九五キロにも及ぶ世界最長級の河川だ。その水源を東アフリカのビクトリア湖とタナ湖にもつ。ビクトリア湖から流れる白ナイルとタナ湖からの青ナイルがスーダンの首都カルトゥーム付近で合流し、六つの急湍《きゅうたん》（急流箇所）を走り抜けながらエジプトの玄関口アスワンに到達する。アスワンからは緩やかとなり、一万分の一の勾配でゆったりと流れながら地中海に注ぐ。ナイルは、一年中涸《か》れることなくエジプトに豊かな水をもたらし、同時に肥沃な土壌を運んでくれる。エジプト人の生活圏は、砂漠のオアシスを除いてはナイル渓谷とデルタに限られる。まさにナイル川が生命線であり、唯一の恵みなのだ。

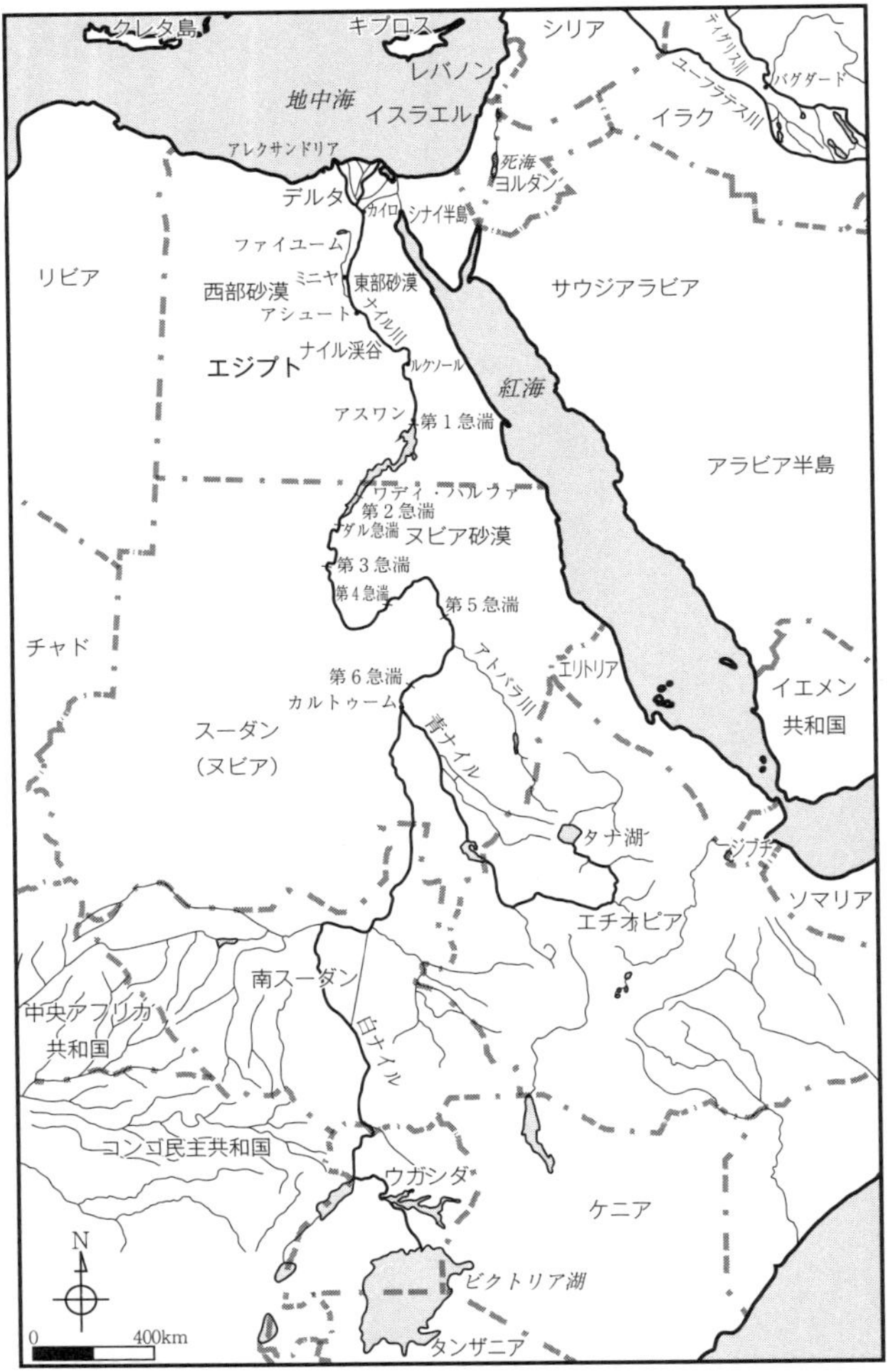

図1－1　アフリカ大陸北東部とナイル川

図1－2　ナイル川増水期の風景

†増水現象

また、毎年起こるナイルの増水現象もエジプトに大きな恩恵を与えた。水源地域ではモンスーンの影響で雨期に大量の雨が降り、それによりエジプトでは夏から秋にかけて川の水位が上昇し、ナイル渓谷とデルタの沖積地を冠水させた（図1－2）。この増水は「氾濫」や「洪水」などとも呼ばれるが、実際には、それからイメージされるような激しく危険な水位の変化ではない。七月頃からじわじわと水位が上がって川幅が広がり、九月をピークに徐々に水が退いていき、一一月頃に元の水位に戻るという数カ月をかけたゆっくりとした変化なのである。

エジプト人にとってはまさに自然の恩恵であり、増水後にもたらされた水分と養分をたっぷり含んだ沃土（沖積土）を利用して容易に農耕ができ、滞留してできた湿地で漁猟や狩猟もできた。また、増水は土地を洗い流してくれるので、塩害や疫病も防いでくれたのだ。

一九七〇年に建設されたアスワン・ハイ・ダムにより、川の増水現象は姿を消してしまったが、その点を除けば、古代においても現在とほぼ同じ景観にあり、気候もさほど変わらない。古代のエジプト人にとっても、ナイル川がすべての中心であったことが『ナイル賛歌』にみてとれる。「おおナイルよ。この地に出現し、エジプトに生命を与えるために来られしもの」。

エジプトの国土、そしてエジプト人を規定する概念もナイル川にあった。それは、ヘロドトスの『歴史』にみることができる。「ナイルの水があふれ出てうるおす限りの土地がすなわちエジプトであり、エレパンティネ（アスワン）の町より下方に住みこの河の水を飲むものはすべてエジプト人であるぞと告げた」。

つまり、エジプトの領域はアスワン以北のナイル川流域であり、そこで生活する人々がエジプト人とみなされていたのだ。ちなみに、ナイルが運ぶ沃土はヒエログリフで「ケメト」と呼ぶが、これはエジプトまたはエジプト人をも意味した。その対になるものが砂漠の「デシェレト」であり、この赤い不毛な礫《れき》砂漠は、死、悪、恐怖、混沌の象徴とみなされた。

†ナイルの利用

ナイルにはエジプトを結ぶ役割もある。デルタは「タ・メフウ（下エジプト）」、ナイル渓谷は「タ・シェマウ（上エジプト）」と呼ばれ、対を成す両地域の象徴も存在する。移動方法は、もちろん船によるナイルの航行がもっとも便利である。エジプトでは通常、地中海からの北風が吹いており、上流（南）に向かうには帆を張り、下流（北）に向かうには帆をたたむ。ただし後者においては、川の流れは極めて遅いため、オールで漕がなければ進まない。

ナイル川は周期的に増水するが、実際には、増水時の水位は水源の雨量によって毎年増減した。水位が極端に低いと沖積地の耕地が冠水しないため作物を育てることができず、それは飢餓へとつながる。逆もしかりであり、増水位が高すぎると播種の時期が遅れて収穫量が減少することとなる。加えて、高台に築かれた集落への浸水や疫病の発生などの被害をもたらすことにもなる。

このように、ナイル川の過度な水位の増減は古代エジプト人にとって死活問題であり、それを正確に予測するため増水時の水位が毎年記録された。アスワンのエレファンティネ島、エドフやコム・オンボの神殿には現在も水位計が残っている。また、第一王朝から第五王朝の歴代の王名が刻まれた「パレルモ・ストーン」には、各王の治世における出来事とともにナイルの水位も記録されており、王朝時代の開始当初から増水位の計測と記録が国家にとって重要であったことがわかる。

ナイルの住民は川の恩恵を受けつつも畏れていたわけだが、ただ手をこまねいていたわけではない。かれらは沖積地に運河と低い堤防を築いて、水をコントロールしようとした。運河により、水位が低い年でも耕地全体に水を引き込むようにし、堤防は、高水位の氾濫から集落を守り、かつ水を留めておいて必要な際に水門を開けて放出した。大規模な灌漑《かんがい》ではないものの、最小限の設備でナイル川の増水を制御するエジプト独特の灌漑システムである。現在でもデルタや上エジプトの田舎では耕地に小さな運河が張り巡らされ、王朝時代の情景を留めているところは少なくない。

ナイルの増水は、コミュニティーのあり方を規定した。かれらの主な生活場所は冠水しない沖積地の高台であり、そこに肩を寄せ合って生活する人々が一つの共同体をなす。そして、灌漑事業などの際には、近接する共同体が集まってより大きなグループをつくる。つまり、高台に集住する共同体が最小単位のコミュニティーを形成し、その有機的なつながりを基盤として、古代エジプトの社会は成り立っていたのだ。

2　古代エジプト小史

†初期王朝時代

最初のファラオ

神官マネトがプトレマイオス二世の命により著した『エジプト史』によれば、第一王朝はメネス（メネスはギリシア語、古代語でメニ）にはじまり、そのあと七人のファラオが支配したという。この伝承ともいえる王系譜において、エジプト学でながらく議論されていた問題が、「メネスとは誰か？」である。なぜなら、第一王朝の時代に、メニの名前が考古学的に発見されていないからだ。そこでメネスの同定を巡って、ナルメル王、アハ王、

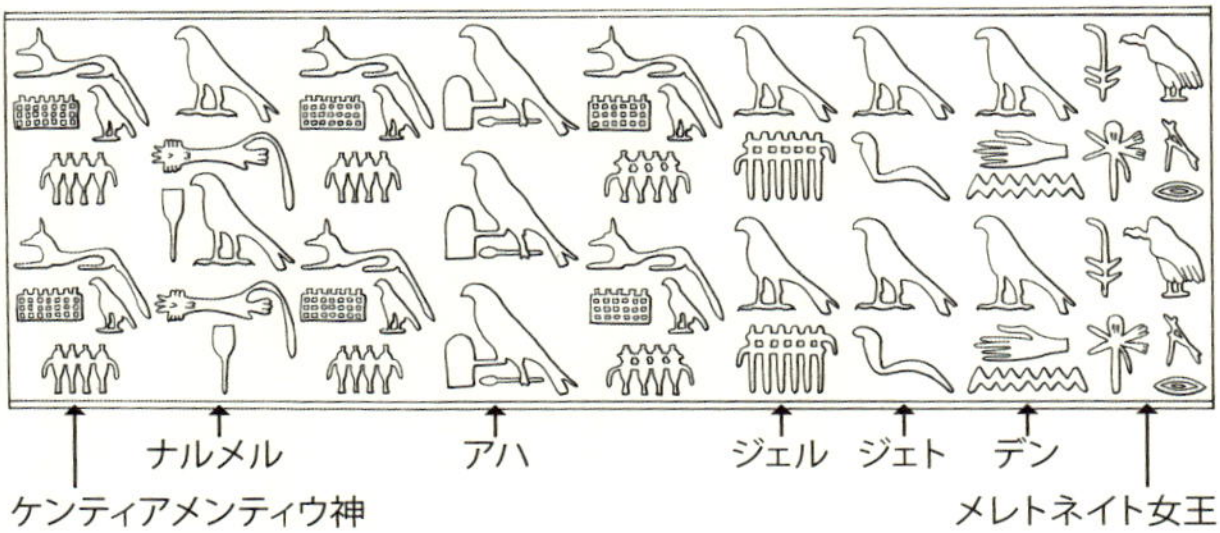

図1－3　カア王時代の印影

または神話上の王などさまざま議論が戦わされてきた。

そうした中、この時代の王墓地であるアビドスにて、ドイツ隊が決定的な資料を発見した。それは、壺を密封する粘土に押された印影（シーリング・スタンプ）である。そこには第一王朝最後のカア王から遡って先代の王名が連記されていて、その最初がナルメル王であった。デン王の印影でも最初の王はナルメルであった（図1－3）。これらアビドスの資料により現在、最初のファラオがナルメルであることが史実として認識されている。また、ナルメルに次ぐ七人の王についても、かれらが実在し、その統治順序も確定された。

エジプト文明は、このナルメル王を頂点とする初期国家の成立をもって始まる。もともと北のデルタと南のナイル渓谷では異なる文化を持つ集団がいたが、ナルメルが両者を統合して国家を樹立したのだ。彼を始祖とする初期王朝時代（第一と第二王朝）、首都をメンフィスに創建し、新たな国家づくりが始まった。

首都メンフィス

最初の首都メンフィスは、カイロから二五キロほど南、現代の村ミート・ラヒーナを中心とする場所に位置する。ここが首都に選ばれた理由は、そのロケーションにある。ナイル渓谷とデルタが接する場所にあり、上下エジプトを政治的、経済的、軍事的に掌握しやすいのだ。近年の研究では、ナルメル王以前の時代からメンフィスの名前が確認されており、その地政学的な重要性はすでに認識されていたようだ。

初期王朝時代のメンフィスは、「イネブ・ヘジュ」と呼ばれていた。これは「白い壁」の意であり、由来は王宮の壁が石灰岩で造られていたことによると考えられている。王宮はファラオの住まいであるとともに、王権と政治の中心でもあることから、首都メンフィスの象徴としてこの名称が用いられたのであろう。ちなみに、新王国時代になると、近接するペピ一世のピラミッドの名前であった「メン・ネフェル（「確立された美しさ」の意）」が首都の名前として採用されるが、この名称のギリシア語訛りが「メンフィス」の語源とされる。さらに付けたすと、メンフィスの主神プタハの神殿域は「フウト・カー・プタハ

（「プタハの魂の館」の意）」と呼ばれていたが、これがギリシア語でAIGYPTOSとなり、ラテン語を経由して、現在の英語の国名EGYPTとなったとされる。

古都メンフィスは現在、悲しいことに、往古の姿を窺い知ることができない。なぜなら、ナイル川の厚い沖積土に覆われ、さらにその上に現代の家屋や農地があるためだ。これにより発掘調査が進まず、新王国時代のプタハ神殿などの一部を除いては、その全体像がわかっていない。

そこで、この問題に挑んだのがイギリスのD・ジェフリーズである。初期王朝の「イネブ・ヘジュ」の場所を探るべく、サッカラ北部の崖際に初期王朝時代のマスタバが集中することから、崖下付近をターゲットとして調査を行った（図1-4）。サッカラは、首都メンフィスに対応する西部砂漠の墓地である。沖積地では地下水が溢れ出て発掘が困難であることから、主にボーリングによって地下の遺跡を探った。その結果、地下約四メートルにて、初期王朝から古王国時代にかけての遺物包含層を発見した。これにより、最初のメンフィスは、サッカラ北部のマスタバ群が見下ろす崖下にあるという見方が強まった。

古代国家の形態には、都市国家と領域国家がある。メソポタミアにおける最初の国家は、都市国家である。シュメール地方では、紀元前四〇〇〇年以降、都市が出現する。各都市は、同じ物質文化を共有しつつも、独立した行政組織を有する国家をなす。都市は城壁で

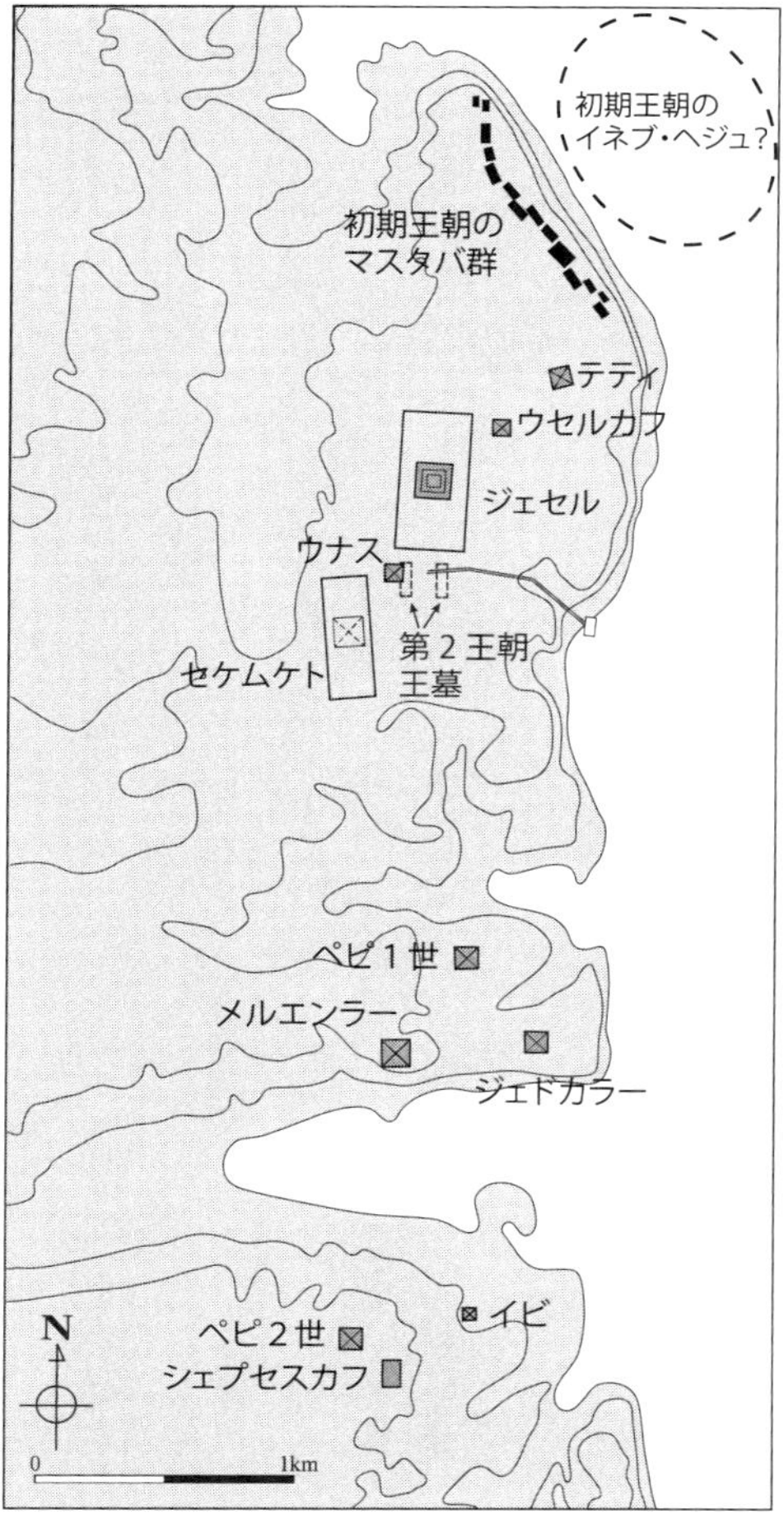

図１－４　サッカラ台地

囲まれ、計画的な町並みの中心に神殿域が設けられ、そこでは都市神が祀られていた。メソポタミアでは、こうした都市国家が二つの大河のほとりにいくつも併存し、全人口の八〇パーセント以上がそこで生活していたとされる。

一方、ナルメル王が樹立した古代エジプトの国家は、領域国家である。ナイル川下流の領域を、一つの行政組織が支配する国家の形態だ。首都メンフィスを中心に、町や村がナイル川に沿って直線的につながる。ナイル川沿いという同一の地理的環境にあるため、人々は分散して生活し、水資源や土地をめぐる競争もなく、メソポタミアほど都市に人口が集中することはなかったのだ。

行政組織

初期王朝時代には、南はアスワンから北は地中海沿岸までを統治する行政組織がつくり上げられていった。当時の社会において大多数は農民であるため、領域全体で農民をファラオの臣民として管理する行政組織が必要であった。

T・ウィルキンソンによれば、行政組織は、頂点にファラオとそれを取り巻く王族グループが君臨し、その直下に「宰相」が位置する。宰相とはファラオの片腕として行政を指

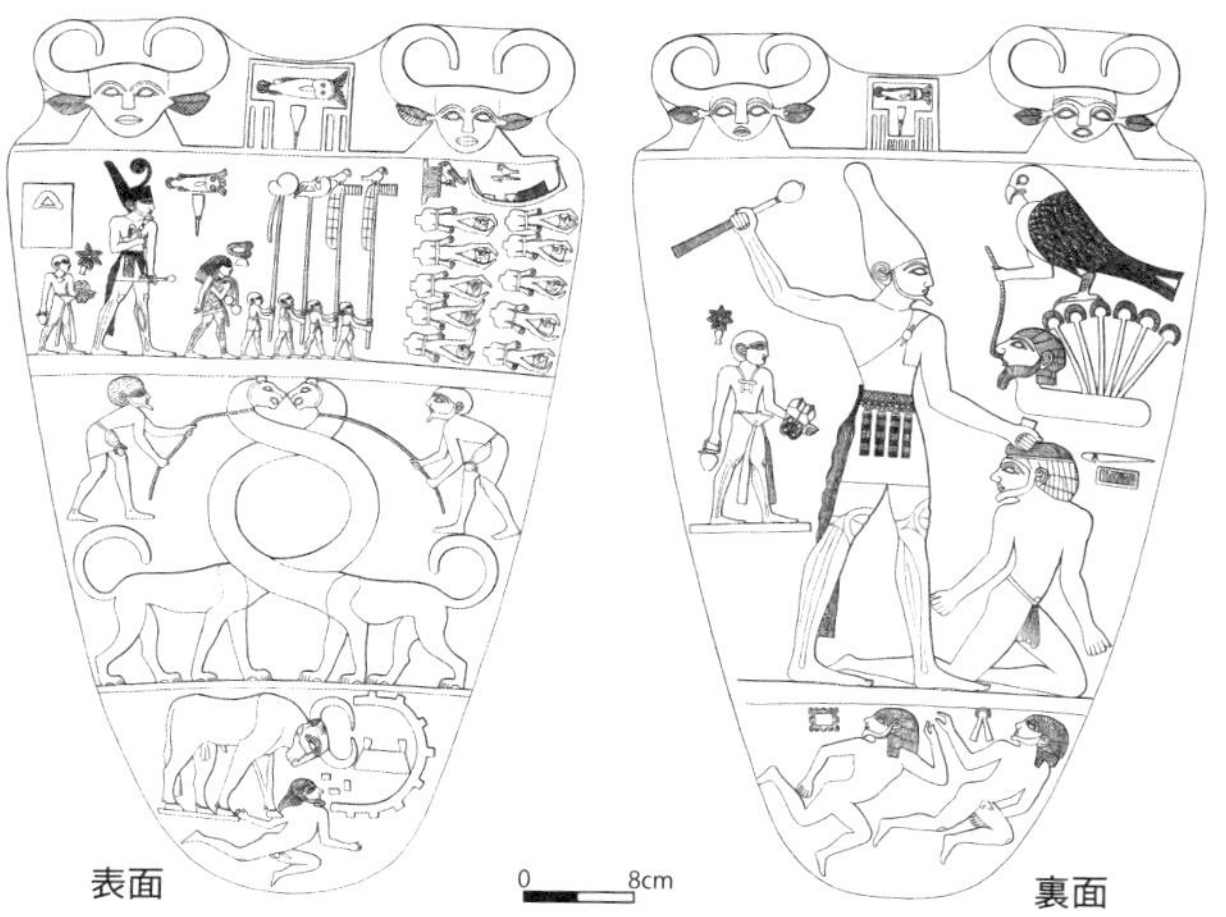

図1－5　ナルメル王のパレット

揮する職位であり、今でいえば、ファラオが大統領とすれば、宰相は総理大臣にあたる。古くは、ヒエラコンポリス遺跡で発見された「ナルメル王のパレット（化粧板）」の表面に現れ、ナルメルの前で先導する人物に宰相と書かれている（図1－5）。

その宰相のもとに三つの組織（宮廷関係、地方統治関係、租税関係）がぶら下がる。宮廷関係は中央政府であり、行政の中枢をなす王宮や葬祭施設などが含まれる。また王の「御料地」も存在していたことが文字資料から判明しており、ワインづくりのブドウ園も含まれる。その大部分は、農地が豊富なデルタを中心とする下エジプトだ。御料地は官僚が管理し、そこで生産される食糧を中心とする品々は、王宮へと運ばれた。

地方統治関係では、上エジプトと下エジプトにそれぞれ「知事」を配置し、さらにより狭い地域を管轄する「市長」がその下に付く。加えて、砂漠地帯や異国の防衛・管理をする部署もあった。

この地方統治をベースに、租税関係が組織化される。当時は貨幣がまだなく、経済は物々交換によって行われていた。その基本は穀物であり、それは租税も同様であった。大きくわけて、上エジプトと下エジプトでそれぞれ農民から余剰穀物を徴収し、中央政府が管理する貯蔵庫に備蓄される。租税の目的は、官僚組織や神官、職人など自ら食糧生産を行わない人々への支給、また備蓄を元手とする中央政府による、パンやビールの製造、オイルや亜麻布など他製品との交換などである。

そして、租税の最も重要な点は、臣民に対する「再分配」だ。飢饉が起きた際に、備蓄穀物や製品を臣民に与え、さらに国家事業に従事した者への労働対価として払う。つまり、租税と再分配により、臣民は支配されつつも安全・保障を受けられるのである。逆に、中央政府にとっては、経済基盤の安定により王の墓や祭祀施設の建造が可能となり、それが王権の維持と臣民への誇示につながったのだ。

†古王国時代

ピラミッド誕生

第三王朝にはじまる古王国時代になると、絶対的な王権と中央集権体制が確立する。それはピラミッド・コンプレックス建設として体現されている。この時代のピラミッドは、メンフィスの墓地サッカラを中心とする地域に建てられた（図1－4参照）。最初のピラミッドはジェセル王（ネチェリケト）が造った階段状のものだが、スネフェル王が試行錯誤の末、正四角錐の真正ピラミッドを造りあげた。そして、彼の息子クフ王は、技術と経験を受け継いで最大のピラミッドをギザ台地に建造することとなる。

ピラミッドについては第6章で詳述するが、こうした大ピラミッド以外にも、小さなピラミッドが存在することをご存じだろうか。底辺が一八メートルほどの階段状のものだ。この小型ピラミッドは、第三王朝最後の王フニが造営したとされ、アスワンのエレファンティネ島、エドフの南、ヒエラコンポリス近郊のアル＝クッラ、ナカダのオンボス、アビドス南のシンキ、ミニヤ南のザウィヤト・アル＝マイティーンなど、上エジプトを中心に点在する。これらの小型ピラミッドにはいわゆる埋葬室などはなく、本来のピラミッドとは目的が違う。それは、建設場所が行政区の中心にあることから、地方で王権のシンボルを示して支配力を強化させ、さらに穀物を中心とする租税の集積地としていたと考えられている。

第四王朝最初の王スネフェルは、父フニ王の政策をさらに発展させ、全土に三五カ所の御料地と一二二カ所の家畜の牧草地を設置した。スネフェルによるこうした国土の占有化により、政府の経済基盤が安定し、巨大ピラミッド建造などを推進できるようになったのだ。

王権衰退

第六王朝以降、王権と国家は衰退していく。政治腐敗と環境悪化（四・二Kaイベントと呼ばれる約四二〇〇年前に起きた地球規模の気候変動）がその要因とされ、最終的に地方豪族が群雄割拠する第一中間期となる。

その惨状は、アンクティフィーの墓に詳しく記されている。彼は地方の君主であり、ルクソールから約三〇キロ南のモアッラに岩窟墓を建てた。墓の壁面の自伝でこう述べる。

「私は餓えた人にパンを与え、裸の人に服を与えた。私のオオムギは、南は下ヌビア、北はアビドスまで運ばれた。上エジプトの人々は飢餓で死にそうで、子供を食べる人までいる。しかし私のノモスでは飢えで死ぬようなことはさせなかった」。

これは自伝であるため、アンクティフィーの英雄談として、支配域を広げたことや人々を助けたことを語っているのかもしれない。それでもやはり、飢餓について述べていることからも、この時代が社会的混乱にあったことは確かであろう。

✝中王国時代

再統一

こうした社会的状況の中、北と南の二つの勢力が頭角を現す。ファイユーム近郊のヘラクレオポリスとルクソールのテーベの州侯である。覇権争いの末、テーベのメンチュヘテプ二世が全土の再統一に成功し、ここに中王国時代が幕を開ける。王朝区分では、一一王朝後半から一三王朝までが中王国時代となる。この時代、ファラオは王権を復活させるためピラミッド建設を再開し、政治・経済・軍事の立て直しを図ることで強力な中央集権国家を再建しようとした。

第一二王朝はアメンエムハト一世に始まる。彼はもともと、第一一王朝最後の王メンチュヘテプ四世の宰相であり、クーデターにより王位を奪ったとされる。王族の出身ではないため、ファラオとしての正当性を強く示す必要があった。そのため、アメンエムハト一世は、いくつかの偉業を成し遂げた。

まず挙げるべきは、首都イチタウイの設立だ。それまでの中心地であったテーベを離れ、ファイユーム近郊のリシュトに首都を新たに建設したのである。イチタウイとは「二国を掌握するもの」の意味であり、古王国時代のメンフィスのように、地勢的に上下エジプトを統治しやすい場所としてここに首都を移転させたのであろう。また、大穀倉地帯であるファイユームの利点を生かして国家の経済的基盤を安定させる狙いもあったであろう。

そして北へ移動したもう一つの理由に、西アジアへの警戒がある。文学作品『ネフェルティの予言』には、「アメンエムハト一世がアジア人の侵入を防ぐために「支配者の壁」を築く」と記されている。この時代からすでに、西アジアの民は脅威だったようであり、アメンエムハト一世はその防御のために軍隊を引きつれ、デルタ東部に防塁を築いたとされる。なお、首都イチタウイについて、文字資料ではその名前が頻出するも、まだ発見されていないため、その位置や規模など具体的にはわかっていない。

ピラミッド建設再開

アメンエムハト一世のさらなる偉業は、ピラミッド建設を再開させたことだ。イチタウイに対応するように、リシェトの砂漠にピラミッドを建設した。古王国時代のように行政の中心地とピラミッドをセットで存在させることで、ファラオの正当性を誇示したのであろう。

第一二王朝の王たちは、アメンエムハト一世にならってピラミッドを造営した。後継者であるセンウセレト一世は同じくリシェトに建造したが、その後は、ファイユーム近郊とダハシュールの二つの場所に交互に造られるようになる。

中王国時代のピラミッドの変遷をみると、大きな変化がある。それは、センウセレト二世からピラミッドの核の建材に日干しレンガが大規模に使われるようになることだ。外装は石灰岩の化粧石が葺《ふ》かれていたが、今ではそれらが剝がれ落ち、日干しレンガが露呈した黒いピラミッドとなっている。

†第二中間期

ヒクソス支配

中王国時代も末期になると、王権と中央集権体制に陰りがみえはじめる。それに呼応するかのように、デルタ東部にはレヴァント方面からの移民が増加し、次第に勢力を拡大させた。かれらはヒクソスと呼ばれる異国の民であり、最終的にはアヴァリスに都を建設してエジプトを支配するようになる。これが第二中間期の始まりであり、北のヒクソス（第一五王朝）と南のエジプト（第一六・一七王朝）が対峙する混沌とした時代にふたたび突入する。

ヒクソスとは、古代エジプト語の「ヘカ・カスウト（異国の支配者）」に由来する。この言葉はすでに中王国時代に登場する。ベニ・ハサンにあるクヌム・ヘテプ二世の墓の壁画には、シリア・パレスティナ方面のベドゥインの長が描かれているが、その人物のタイトルにヘカ・カスウトと記されている。つまりヒクソスとは当初、広く異国の支配者たちを指す言葉であったが、それが次第に、エジプトを支配したアジアの民の呼称となったのだ。

ヒクソスがエジプトを支配するに至ったストーリーは、マネトの『エジプト史』にこう書かれている。「東方から突然現れた正体不明の侵入者たちが我々の土地を占領した。かれらは町を焼き払い、神殿を破壊し、人々を無慈悲に殺し、女子供を奴隷にした。挙げ句の果てに、サリティスという人物を国王として立てた。彼はメンフィスに居を構え、エジプト全土から貢ぎ物を納めさせた。そして、東デルタにアヴァリスと呼ぶ城塞都市を建てた」。

マネトによるこの伝承は、ヒクソスを物語る資料として語り継がれてきたが、テル・エル＝ダバア遺跡の発掘調査により、大きく修正されつつある。

テル・エル＝ダバア

ヒクソスの都アヴァリスは、文字資料には登場するものの、その正確な位置はながらく不明であった。一九七〇年代になり、M・ビータック率いるオーストリア隊の発掘調査により、その場所がようやく判明した。それがテル・エル＝ダバア遺跡である。かつてデルタの最も東を流れていた支流沿いに位置するこの遺跡は、二つのテル（人工的な丘）からなり、その規模は二・五キロ四方にもおよぶ（図1-6）。オーストリア隊の調査で最大の特徴は、層位的発掘による時期区分が明瞭な点にある。以下、時期を追って遺跡の様相

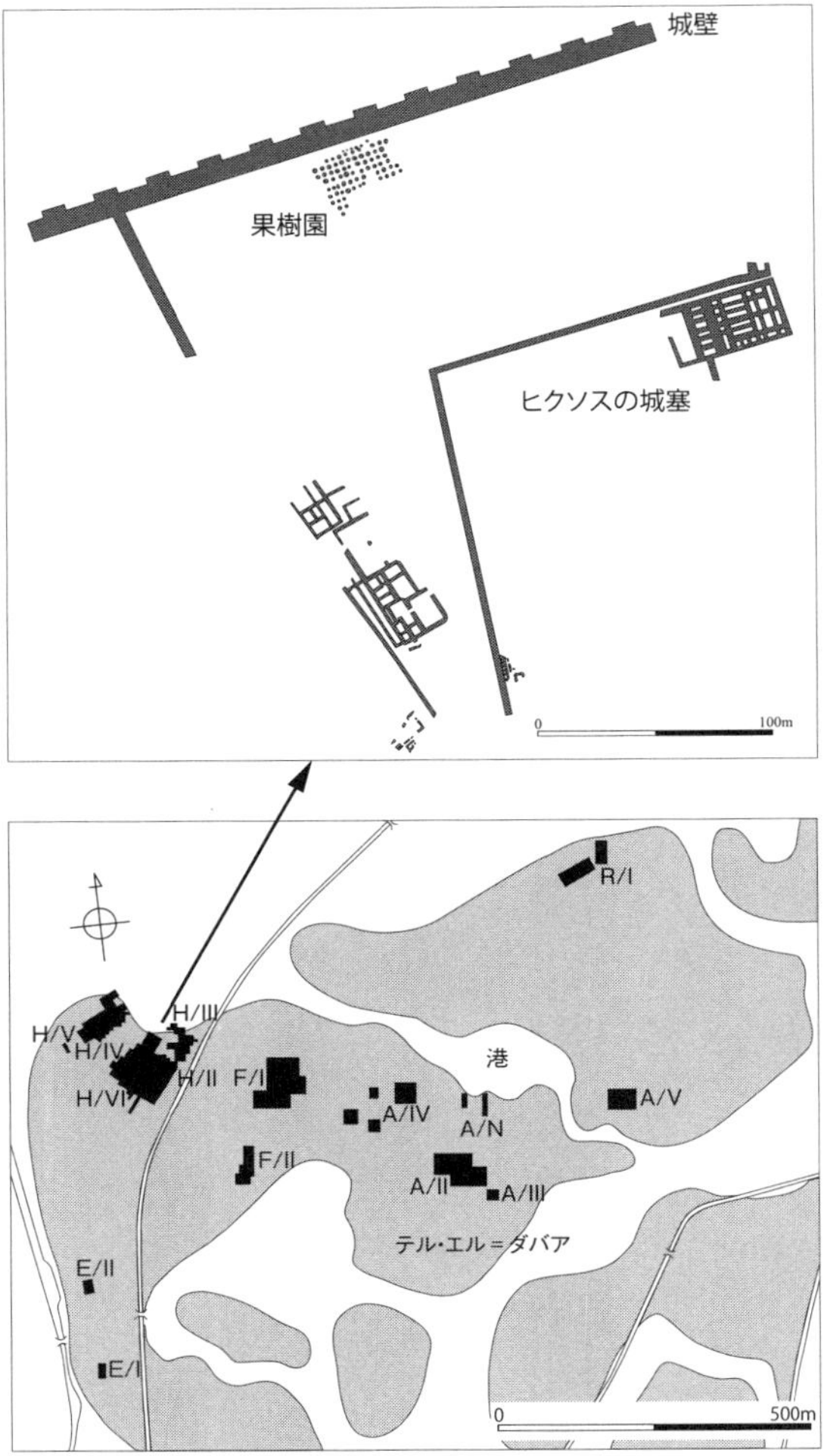

図1－6　テル・エル＝ダバア遺跡

をみてみよう。

ダバア遺跡の歴史は、第一二王朝最初の王アメンエムハト一世の時期に始まる。その最も古い遺構は、遺跡のほぼ中央で発見された居住域（F／I）だ。周壁で囲まれた中に、日干しレンガで造られた同一規格の家屋が整然と建ち並ぶ。こうした町並みは、まさにエジプト的な建築様式であり、国家によって計画的に建設されたものである。その目的は戦略的なもので、ここは、東方防衛の強化、東地中海世界との交易、シナイ半島の採鉱遠征の拠点であり、エジプトと地中海をつなぐ港湾都市として機能していた。

第一二王朝末から遺跡の状況は一変する。それは、レヴァント系住民の登場だ。居住域に、中央広間を持つ構造物が建てられ、そのプランはシリアの様式である。かれらの墓は、居住域内また家屋に接して建てられたものが多く、墓地を分離させるエジプトとは異なる。これも中期青銅器時代のレヴァントにみられる埋葬方法だ。ただし、墓自体の構造はエジプト的である。日干しレンガで造られた墓は、地面に掘られた埋葬室と、その上のかまぼこ型のヴォールド天井のチャペルからなり、こうした建築様式は古王国時代から存在するものだ。副葬品は、その多くがエジプトの土器であるが、なかにはレヴァント系の銅製の短剣や斧を伴う墓もある。これら武器を副葬する被葬者は男性のみであり、かれらはエジプト政府に雇われたレヴァントの傭兵であったとされる。

レヴァント系住民の浸透

第一三王朝では、居住域の北側に行政エリアが設置される。王宮的建造物を中心に、高官たちの行政施設が広がる。その高官の出自だが、彼らはエジプト政府に仕えているもののレヴァント系とされる。なぜなら、行政エリアに隣接する墓地にはかれらの墓があり、チャペルの前には木が植えられ、ロバの埋葬を伴う。これらの特徴はレヴァント系である。さらに、副葬する短剣などの武器もレヴァント様式だ。ある墓で見つかったスカラベには、「異国の監督官」や「遠征隊長」という高官のタイトルが記されている。行政エリアでは、王宮の建築様式がエジプト的であることからも、エジプトの政府に雇われたレヴァント系の人々が高官として行政を担当し、対外交易や遠征をコントロールしていたようだ。

こうしたアジア系の高官は他の地区でも見つかっている。居住域の東方では、レヴァント様式の神殿とエジプト様式のチャペルが併存する神殿域（A／Ⅱ）が形成されるが、そこに付随する墓地で、「アアムウ（アジア人の意）」という名前の官僚の墓が発見されている（図1－7）。脚を曲げた側臥位姿勢の遺体、中期青銅器時代特有の武器の副葬、墓前

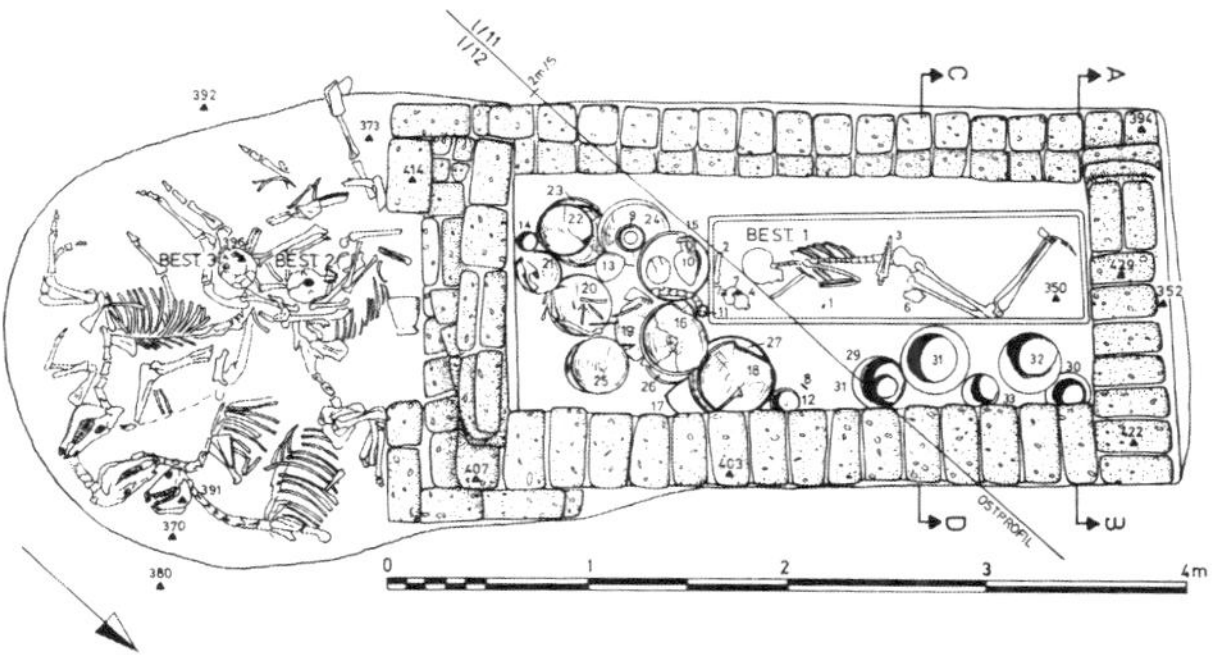

図1－7　官僚アアムウの墓（左がロバの埋葬）

にロバの埋葬を伴う点など、その名のとおり、レヴァントの埋葬様式をもつ。副葬品に刻まれたアアムウの称号は「宝庫長代理」であり、地位の高い役職である。これは、レヴァントの人々がエジプトの政治組織の中枢にまで上り詰めていたことを示している。なお、神殿域には長軸が三〇メートル規模のレヴァント系の神殿があり、東地中海世界で最大規模を誇る。神殿の前庭部には祭壇とオークの木が存在することから、木を依《よ》り代《しろ》として信仰されるレヴァントの女神アシェラトが祀られていたとされる。

ヒクソス新解釈

このように、テル・エル＝ダバア遺跡の調査により、マネトの記述は修正しなくてはならない。ヒクソスは東方から突然現れた侵入者ではなく、第一二王朝末から徐々に増えていったレヴァント系の移住者で、もともとはエジプト政府に雇われた傭兵や、船員、船大工、銅製品の工人などであった。また、神殿を焼き払うこともなく、エジプト系とレヴァント系が共存する神殿域や埋葬をみても明らかなように、エジプトの社会にうまく融合していたのだ。

マネトの『エジプト史』はプトレマイオス王朝に書かれたもので、ヒクソスについてはそれ以前の伝承を書き留めたのだろう。そこには、異国の民に支配された屈辱の時代という後世のエジプト人の思いが込められていたため、ヒクソスを悪とするストーリーがつくられたのだ。

ヒクソス王朝成立

では、第一三王朝までエジプト人と共存していたレヴァント人が、その後どのようにしてヒクソス王朝の樹立に至ったのであろうか。ふたたびテル・エル＝ダバア遺跡の調査成果をみてみよう。

第一五王朝（ヒクソス時代）の直前から、居住域はより一層の広がりをみせる。それは、これまで以上にレヴァントからの移住が増加したことに加え、以前からエジプト国内にいたレヴァント系の人々も集まってきたためとされる。レヴァント系のコミュニティーが多数派を占めるようになり、ここにヒクソス王朝成立の基盤が醸成される。

またこの頃から、それまで比較的均一であった家屋の規模に格差が生じるようになる。複数の部屋を持つ強固な造りの大型家屋が出現し、小さな家屋はその周囲に配置される。つまり、先述した高官たちを中核にして、レヴァント系の人々のなかに社会的身分差が生じたのだ。これも、社会の組織化という点で、ヒクソス支配をもたらす大きな要因となっただろう。

ヒクソス王朝の成立には、アヴァリスでの変化だけでなく、エジプト全体の政治状況も大きく関わっている。第一三王朝のセベクヘテプ四世以降、ファラオの権力と中央集権体制は弱体化が進み、エジプトは分裂状態に陥っていた。主を失ったエジプトの地において、ヒクソスが自らの王朝を樹立させるのも難しいことではなかった。

サリティス（セケルヘル）に始まるヒクソスの王たちは「上下エジプトの王」を名乗り、デルタを起点にエジプトを支配下におさめた。アヴァリスには王宮が建てられ、城塞も築かれた（H）。城塞は遺跡の北西で発見されており、かつてのナイル支流に面した場所である（図1-6参照）。支流に沿って六メートル以上の幅を持つ巨大な城壁が走り、城壁内には果樹園があり、ブドウやオリーブが植えられていたとされる。

エジプト解放戦争

ヒクソスが第一五王朝を樹立したことにより、ファラオの末裔《まつえい》であるエジプトの有力者たちはテーベに退くこととなった。その支配者たちが第一六・一七王朝にあたる。かれらはここで兵力を立て直し、ヒクソスを倒すタイミングをうかがっていた。

当時の状況は、新王国時代の文学作品『アペピとタア（セケンエンラー・タア）の争い』に克明に記されている。それによると、ヒクソスのアペピ王は、テーベのタアに手紙を送りこう伝えた。「テーベの町の東の沼から、あのうるさいカバを追い払うようにせよ。それが昼も夜も余の眠りを妨げるのだ」。これにはタアに対する二重の侮辱が含まれている。まず、テーベという自分の領域すらも安穏に治められていないという批判。もう一つは、カバは最強の動物であり、それを殺すカバ狩りは世界に秩序を与えるという意味で王の特権である。つまり、タアがカバを狩れば、王であるアペピに刃向かうことになり、二進《にっ》ち《ち》も三進《さっち》もいかない嫌がらせなのだ。

これほどの屈辱を与えられたタアは、意を決してヒクソスへ戦いを挑む。しかし結果は、あえなく惨敗。彼のミイラがテーベのデル・エル゠バハリで発見されているが、額には水平に陥没した傷があり、その形状がレヴァント特有の斧と一致するという。これはヒクソスとの戦いで戦死した証拠とされる。

エジプトでこうした戦いの考古学的証拠が実際に見つかった例は極めて少ないが、近年さらなる資料が発見された。それは、ダバア遺跡のアヴァリス王宮においてだ。王宮の前庭部から、一六人分の右手だけの骨が集中して出土した。耳塚ならぬ手塚である。エジプトでは敵兵の手を切り落として持ち帰る習慣があった。それを持って王に報告して「武勇の金」を授かるためだ。神殿のレリーフや、墓の碑文にそうしたことが記されている。ダバアで発見された手が、ヒクソス兵のものかエジプト兵のものかはわからないが、こうした習慣が実際にみつかった最初の例となる。

タアの後継者カーメスも、ヒクソス駆逐への戦いを続ける。船隊を引き連れ北上し、アヴァリスを包囲して、アペピにこう述べる。「見よ。私はいま、捕らえたアジア人がおまえのブドウで私のためにつくったワインを飲んでいるぞ。私は、おまえの町を破壊し、おまえの木々を切り倒しているぞ」。つまり降参を促しているのだ。

実際にカーメスがどれほどの打撃を与えたかは定かではないが、アペピの安定した長期政権（約四〇年）もその末期は弱体化していたようだ。この時期、ヌビアのクシュ王国が勢力を拡大させていたが、ヒクソスはクシュに援護の依頼をすべく、使者を送った。しかし、その使者がカーメス軍に捕まってしまい、ヒクソスはクシュの援護を受けることができず、かつエジプト軍に弱体化の実情がばれてしまった。そしてついに、カーメスの後継者アハメスが一気にアヴァリスに攻め入り、ヒクソスを駆逐することに成功した。これで第二中間期が幕を下ろす。

陥落したアヴァリスは、海上交通の要衝地としてその重要性は保持され、アハメスに始まる新王国時代の王たちは、ここを再利用した。なかでも再建された王宮は、ミノア文明のクノッソス宮殿を彷彿とさせるフレスコ画で彩られていた。エジプトにとって、ヒクソスは異民族の支配者という敵ではあったが、東地中海世界から新しい文化や技術をもたらしてくれる存在でもあったのだ。

†新王国時代

帝国

ヒクソスを駆逐したアハメス王は、北と南に分断されていたエジプトを再統一する。新王国時代の始まりだ。新王国時代は、北レヴァントまでをも支配下に治めたまさに「帝国」を築いた時代である。それは、ヒクソスの異民族支配という屈辱的な経験を経たからである。積極的な対外遠征によって版図は最大となり、エジプトは戦利品や異国情緒豊かなモノで溢れ、史上最も繁栄した時代となった。

首都はかつてのメンフィスに戻るが、その一方でテーベが宗教の中心地として重要視されるようになる。その理由はアメン神にある。アメン神はもともとテーベの地方神であったが、アハメス王の出身地がテーベであることから、アメン神がエジプトに勝利をもたらしたと考えられるようになった。ファラオたちは、国家神となったアメン神（またはアメン・ラー神）の総本山であるカルナク神殿に寄進した。

ピラミッド放棄

アハメス王がアビドスに建てたピラミッドを最後に、新王国時代のファラオはピラミッドの建設を止める。その代わりに、テーベ西岸の低位砂漠の縁に、クルナ村の山（アル＝クルン）をピラミッドに見立てて葬祭殿を建設し、山の背後の「王家の谷」に王墓を造るようになる（図1－8）。つまり、自然地形をうまく使って、ピラミッド・コンプレック

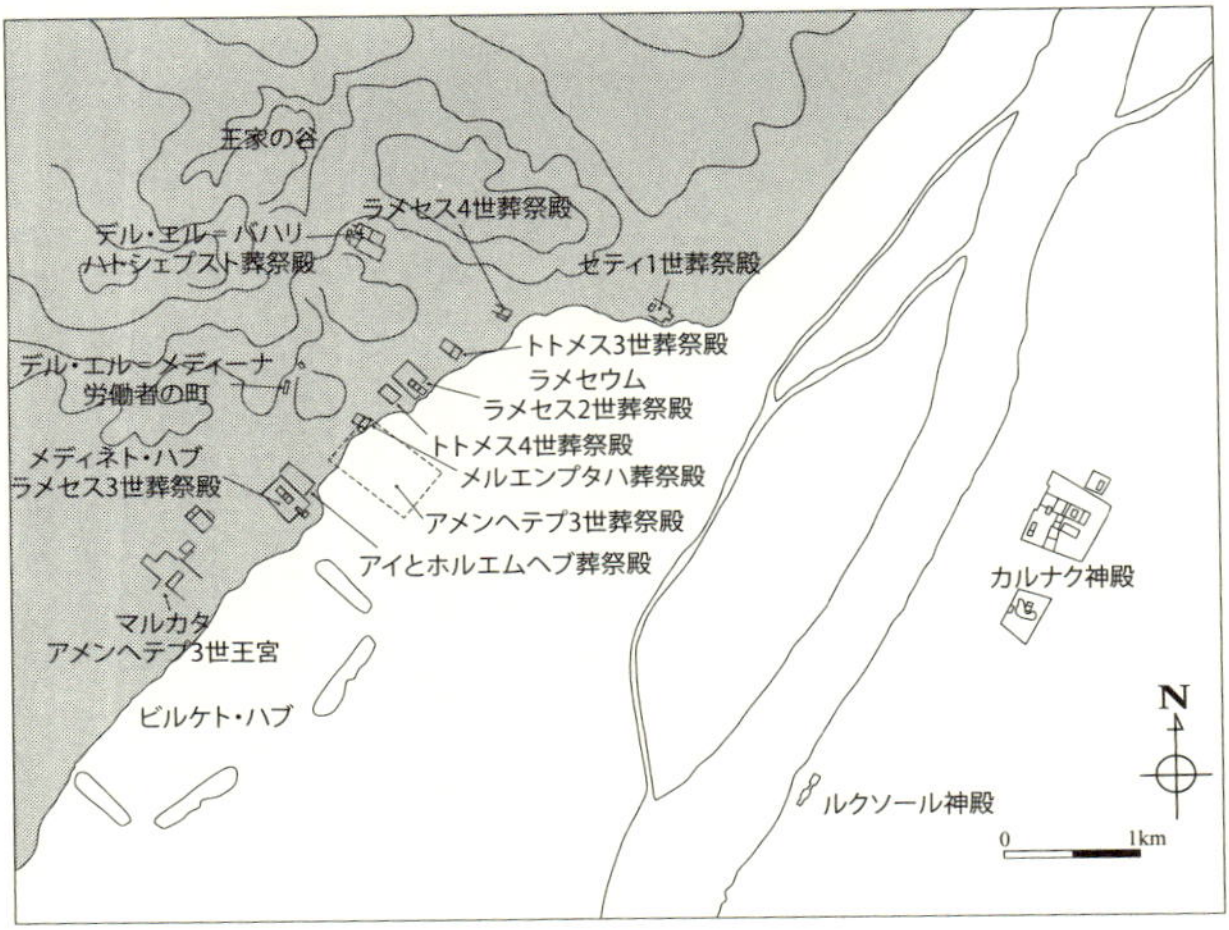

図1－8　テーベ

スをテーベ西岸全体に当てはめたのだ。「王家の谷」は東と西の二つの谷で構成され、王墓は岩肌を穿《うが》って造られている。これまで六二基の墓が確認されているが、その最後の六二番目がツタンカーメン王墓である。

　葬祭殿は、王が死後、アメン・ラー神またはオシリス神と化して来世で永遠に生きるための祭祀が行われる場所である。ただし、そうした祭祀活動は王の生前から実施されていたようで、そのため「記念神殿」とも呼ばれる。

　ファラオによるピラミッド建設は、第一八王朝で終焉を迎えるが、しかし、ピラミッドの形状は、官僚や神官などの王以外の墓の上部に造られるようになり、古代エジプトを表象するこのかたちは、その後も引き継がれていく。

女性ファラオ

第一八王朝の特徴の一つは、王家の女性が重要視されるようになったことだ。このころから、王家に生まれた娘は王以外と婚姻してはいけないという原則が明確化し、ファラオの継承に王女の存在がより重要となった。また、アハメス王の妃アハメス・ネフェルタリは「アメンの神の妻」という称号を持つが、これは国家神を祀るカルナク神殿の神官職に従事し、王妃が強力な権限を有していたことを示す。この称号は代々王妃に受け継がれていくが、そうした王妃の地位の変化のなかで、女王ハトシェプストが登場する。

ハトシェプストは、トトメス一世とアハメスの娘であり、異母兄弟の王トトメス二世と婚姻する。トトメス二世がわずか数年で他界したため、ハトシェプストの甥がトトメス三世として王位につくが、まだ幼少であったため彼女が摂政として共同統治を行う。しかしハトシェプストは、わずか数年後には権力を掌握、自らを王と呼び、即位名「マアトカーラー」をカルトゥーシュ（王名枠）で書くようになる。それは彫像やレリーフなどの表現にもみられ、当初は女性的であったが、王としての正当性を示すため付け髭のある伝統的な男性像で表現させた。

デル・エル＝バハリ

歴代のファラオと同様に、建設事業に力を傾注し、カルナク神殿に「赤の祠堂」を建立、オベリスクも四本寄進した。なかでも最大の建造物は、デル・エル＝バハリの葬祭殿だ（図1－9）。ここには、中王国時代のメンチュヘテプ二世の葬祭殿がすでに建てられていたが、その横に、自分と父トトメス一世に捧げる葬祭殿を造営した。建築様式もメンチュヘテプ二世のそれを取り入れ、特異ながらも優美な三段のテラス式である。各テラスはスロープで結ばれ、その両脇に柱列が配されている。

壁面にはレリーフが施されているが、なかでも注目されるのが二段目の柱列のレリーフだ。そこには、ハトシェプストの神聖なる誕生が描かれ、自らの王位の正当性を示している。また、かの有名なプント遠征の場面もここにある。プントの正確な場所はまだ判然としないが、ソマリアやエチオピアなど紅海の入口周辺と考えられている。大型海洋船の航行と、金や香木などエキゾチックなものがエジプトに運び込まれる様子、さらに、エジプ

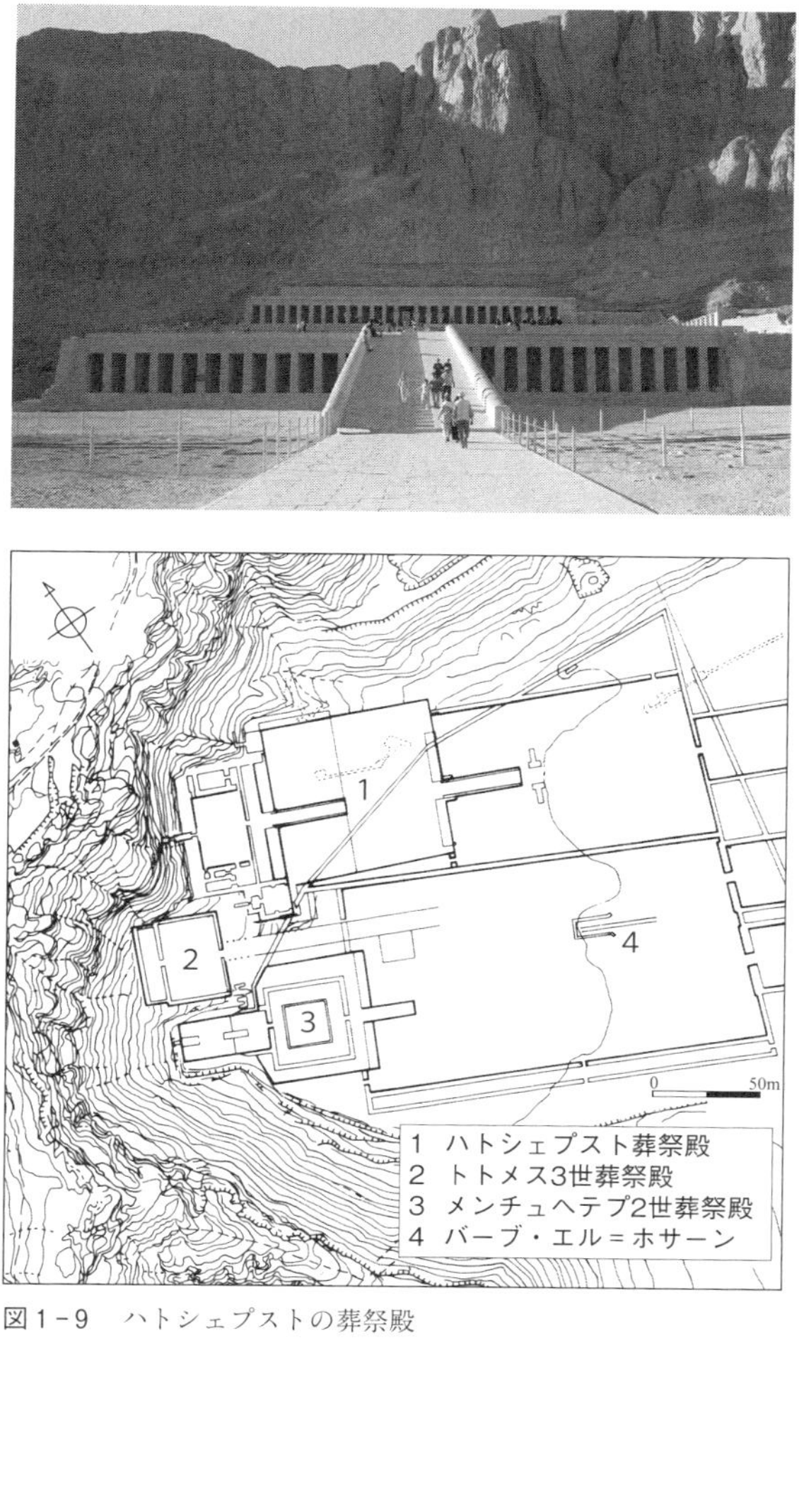

図1-9　ハトシェプストの葬祭殿

トの遠征隊がプントに到着した場面もあり、そこではプント国王と恰幅のよい女王が遠征隊を迎え入れている。

この優美な葬祭殿は修復も施され、ルクソールの一大観光スポットとなっているが、壁面に描かれたハトシェプストの姿を見ることはほとんどできない。なぜなら、彼女の図像やカルトゥーシュはことごとく掻き消され、彫像も破壊されてしまったからだ。こうした破壊は葬祭殿のみならず、ハトシェプストが関わったすべての建物でなされた。この「記憶の抹消」を実行したのが、トトメス三世である。

古代のナポレオン

ハトシェプストは、共同統治の約二〇年目で死去したとされるが、そのころにはトトメス三世はすでに大人。単独王権を得た彼は、空白の時間を取り戻し、ファラオとしての実績を示すため、対外政策に力を注いだ。特に、ハトシェプストが西アジア遠征を行わなかったためにミタンニ王国の勢力下になってしまったレヴァントを取り戻すべく、計一七回の軍事遠征をしたと、カルナク神殿の年代記は伝える。交易の要衝都市メギドを陥落させ、オロンティス川まで北進、ミタンニ王国からこの地を奪還することに成功する。祖父トトメス一世よりも版図を広げ、トトメス三世はエジプトの帝国支配を確立させた。古代のナポレオンと呼ばれる所以である。

ほぼ毎年実施された西アジア遠征により、エジプトはその戦利品で潤った。特に、アメン神のご加護による勝利として、戦利品の数々がカルナク神殿に寄進され、アメンの神官団はその富を享受した。

さて、ハトシェプストの「記憶の抹消」についてだが、こうした軍事活動が一段落ついた治世の末期に行われたようだ。その理由は定かではないが、晩年になって破壊行為が始まったことから、遺恨を晴らすだけでなく、王位継承に関わる政治的な目的があったようだ。トトメス三世は、在位最後の二年間、息子（後のアメンヘテプ二世）に王権を引き継ぐために共同統治をとるが、同じく継承権をもつハトシェプスト側の人々を退けるために、「記憶の抹消」を実行したとの見方もある。

建築王

先代のファラオたちが積極的な対外政策を行ったため、アメンヘテプ三世が王位に就いたときにはすでに、エジプトは安定した帝国であった。そのため、約四〇年間の治世で、

図1-10　カルナク神殿の大列柱室

軍事遠征をほとんど行わなかった。その代わり、繁栄と平和を基盤に、建築活動に力を注いだ。ヌビアを含めたエジプト全土で神殿や聖所の建造と改修を手掛け、歴代ファラオの中で最も多くの建造物を建てたことで知られる。

　アメンヘテプ三世は、トトメス四世とムウトエムウィア王妃の息子であり、一二歳頃に即位したとされる。治世二年目に、ティイと婚姻。ティイは中部エジプトのアクミム出身の有力貴族イウヤとチュウヤの娘であり、それまでの王女を正妃に迎える原則を破った婚姻であった。そのためか、結婚記念行事を大々的に行い、婚姻の正当性を誇示したようだ。

　精力的な建築活動のなかでも、テーベでのそれは特筆される。東岸のカルナク神殿では、アメン神殿の正面にあった柱廊を取り壊し、第三塔門を建てた。さらにその前庭部にパピルス柱を二列に並べ、神殿の新たな正面玄関を構築した（図1-10）。ここは後にラメセ

図1-11　メムノンの巨像

ス二世により、大列柱室として完成する。ルクソール神殿では、大規模な改築を行い、最大規模のパピルス柱を配した柱廊や列柱中庭、誕生神話を描いた部屋などを築き、いま見る神殿の姿をほぼ完成させた。

テーベ西岸では、壮大な葬祭殿と王宮を造営した（図1-8）。アメンヘテプ三世の葬祭殿は、ハトシェプスト女王のそれを凌ぐ規模であった。現在、葬祭殿には「メムノンの巨像」として有名な高さ二〇メートルの巨大な王の座像が二体残るのみだが（図1-11）、二〇世紀中葉のスイス隊の発掘、そして近年におけるH・スルジアンによる修復・復元作業を含めた調査により、その全貌が明らかになりつつある。本来、巨大な塔門が三つ並び、その第一塔門の前に鎮座していた像が「メムノンの巨像」であり、第二、第三塔門の前にも同じく一対の王の座像が存在していたことが判明した。第三塔門の背後が柱列中庭となり、ここからはライオンの女神セクメトの座像が数多く出土した。当時のエジプトにおいて最大の建造物であったこの葬祭殿は、紀元前一二〇〇年頃に起きたとされる地震により「メムノンの巨像」だけを残してすべて崩壊し、その石材は再利用するために運び出されてしまったようだ。

マルカタ王宮

葬祭殿の南方に、マルカタ王宮が位置する。主王宮、北宮、居住区、倉庫、アメン神殿などで構成され、すべてが日干しレンガで造られている。王宮の東側には、ビルケト・ハブと呼ばれる人造湖が造成されたが、これがまた圧巻。南北に二キロ、東西に一キロの規模をもつ。現在、ビルケト・ハブは埋まってしまったが、造営時に掘り出した土を盛った巨大マウンドの列は今も見ることができ、そのスケールの壮大さに驚かされる。

王宮の建物はすべて、壁から天井まで鮮やかな装飾で彩られていた。しかし、レンガ造りであるため浸食によって廃墟と化し、天井は崩れ落ち、壁は基礎部を残すのみであり、壁面装飾の具体的な内容はわかっていなかった。そんななか、早稲田大学の調査隊が、彩色装飾を復元する快挙を成し遂げた。なかでも主王宮にある王の寝室天井画の復元は特筆され、それは、一一×五メートルの天井全面に、両翼を広げたハゲワシのネクベト女神（王権の守護神）が連続して描かれたものであった。この復元に至るまでには多大な労苦があったそうだ。復元を指揮した西本真一氏によれば、寝室から出土した彩画片は二〇〇〇点ほどだが、その接合作業は、完成図がなく、ピースが不足かつ混在したジグソーパズルに挑むようなものだったという。しかしそのおかげで、壁から天井まで隙間なく極彩色で彩られた王宮の一端を、われわれは知ることができる。

アメンヘテプ三世はこのように建築活動を積極的に進めたが、注目すべきは、神殿などに描かれる図像や彫像で太陽神とのつながりがとりわけ強調されている点だ。さらに、太陽神の一形態であるアテン神も取り入れ、マルカタ王宮に「ネブマアトラー（即位名）はアテンの輝き」という名前を与えている。アメンヘテプ三世がアテン神を含めた太陽神を重要視した理由として、河合望氏によれば、政治的影響力を強めてきたアメン神官団は当時、王権にとって脅威であり、アメン神に変わる信仰対象を必要としていたためという。天空に輝く日輪を指すアテン神はその後、アクエンアテンにより唯一神となるが、アメンヘテプ三世の治世からすでにその布石は打たれていたのだ。

アマルナ宗教改革

アメンヘテプ三世は治世三九年頃に死去し、彼と正妃ティイの次男がアメンヘテプ四世として即位する。アメンヘテプ四世は治世当初から、カルナクにアテン神殿を建造するなど、アテン神信仰を推進した。だが、アテンを国家神として祀るのは、アメン神とその神官団が盤石なテーベにおいては困難であった。そこで治世五年目、伝統的な宗教と決別すべく、エジプト中部のアマルナの地に新都アケトアテン（「アテンの地平線」の意）の建設をスタートさせ、アテン一神教の宗教改革を加速させた。さらに、誕生名を「アクエンアテン（「アテン神に有益な者」の意）」に改名する。

宗教改革の目的は、神性王権の復活だ。本来、神と王の間に立つものはいない。だが、国家神のアメンを祀るカルナク神殿は最高の富を享受し、アメン神官団が政治的にも宗教的にも実権を握るようになり、神と王の関係に介在してきた。それを排除するため、極端ではあるが、アテン一神教の改革を断行したのである。

アケトアテン

アマルナは、テーベとメンフィスのほぼ中間に位置し、どの神にも属さない土地であった。一方を川に三方を断崖に囲まれた地形をなすここは、政治的介入の回避のみならず、防衛的にも優れた場所なのだ。アテン神は、動物や人間の姿をとるこれまでの神々と異なり、日輪とアンク（生命）を持つ太陽光線で表現される。この神を唯一神とするアマルナ宗教改革では、「マアト（真理）」のもとに、愛や平和を尊ぶ理想郷をアケトアテンに求めた。

ここではまず、周囲に境界碑を立て、アテンの聖地の領域を定めた。その内部に、都市が計画的にレイアウトされている（図1－12）。北の崖際にはファラオの河岸王宮を含む「北の市街」があり、その南に王妃・王女の「北の王宮」、一般的居住区の「北の郊外」、そして神殿や官庁街のある「中央行政区」が配置され、これらは「王の道」と呼ばれる目抜き通りでつながっている。

こうした大規模な都市の建設は急ピッチで進められ、わずか五年間で完成した。それを可能にしたのが、規格石材（タラタート）の発明だ。石材の大きさを五二×二六×二四センチに揃えることで、持ちやすく、運びやすく、積みやすくなる。エジプトは石造建築で有名だが、それまでのピラミッドや神殿では規格材は使われていなかった。アクエンアテンの治世に初めて導入されたこの新たな建設技術は、短期間で新都を築くためのエジプト人の知恵なのだ。

アクエンアテンが求めた理想郷であるが、その実現による代償もあったようだ。近年のアマルナ調査では、一般の人々の墓地（南墓地）が発見された。どれも地面を穿って遺体

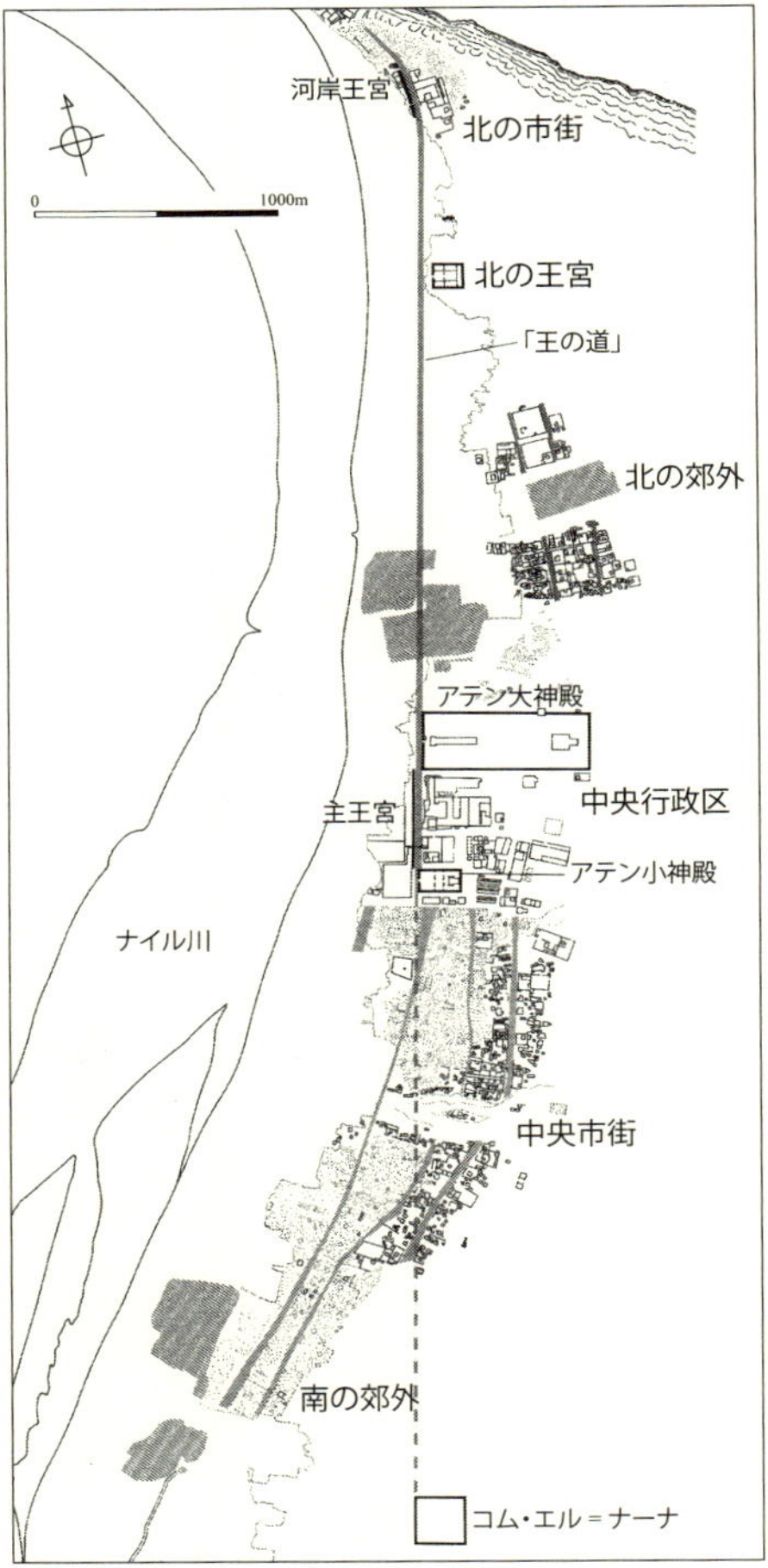

図1-12　アマルナのアケトアテン

を埋めた単純な埋葬である。二〇〇体以上の人骨が出土したが、分析の結果、その多くが二五歳以下であり、かつ頸椎の損傷や栄養不良などの痕がみられるという。急ピッチに進められた理想郷の建設は、庶民に過酷な労働を強いたのだ。

アマルナ美術

アクエンアテンの治世で特筆されるのは、「アマルナ美術」と呼ばれる新たな表現方法の開花である。その特徴は、写実性とデフォルメにある。例えば、アクエンアテン像では、長い後頭部、面長の顔、分厚い唇、切れ長の眼、張り出した腹など、彼の身体的特徴が写実的かつ誇張的に表現されている（図1－13）。エジプトの最高傑作とも謳われる正妃ネフェルトイティ胸像（ベルリン・エジプト博物館蔵）も、写実的でありつつも均整のとれた美しさを極めたものだ。「アマルナ美術」は従来の定型的な様式を捨て、生き生きと豊かな表現を追求したもので、

図1－13　アマルナ美術

のちの美術様式に大きな影響を与えた。

アマルナ時代は、治世一七年頃にアクエンアテンが死去するとともに終焉を迎える。なぜなら、アテン信仰では彼自身が唯一の崇拝対象であり、唯一の祭祀者であったからだ。その死により、アテン信仰は一気に衰退へと向かい、アメン神官団による伝統的な多神教世界が復活する。

少年王

エジプトで最も有名なファラオ、ツタンカーメン。アマルナの一神教改革が破綻した後の激動の時代に生きた王だ。ツタンカーメンは、幼少期をアマルナの王宮で過ごしたと思われる。そして、アクエンアテンの死後、王位はスメンクカラーを経て、まだ一〇歳にもみたないツタンカーメンに継承される。王となったツタンカーメンは、かつてのアメンを国家最高神とする多神教世界を復興させ、首都をアマルナから本来のメンフィスに遷都した。さらに、誕生名も、ツタンカーテン（正確にはトゥト・アンク・アテン）からツタンカーメン（トゥト・アンク・アメン）に変え、アテンとの決別を図った。

ツタンカーメンについては、彼に関する資料が極めて乏しくいまだ謎が多い。というのも、ホルエムヘブにはじまる後世の王たちにより、アマルナ時代の歴史的抹消がなされたからだ。神殿ではアテンやアクエンアテンの名前や図像がことごとく削除され、王名表などでは、ツタンカーメンを含むアクエンアテンからアイにいたるアマルナ関連の王名が省かれ、歴史から抹殺されてしまった。そのツタンカーメンを歴史の舞台に戻したのが、イギリスのH・カーターによる王墓の発見であった。

カーターの大発見

カーターによる世紀の大発見は一九二二年一一月四日のこと。だが、そこに至るまでの道筋はながく、決して平坦ではなかった。彼は一八九一年、イギリス調査隊の画家として初めてエジプトの地を踏む。その後も模写の才能を買われ、各地の現場に携わるようになり、エジプトに魅了されていく。そして一八九九年、エジプト考古局の主任査察官に任命され、着々と業績を挙げるも、観光客との事件に巻き込まれ、査察官を辞職することとなる。その苦境の中で出会ったのが、カーナヴォン卿であった。

カーナヴォン卿はカーターを雇って、テーベ西岸などで発掘調査を実施し、数々の成果を出していった。しかし、二人の本丸は「王家の谷」の調査であった。調査権を独占していたS・デイヴィスが「王家の谷は掘り尽くされた」という言葉を残してエジプトを去ったことで、一九一五年、幸運にも調査権が舞い込んできた。

カーターは、デイヴィスが発見した遺物などからツタンカーメン王の存在とその墓がいまだ眠っていることを確信していた。そこで、これまで発掘された場所の綿密な地図をつくり、岩盤まで調査が及んでいない箇所を把握した。それは、ラメセス六世王墓付近であり、そこを集中的に調査することを決めたのだ。しかし堆積がとても厚く、発掘がなかなか進まず、思うように成果を挙げることができなかった。そのため、カーナヴォン卿からは資金提供の打ち切りを迫られ、一九二二年冬の調査が最後のチャンスであった。その最終シーズンを開始して三日後、探し求めていたツタンカーメン王墓の入口をついに発見。まさに、カーターの熱意と忍耐、そして緻密な調査の所産であった。

ツタンカーメン王墓

カーナヴォン卿の到着を待って、カーターは王墓内にはじめて足を踏み入れることとなる。封鎖された壁を開けて内部を覗いたカーターが、「何か見えるかね」と尋ねたカーナヴォン卿に、「ええ、素晴らしいものが」としかいえなかった話はあまりにも有名である。

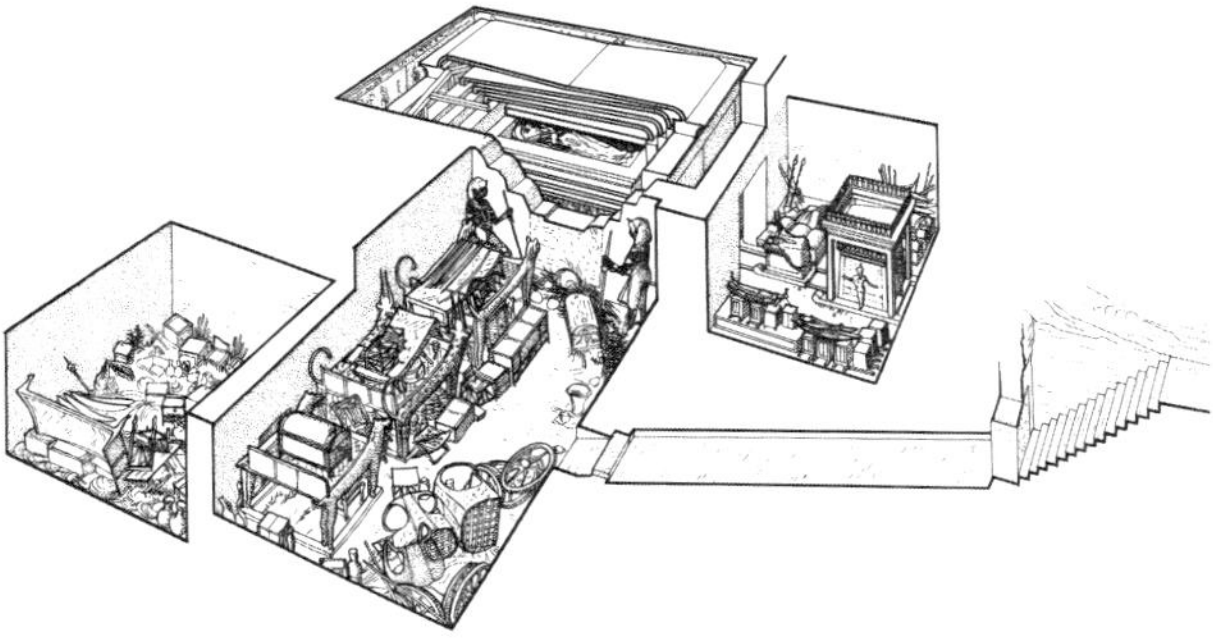

図1-14　ツタンカーメン王墓

王墓は、前室、付属室、宝庫、玄室の四部屋からなり、金箔で装飾された眩《くるめ》く副葬品で埋め尽くされていた（図1-14）。唯一壁面装飾が施された玄室には、四重の木製の厨子が部屋いっぱいに納められ、その中に花崗岩製の石棺、さらに石棺の中に三重の人型木棺が横たわっていた。そして、第三の棺を開けると、黄金のマスクを被ったツタンカーメンのミイラが眠っていたのだ。発見からほどなくして本格的な調査が開始されるが、イギリスやアメリカの研究者による調査チームが結成され、数千点にのぼる副葬品の記録作業と搬出作業には、一〇年という膨大な時間を要した。

ツタンカーメンは一九歳ほどで死去したとされるが、その死因についてはこれまで謎であり、毒薬による暗殺説などミステリアスに語られることもあった。しかし、エジプト政府によるCTスキャンの結果、頭部に致命傷となる外傷がないことから、他殺ではないことが判明した。さらに、ツタンカーメンは生まれながら左足に疾患を抱えていたこともわかった。確かに、副葬品のなかには杖をつくツタンカーメンの姿がある。加えて、DNA鑑定でマラリア原虫が検出されたことから、先天的な足の疾患とマラリアによる合併症が主な死因と判断された。だが、そんな合併症で死に至るものだろうか。ツタンカーメンはやはり、いまだ謎多きファラオといえる。

王位継承争い

ツタンカーメンは少年王であったため、彼の政権は実質的にはアイとホルエムヘブに委ねられていた。アイは、ツタンカーメンとアンケセナーメンの後見人であり、アクエンアテン時代からの王宮を取り仕切る廷臣であった。ホルエムヘブは軍事司令官として、また摂政として実質的な行政の最高責任者であった。ツタンカーメンは子供に恵まれなかったため、彼の死後、影の実力者であったこの二人が後継者候補となる。

ホルエムヘブは行政の実権を握ってはいたが、王家の血筋とはまったく関係がなかった。一方、アイも純粋な王家の血筋ではないものの、アメンヘテプ三世の王妃ティイとの血縁関係にあるアクミム出身者であり、古くから王族との緊密な関係にあった。未亡人となったアンケセナーメンの信頼も厚く、彼女をサポートするかたちで王位を継ぐこととなったのであろう。ツタンカーメン王墓の玄室には、王に対して「口開けの儀式」を執り行うアイの姿が描かれているが（図1－15）、これは王位継承に最も重要な儀式であり、自分が先王の葬儀を行ったことを明示することで、その正当性を示したのであろう。

しかし、アイは高齢で即位したため、わずか四年ほどで他界してしまう。そこで次に即位したのが、ホルエムヘブであった。かつてツタンカーメンの政権を握っていた彼は、我こそが次期王と目していた。しかしそれは叶わず、さらにアイの政権下では、軍事司令官および摂政の称号が剥奪され、冷や飯を食わされていた。そうしたことから即位後、ホルエムヘブの激しい復讐劇がはじまる。アケトアテンの都を解体し、アクエンアテンからアイにいたる王の建造物を破壊、または自分の名前に書き換えたのだ。

図1－15　アイ王による「口開けの儀式」の場面

これが、アマルナ時代の歴史的抹消の経緯である。

ホルエムヘブ王は、子供に恵まれなかったようであり、彼と同じ軍人上がりで宰相を務めていたパラメセスを後継者に任命した。ホルエムヘブの死後、パラメセスは即位名をラメセス（一世）として王位に就いた。ここから第一九王朝がはじまる。このように第一九王朝は、それまでの王家の血筋とは断絶し、ホルエムヘブを創始とする軍人出身のファラオによって開始されたのである。その強力な軍事力をバックに、第一八王朝を凌ぐ帝国を築いていった。

大王ラメセス二世

ラメセス一世の孫、第一九王朝三番目のファラオが、ラメセス二世である。長命なファラオであり、在位期間は六七年、およそ九〇歳まで生きたとされる。王妃はネフェルタリとイシスネフェレトの二人であるが、他にも六人の妻がいたようで、一〇〇人以上の子供をもったとされる。歴代ファラオの中で、最も偉大で強力な王として讃えられ、大王とも呼ばれている。その理由は主に二つあり、それは積極的な軍事政策と建設事業だ。

カディッシュの戦い

ラメセス二世は治世四年目に、北レヴァントへの軍事遠征を行う。この頃、当地の情勢は危機的状況にあり、ミタンニ王国の弱体化により、ヒッタイト王国の勢力が浸透していた。特に交易の要衝であるカディッシュは、先代のセティ一世も奪還できなかった懸案の場所であった。ラメセス二世は、二万人からなる四師団の軍勢を率いて侵攻し、カディッシュ奪還に向かう。

ヒッタイト王ムワタリの軍勢が北に撤退したとの情報を得た王は、第一師団を引き連れカディッシュへと急進し、陣営を張った。しかしこの情報は囮《おとり》であり、ムワタリ軍はカディッシュに隠れて待ち伏せしていた。ムワタリ軍はまず、カディッシュに向かって行軍する第二師団を攻撃して援軍を絶ち、間髪容れずにラメセス二世率いる第一師団へと攻め上がった。エジプト軍は大打撃を受けたが、その後の援軍により、なんとか兵を立て直すことができた。戦いは膠着状態に陥り、最終的にはムワタリが和解を提案し、エジプト軍は引き返すこととなった。

この古代で最も有名なカディッシュの戦いは、エジプトの神殿にその模様が刻まれているが、そこではラメセス二世の勝利が示されている。実際はカディッシュを制圧することはできなかったわけだが、王の偉業のプロパガンダとして戦いが描かれているのだ。その後、第三勢力アッシリアの脅威が増大してきたため、治世二一年目の紀元前一二五九年、ラメセス二世とヒッタイト王ハットゥシリ三世は、和平条約を結んだ。これは人類史上初の和平条約であり、共同防衛、捕虜の返還などが取り決められた。

大規模建設事業

和平条約により、レヴァント情勢が安定してきたことから、ラメセス二世は国内の建設事業に専念するようになる。まずは、ルクソール神殿を増築し、巨大な塔門と列柱中庭を加えた。この二つはアメンヘテプ三世による大列柱廊と軸線を異にするが、それは対岸に建造した葬祭殿（図1-8）に平行させるためであったと考えられている。その西岸にある葬祭殿は「ラメセウム」と呼ばれ、一辺二〇〇メートル規模と広大で、塔門が二つ聳《そび》える。中庭には、「若きメムノン」と名づけられた高さ二〇メートルの花崗岩製の座像が立つ。中庭には、対をなして鎮座していた。この最大規模のファラオ座像の上部は、イタリアの探検家G・ベルツォーニによって運び出され、現在大英博物館に展示されている（図1-16）。同様に巨大な立像はメンフィスの神殿にも立てられ、これまで二体発見されている。内一体はメンフィス博物館に横倒しのまま展示され、もう一体はカイロのラメセス中央駅前に据えられた。後者はしかし、大気汚染などによる劣化を懸念して二〇〇六年にギザへと移動され、現在は大エジプト博物館の入口に展示されている。

図1-16　ラメセス2世の彫像

アブ・シンベル

なかでも最も有名な建造物はやはり、アブ・シンベル神殿であろう。アスワンから二〇〇キロ以上南のスーダンとの国境付近、ナセル湖のほとりに位置する。砂岩の岩山を彫り抜いて築いた大小二つの神殿からなる。大神殿は、アメン、ラー-ホルアクティー、プタハの神々と、神格化されたラメセス二世に捧げたものだ(図1-17)。圧巻は神殿の正面であり、高さ二〇メートルの座像が四体並び、これも岩山から彫り出して造られている。内部の列柱室は、オシリス神と化したラメセス二世の像を抱く八本の角柱で支えられている。

最奥の至聖所には三つの神々とラメセス二世の座像が並ぶ。意図的な設計かは定かでないが、毎年二月二二日と一〇月二二日にのみ、朝日が至聖所に一直線に差し込み、神々の像を照らすという。

小神殿は、王妃ネフェルタリとハトホル女神に捧げたものだ。この二つの神殿は、アスワン・ハイ・ダムの建設によりナセル湖に水没する危機にあり、ユネスコの救済キャンペーンにより一九六〇年代に解体・移設されたことでも有名である。

図1-17　アブ・シンベル大神殿

こうした巨大建造物に代表されるように、ラメセス二世のカルトゥーシュを目にしない遺跡はないほど、エジプト全土で建設事業を展開した。ただし、それはすべてを新たに建造したのではなく、それまでの建築物、特にアメンヘテプ三世による建造物を再利用、または名前を書き換えたものも多い。それでもやはり、ラメセス二世の残した神殿や彫像は壮麗で、エジプト帝国の絶対的な強さを今に残すものである。

†第三中間期以降

王朝の並立

第二〇王朝のラメセス三世は、ラメセス二世をロールモデルとして積極的に活動した。しかし彼を最後にして、国土全体を統治する強力なファラオは姿を消し、それまでの中央集権国家体制は瓦解した。そのため、第三中間期からプトレマイオス王朝にいたるおよそ一〇〇〇年間、エジプトは隣国からの侵略を繰り返し受け、ファラオを名乗る異国の支配者によって統治された。

第三中間期は、王朝が並立する時代である。第二〇王朝からつづく神殿の政治的・経済的な権力の増大がさらに進み、なかでもカルナクのアメン神官団は絶大な力を持つようになる。その大司祭ヘリホルや後継者のピアンクは上エジプトを実質的に支配し、テーベに神権国家を樹立する。それは、アメン神を王として、アメン神官団が神託を受けて政治を動かす国家形態だ。そのため、第二一王朝では、王家は根城をデルタのタニスに移すことになり、北のファラオと南のアメン神官という構図が生まれた。

タニスの中心にはカルナクを模したアメン大神殿が位置するが、一九三九年、フランスのＰ・モンテにより、その前庭部の地下にて第二二・二三王朝の王墓が発見された。なかでも未盗掘であったプスセンネス一世の墓では、銀製の棺や黄金のマスクなど数々の豪華な副葬品が発見された。これらは、カイロのエジプト考古博物館に収蔵され、ツタンカーメンに比肩する秘宝となっている。

隣国による支配

その後、西方砂漠（現リビア）からの移入が進み、特にデルタのブバスティスでは、大きなコミュニティーを形成するに至る。その勢いはタニスの王家も止められず、リビア系のシェションク一世に王位が譲り渡され、第二二王朝となる。

さらにその後、ヌビア（現スーダン）のクシュが触手を伸ばしてきた。ヌビアでは、第四カタラクト近くのナパタに本拠地を置くクシュ王国が勢力を拡大させていたが、王朝が乱立する政情不安定な状況に乗じて、エジプトへの侵入を開始する。強力なファラオのいないエジプトの占領はたやすく、クシュの王ピイ（ピアンキ）はメンフィスを制圧し、第二五王朝を迎える。これまで常にエジプトの支配と搾取を受け続けてきたヌビアであるが、興味深いことに、かれらはエジプトの伝統的な文化や宗教を破壊することなく、エジプトのスタイルで自らの彫像をつくり（図1－18）、神殿へ寄進している。さらに、ホームタウンのナパタ近郊（アル＝クッル遺跡やヌリ遺跡など）では、クシュ王国の王たちによって、小型ではあるものの、ピラミッド型の墓がいくつも建造された（図1－19）。絶頂期のエジプトのファラオに敬意を払い、その偉大さを取り込もうとしたのであろう。

アッシリア帝国による支配

エジプトはクシュの支配期からすでに、西アジアを席巻するアッシリア帝国の侵入をたびたび受けていた。タハルカ王の治世にその侵略が激しくなり、エジプトの奪い合いがクシュとアッシリアの間で起こる。しかし帝国の軍事力は圧倒的で、クシュはヌビアに逃れるしかなかった。エジプトを手に入れたアッシリアは、忠誠を誓ったサイスの有力者プサムテク一世をエジプトの支配者に擁立する。ここから、末期王朝時代となる。

図1－18　タハルカ王の彫像

アッシリアの援助のもと、エジプトは安定した時代を迎え、文化や芸術が新たに開花した。しかしそ

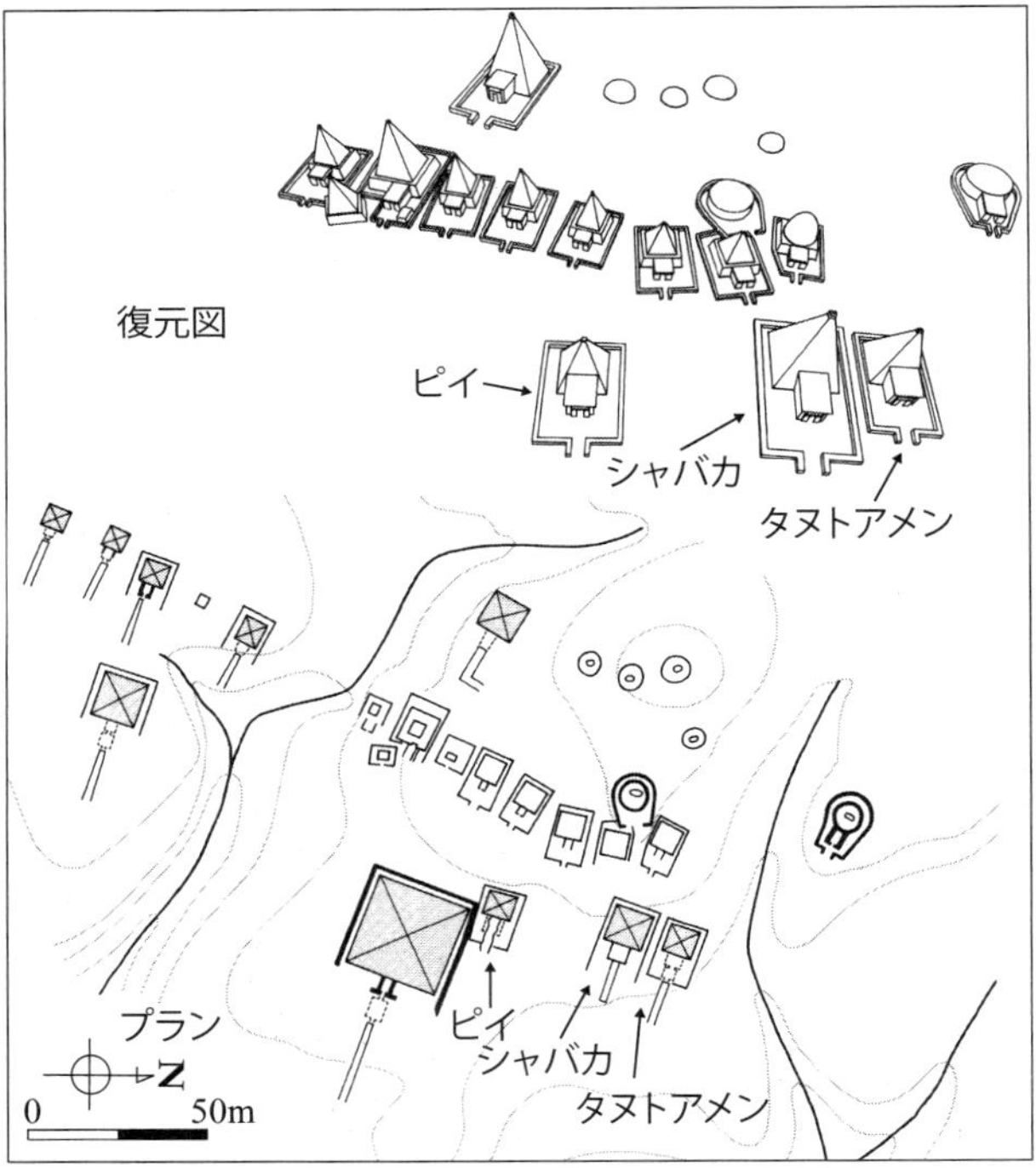

図1-19　アル＝クッルの王墓地

れもつかの間、西アジアの新たな勢力アケメネス朝ペルシア帝国の侵略を受け、紀元前五二五年、カンビュセスによってエジプトは征服される。

ペルシア帝国による支配

古代の歴史書では、ペルシアの支配は無慈悲で残虐極まりなかったと伝えられている。侵略時にはそうした行為があったかもしれないが、しかし、カンビュセスやダレイオス一世は、自らファラオとして即位し、神殿の造営や修復を行うなど、エジプトの歴史と文化を尊重した統治を行っていた。ちなみに、ギリシアの歴史家ヘロドトスがエジプトを訪れたのは、この末期王朝の第二七王朝である。

エジプトはその後、ペルシアからの独立を果たし、サイスに王権を持つ王朝を樹立するが、ふたたびペルシア軍の侵入を受け、最終的にはメンフィスが陥落。これで、二回目となるペルシア支配を受けることとなった。これ以後、エジプト人がファラオとして君臨することはなく、その意味では末期王朝が最後の古代エジプト王朝ともいえる。

図1-20　アメン神に聖火を捧ぐアレクサンドロス大王

アレクサンドロス大王

紀元前四世紀前半の東地中海世界では、大きなうねりが起きていた。アレクサンドロス（アレキサンダー）大王だ。彼は弱冠二〇歳でマケドニアの王となり、さらに諸ポリスを制圧して全ギリシアのトップに上り詰めた。そして紀元前三三四年、東方の脅威であったペルシア帝国を討伐するべく、マケドニア軍を率いて小アジア（現トルコ）に進出する。次々とペルシア軍を撃破し、小アジア南東のイッソスではペルシア最後の王ダレイオス三世の大軍をも打ち破った。アレクサンドロス大王は、その後も破竹の勢いでレヴァントを南下、さらに軍を進めて紀元前三三二年、エジプトに到達した。

大王は、エジプトからペルシアを駆逐し、解放の英雄として歓迎された。彼もまたエジプトの文化や宗教を重んじ、メンフィスにて伝統的な儀式のもとファラオとなり、即位名「メリアメン・セテプエンラー」を授かる（図1-20）。デルタ西部の地中海岸では、新都

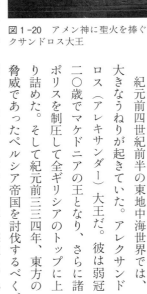

アレキサンドリアの建設にも着手した。

大王とその軍隊は、およそ一年間エジプトに滞在して鋭気を養い、ペルシア討伐の東征を再開した。バビロンやペルセポリスなどを制圧して、ペルシア帝国を滅亡に追いやった。さらに、現在のインドまで軍を進め、東地中海から中央アジアにいたる超大な領域の征服者となる。アレクサンドロス大王は、バビロンに戻った際に高熱を発し、三三歳の若さで死去した。

プトレマイオス王朝

大王の死後、後継者争いが起きるが、総督としてエジプトの統治者となった将軍プトレマイオスは、バビロンからマケドニアに移送中の大王の遺体を奪い、エジプトに運んだ。それは、エジプトの伝統に則り、先王の埋葬を行うことで自身のファラオとしての即位を正当化するためであったのだろう。大王の最終的な埋葬地は、アレキサンドリアかシーワ・オアシスとされるが、いまだ発見されていない。

将軍はプトレマイオス一世として即位し、マケドニア系のプトレマイオス王朝を樹立。首都アレキサンドリアは、ヘレニズム文化の中心として地中海世界で最も繁栄した。また、この王朝の王は、伝統的なエジプトのスタイルで神殿を積極的に建設した。エドフやデンデラなど、現在も残る保存のよい神殿はプトレマイオス王朝のものである。

クレオパトラ

プトレマイオス一世のあと、同名の王が一二世まで続くも、王権は次第に弱体化していく。そうしたなか、プトレマイオス一二世の娘として、かの有名なクレオパトラ七世が誕生する。知性の都アレキサンドリアで生まれ育った彼女は、語学の才能を持ち、マケドニアの末裔で唯一ヒエログリフを理解できる人物であった。また機知に富み政治的判断力にも恵まれていた。父の遺言により、一七歳のクレオパトラは弟のプトレマイオス一三世と婚姻して共同統治の座に着くこととなる。エジプトの国力回復を託された二人であったが、一三世の側近たちには、政治に明るいクレオパトラの存在が邪魔であり、レヴァントに国外追放されてしまう。

このころ、共和政ローマも内戦状態にあり、ユリウス・カエサルとグナエウス・ポンペイウスが対立していた。ギリシアで敗戦を喫したポンペイウスはアレキサンドリアに逃げ込み、それを追ってカエサルもエジプトに入ってきた。だが、時すでに遅く、ポンペイウスはプトレマイオス一三世の刺客によって殺害されていた。一三世は、ローマの偉大なる武将カエサルを味方に付けたかったのだ。しかし同胞の将軍がエジプト人に殺されては面目が立たず、逆にカエサルの怒りを買ってしまう。

これを聞きつけたクレオパトラは、返り咲くため、エジプトに向かう。そして、その知性と魅力を活かしてカエサルの支持を得ることに成功する。事実かは定かでないが、一三世の側近にばれずに、護衛の厳しいカエサルに会うため、カーペットにくるまり贈り物として彼の前に現れたというのは有名な話だ。

カエサルがクレオパトラ側に付いたことを知ったプトレマイオス一三世は、兵を集めてカエサルに戦いを挑む。しかし「ナイルの戦い」で敗北し、川で溺死する。クレオパトラは、男性王権のしきたりに従い、下の弟プトレマイオス一四世を共同統治者に迎え、王に復活する。このとき、カエサルとの子カエサリオンを授かっていた（図1-21）。

図1-21　クレオパトラ7世とカエサリオン

カエサルはローマに戻るも、保守的な元老院の企てにより暗殺されてしまう。「ブルトゥス、お前もか……」の場面だ。その後、後継者争いが勃発し、オクタウィアヌスとレピドゥス、そしてアントニウスの三人がその候補者であった。クレオパトラは、最も勇敢な戦士アントニウスを選び、彼にアプローチをかける。二人はすぐに恋に落ち、息子カエサリオンを擁立して、エジプト再興を誓い合った。

王朝の終焉

ローマとしては、地中海世界で屈指の穀倉地帯を有するエジプトはかねてから属州の対象であり、ましてや自分たちと比肩するような国であってはならない。それゆえ戦いの勃発は必至であった。「アクティウムの海戦」で、ローマ軍率いるオクタウィアヌスと、アントニウスおよびクレオパトラの決戦が行われた。結果は、オクタウィアヌスの勝利であり、クレオパトラはアレキサンドリアに退散し、アントニウスもそれを追って敗走。オクタウィアヌスは追い打ちをかけてアレキサンドリアまで攻め入り、アントニウスは自害する。クレオパトラも、ローマの傀儡《かいらい》となるよりも死を選択した。

紀元前三〇年、アントニウスのとなりに埋葬してほしいとの遺書を残し、三九歳で他界した。彼女の死については、イチジクの籠に潜ませて王宮に運び込んだコブラで自殺したと言われている。息子カエサリオンもオクタウィアヌスに殺され、エジプトはローマの属州となった。およそ三〇〇〇年間続いたエジプト王朝はここに幕を閉じる。

クレオパトラは絶世の美女とも謳われる。しかし、彼女の本当の美しさは、知性と機知に富んだ会話が醸し出す魅力であり、異性だけでなく人々を魅了する才能をもっていたのだ。マケドニアの血筋であるものの、エジプト文明を尊び、ファラオの継承者としてエジプト王朝存続のために、激動する地中海世界を奔走した最後の女王であった。

第2章
起源——エジプト文明はいかにしてうまれたか

ヒエラコンポリス。エジプト考古学の世界では誰もが知る有名な遺跡である。なぜならば、ここで一〇〇年以上前に大発見があったからだ。それは、エジプト文明の成立をうかがい知ることができる、ナルメル王のパレットの発見である。

さらに近年においても、その最初のファラオであるナルメル王へとつながるエリートたちの存在が考古学的に明らかにされている。つまり、ヒエラコンポリスは、ファラオのルーツ、すなわち、エジプト文明の起源ともいえるのだ。

本章では、ヒエラコンポリス遺跡における発掘成果を紹介しながら、ファラオを推戴するエジプト文明の成り立ちを考えてみたい。「文明」という概念は曖昧で、考古学的には捉えにくい。そこで、古代文明には国家という高度な政治組織が存在することから、「文明」を「国家」に置き換え、国家の成立過程を社会複雑化の一つの到達点とみなし、その様相を述べることとする。

1 ヒエラコンポリス遺跡の概要

年代	〈エジプト南部〉			〈エジプト北部〉
前3100～2700年頃	初期王朝（第1―2王朝）ⅢC―D期			
前3300～3100年頃	ナカダ文化	ⅢA―B期	政治的統合	
前3500～3300年頃		ⅡC―D期	文化的統合	下エジプト文化
前3800～3500年頃		ⅠA―ⅡB期		
前4400～3800年頃	バダリ文化			

表2－1　先王朝・初期王朝時代の編年

先王朝時代のナカダ文化

ナルメル王は、紀元前三一〇〇年頃、ナイル川下流域を政治的に統合した。ここに王を頂点とする国家組織が誕生し、ここから王朝時代が始まる。それ以前を先王朝時代と呼び、前四千年紀のナカダ文化が初期的国家の黎明期にあたる（表2－1）。

ナイル川下流域では、紀元前六千年紀後半には農耕や牧畜が下エジプト（北部）で定着する。食糧生産経済という新石器化の飛躍は上エジプト（南部）にも波及し、紀元前五千年紀中葉にバダリ文化が現れ、それを継承して広域に展開したのがナカダ文化である。

このナカダ文化の発展が王朝時代の萌芽となるのだが、それは物質文化のみならず、社会形態においても同様であり、およそ七〇〇年の期間で、エリート（支配者）を擁する階層社会を生み出し、複雑化の果てに国家が産声をあげた。そのナカダ文化のなかで、いちはやく複雑な社会を形成したのがヒエラコンポリスなのである。

首都カイロから約六五〇キロ南方のナイル川西岸に位置するヒエラコンポリスは、総面積がおよそ九〇〇ヘクタールにおよぶ先王朝時代でも屈指の遺跡である（図2－1）。この遺跡は、ナイル沖積地の小高い丘（ネケン）、その背後の低位砂漠縁辺部、さらにその奥の巨大な涸れ谷までの領域に広がっている。ヒエラコンポリスという名は、ギリシア語で「ハヤブサの町」を意味し、厳密には、当地の神であるホルスを祀る王朝時代のネケンの町（古代名）を指す。ネケンの丘は、全体を囲むように城壁が巡らされ、その内部の聖域で、ナルメル王のパレットやメイスヘッド（棍棒頭）などの埋納遺物が大量に出土した。

一方、低位砂漠にはナカダ文化の遺構が濃密に分布する。砂漠縁辺部には主集落が広がり、中央に祭祀センター（HK29A）、工房（HK29・34）や住居、西にビール醸造施設や穀物倉庫（HK24）、東に墓地（HK31・33・43）、そして南の涸れ谷にはエリート墓地（HK6）や工房（HK11C）が営まれた。こうした機能的なレイアウトは、都市と評するにふさわしい。

エジプトでは、集落は主にナイル沖積地に営まれるため、発見して発掘することが極めて困難であり、集落に関する情報が著しく欠如している。そうした意味で、ヒエラコンポ

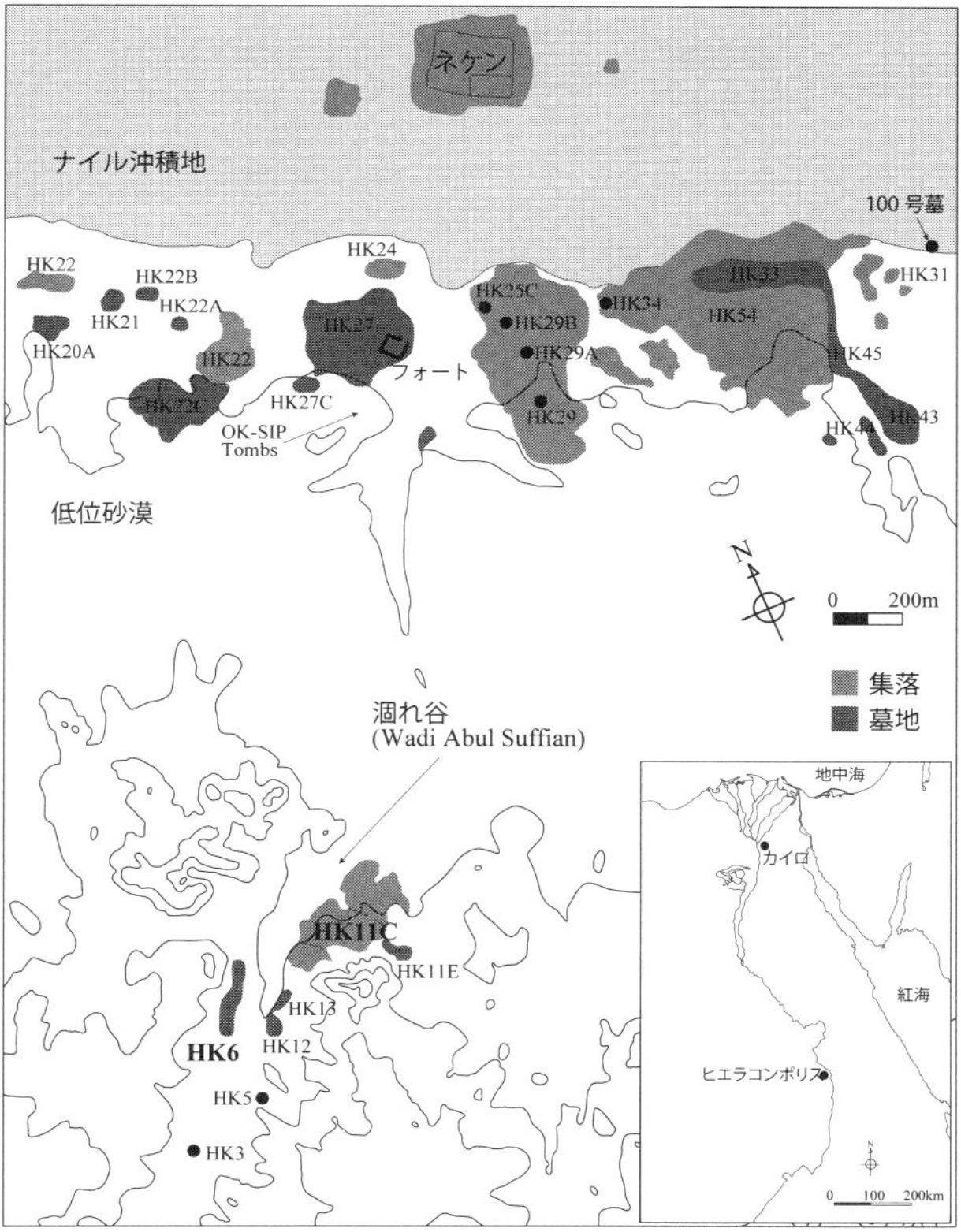

図2-1　ヒエラコンポリス遺跡の遺構分布図

リスは墓地と集落の両者を発掘できる稀な遺跡であり、当時の文化や社会を具体的に知るには欠かせない存在となっている。

†調査の歴史

ここの調査には長い歴史がある。ナルメル王のパレットなどの大発見をもたらしたイギリス隊のJ・E・キベルとF・W・グリーンによる一九世紀末の調査にはじまり、当地のランドマークである、いわゆる要塞（フォート）の調査がアメリカのA・ランシングによって二〇世紀前半に実施された。結果、これが第二王朝最後の王カセケムイの葬祭周壁であり、アビドスに次ぐ二つ目のものであることが判明した。その後も単発的な調査が行われてきたが、現在の調査体制を確立させたのは、アメリカのM・A・ホフマンである。

ホフマンは、一九六七年、エジプトで初となる学際的研究組織を編成して調査に臨んだ。すなわち、考古学者のみならず、人骨、植物考古、動物考古、地質、保存修復などのエキスパートを加えて、遺跡を総合的に調査する体制を整えたのである。いまでは当たり前だが、当時のエジプトでは画期的なものであり、これがその後のスタンダードとなる。

ホフマンにより、涸れ谷も含めた低位砂漠全体の生態学的古環境が復元され、遺構分布も把握することができた。また、祭祀センターや工房、エリート墓地などの発見は、低位砂漠における活動の実態を明らかにするものであり、その功績は多大である。なかでも、祭祀センターは学史に残る発見である。全長四五メートルにも及ぶ楕円形の中庭を中心に据え、そこに直径一メートルの四本の柱でファサードを構成する大祠堂が伴う（図2－2）。特筆すべきは、ナルメル王のメイスヘッドの図像にも楕円形の中庭と祠堂がみられることで（図2－3）、そこにはこの祭祀センターが実際に描かれていたのである。

ホフマンの死後、イギリスのB・アダムスにバトンがつながれ、そして現在、ダイレクターを受け継いでいるのが、オックスフォード大学のレネ・フリードマンだ。ながらく大英博物館の学芸員として勤めていた彼女は、先王朝時代の土器の第一人者であり、毎年四〜五カ月の発掘調査をバリバリこなすエネルギッシュな隊長である。

レネの精緻な発掘により、祭祀センターやエリート墓地は、細部に至るまでその輪郭がより鮮明となった。これについてはあとで紹介していく。

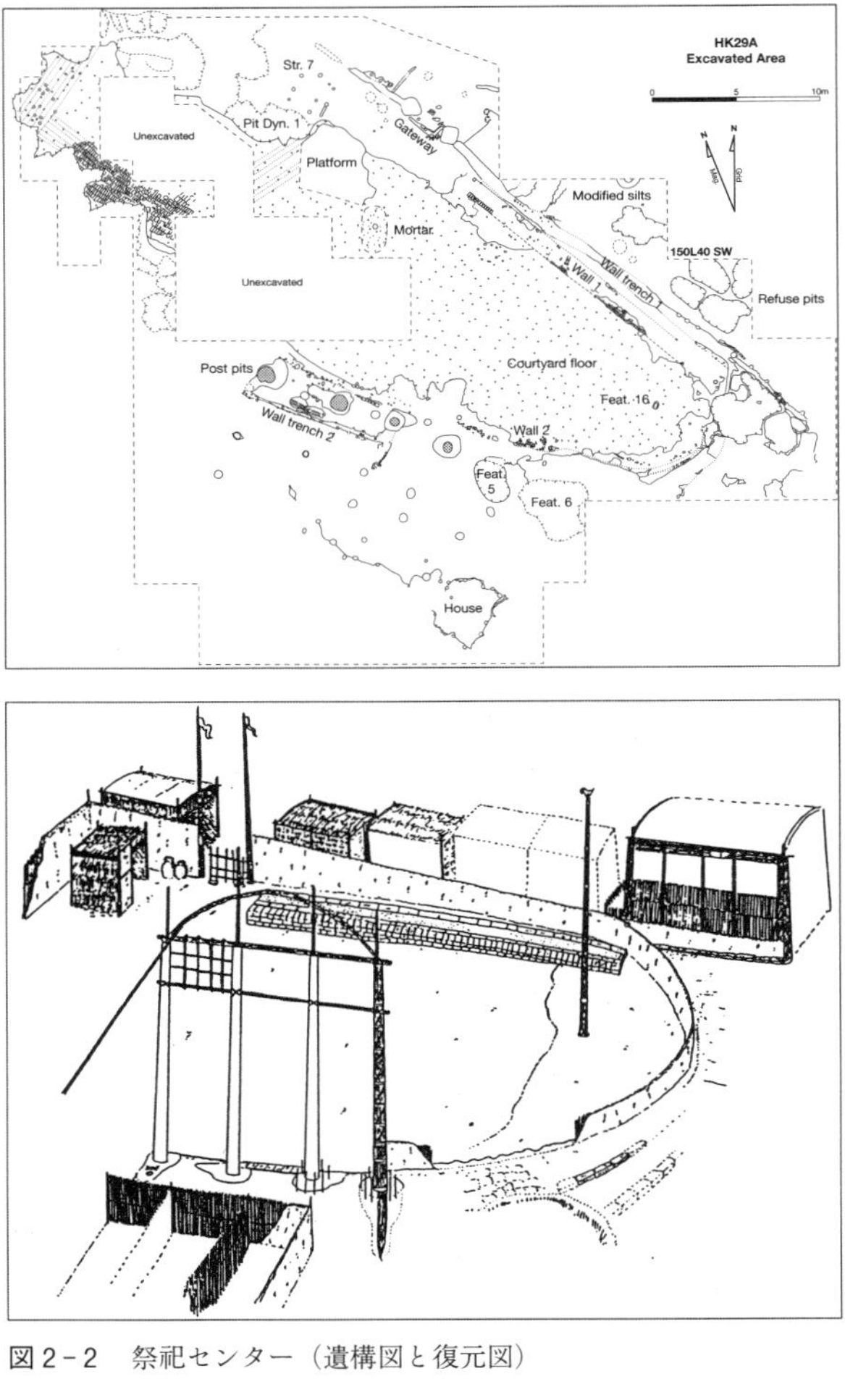

図２－２　祭祀センター（遺構図と復元図）

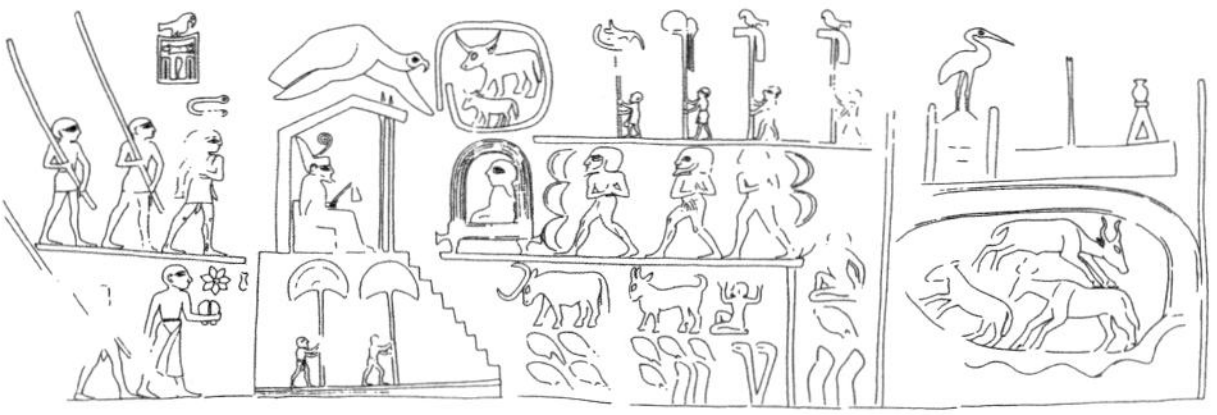

図2−3　ナルメル王のメイスヘッドの図像

2　遺跡を発掘する

†調査隊への参加

二〇〇七年二月二七日。砂漠の砂を少しずつ剝いでいると、直径一メートルもある土器の口縁のようなものが姿を現した（図2−4）。しかも二つある。掘り進めていくと、それは大甕《おおがめ》を地面に固定したものであった。

はじめて見る巨大な甕に、驚きつつも、私には何がなんだかまるで理解できない。翌日、レネに現場でみてもらった。「イッツ　ビアー　ブリューワリー」と彼女。え、ビール、醸造址！　これが、私にとって初となる先王朝時代の大きな発見となった。

ビール醸造址が見つかった場所は、HK11C地区である。砂

図2－4　ビール醸造址の発掘風景

漠縁辺部から二キロほど離れた涸れ谷内の南岸に広がる広大な微高地で、ちょうど、エリート墓地を対岸に望む位置にある。

ホフマンの時代にゴミ山などの試掘が行われ、ここは集落址とみなされるようになったのだが、二〇〇三年、さらなる集落情報を得るため、レネによって再調査が開始された。その方法は、磁気探査を実施して、反応が強く有望な地点を選定して発掘するというものだ（図2－5）。いくつか候補があがったが、レネが最初に手を付けたのが、オペレーションBであった。そこでは、土器焼成遺構が見つかったのだが、先王朝の土器研究を志していた私にとっては垂涎もの。さっそく科学研究費を獲って、レネに懇願し、二〇〇六年から当地区を分担発掘として与えてもらった。

レネとの邂逅《かいこう》は、二〇〇二年の学会である。このころ、先王朝・初期王朝時代に特化した国際学会が発足され、第一回目がポーランドのクラクフで開催されることとなった。は

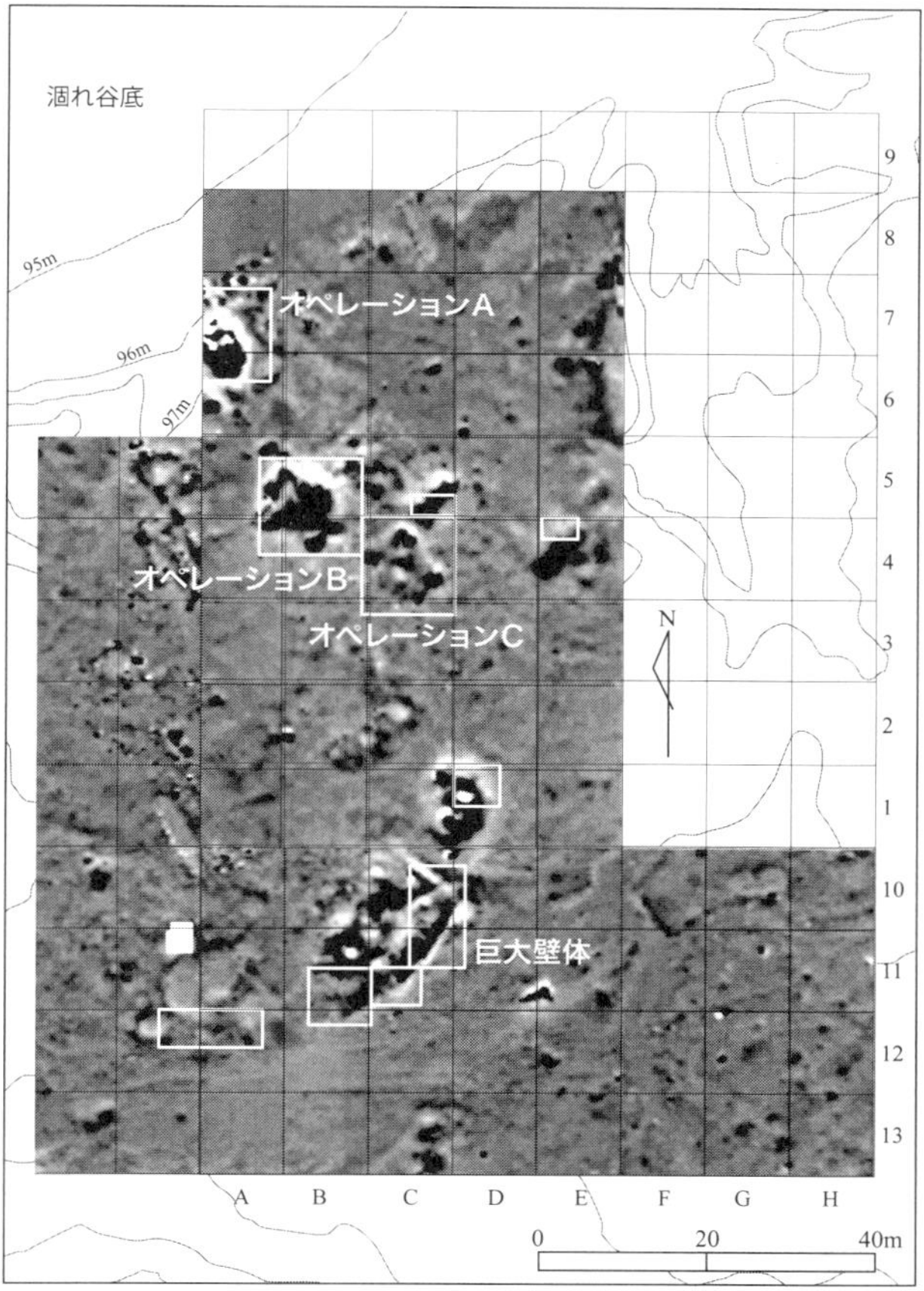

図２－５　HK11C 磁気探査マップと発掘区

じめは、たんなる傍聴者として参加しようと思っていたが、主催者の一人、S・ヘンドリックから「せっかく参加するなら発表しなさい！」と、ありがたくも狼狽《ろうばい》させるお言葉。なんせ、博士課程にあがったばかりの私は、英語なんて流暢に話せない。けれどもやるしかない。もう金に糸目はつけず、当時流行っていた「駅前留学」に駆け込み、その教室で最高の教師をお願いして、発表リハーサルだけを何度もチェックしてもらった。

発表内容は、黒頂土器の焼成方法。黒頂土器とは、美しく磨きあげられた胴部の朱色と、炭素による口縁部の漆黒が見事なコントラストを呈する、先王朝時代を代表する土器である。ただし、着色のプロセスに見解の一致をみない。そこで、本庄高等学院教諭の佐々木幹雄氏に指導を仰ぎ、齋藤正憲氏とともに、五種類の方法を設定して焼成実験を繰り返した。

その結果を、クラクフで発表した。籾殻《もみがら》の上に土器を伏せて置き、藁《わら》と粘土で全体をカバーする「覆い焼き」の方法が最適であることを述べた。手足のガクガクが止まらないいま舞台を後にすると、レネが声を掛けてくれた。彼女の博士論文をバイブルとする私にとって、ガクガクはさらに強まる。「近々、集落址の調査をするから、覆い焼きの痕跡があるといいね」と言ってくれた。すかさず、「僕も是非、参加させてください！」と返した。

こうして念願叶って、二〇〇三年にヒエラコンポリス遺跡の調査に参加することができた。あとで聞いた話だが、国籍や性別、年齢や学位、そうしたものは一切関係なく、熱意と能力があれば隊員として受け入れるとのこと。それはホフマンの方針であり、レネも踏襲しているという。これまで二〇年以上ほぼ毎年遺跡を訪れているが、そのたびに、アメリカ、イタリア、フランス、スイス、ベルギー、ポーランドなど、いろんな国のメンバーと寝食を共にしている。なによりも、私にとっては、各国のウマい料理をいただけるのが嬉しい。

†土器工房

閑話休題。話を発掘に戻そう。レネから引き継いだオペレーションBの土器焼成遺構は、まだ一部を露呈させただけであった。磁気探査が示すには、遺構はさらに続いている。そこで全体を把握できるよう発掘区を拡張して調査を行った。一二メートル四方の区画を開け、三年かけて完掘を迎えた。

まず特筆すべきは、遺構全体を囲む壁体だ（図2-6）。北側が開放されたコの字状のプランを呈し、壁体内のみ赤く焼けている。驚いたことに、遺構は磁気探査で映し出され

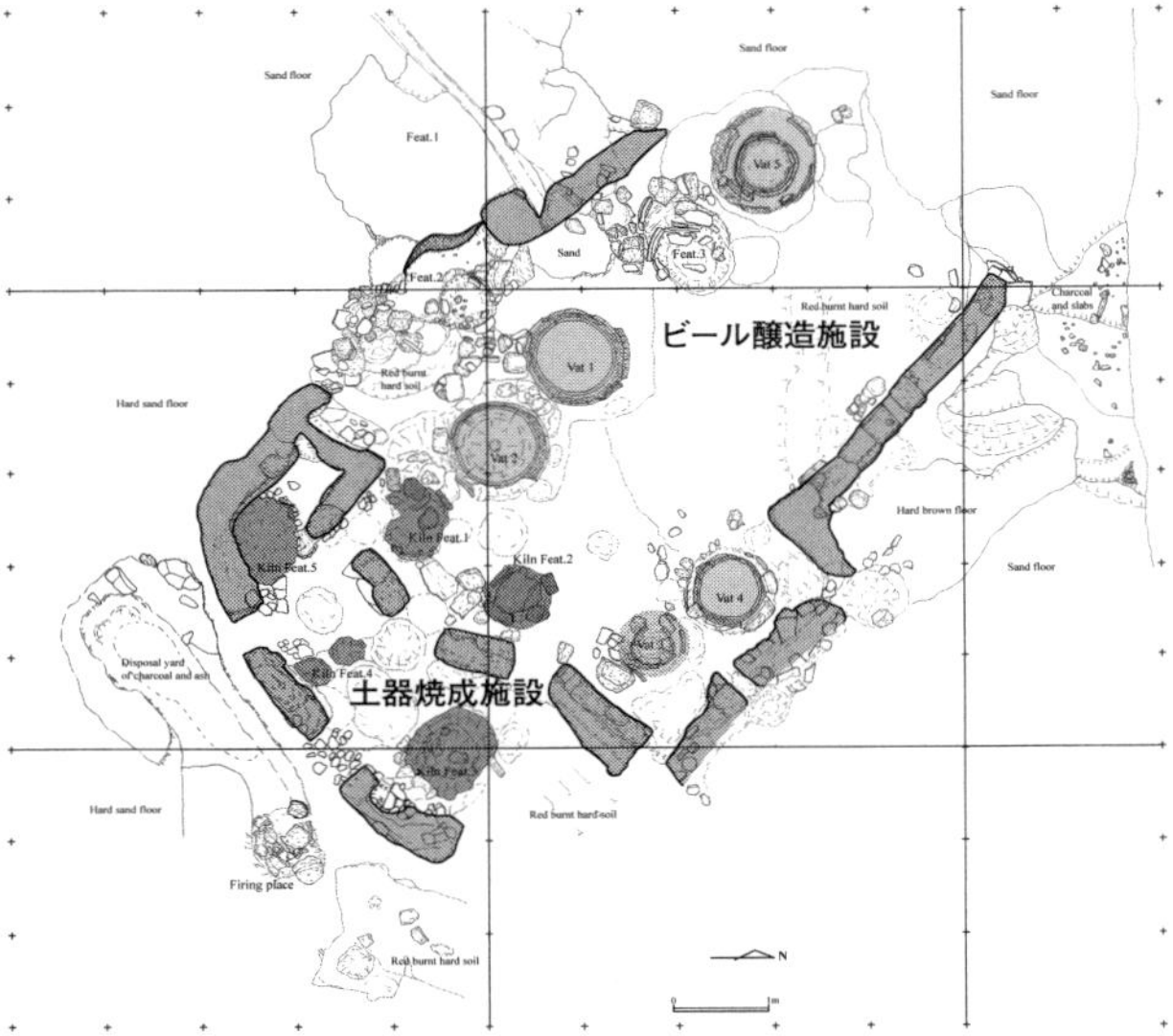

図2-6　オペレーションBの遺構図

た輪郭とまったく同じ形状である。

　南側の壁体は間隔を置いて二列に並び、各壁体の前面にはピットが穿たれている。ピットは五つ確認されたが、ピットの内外には、灰と炭化物、被熱粘土塊、それが付着した土器片が大量に出土した。これら壁体の背後には、灰原が形成されており、土器片の出土量も多いことから、ここが土器の焼成施設であると解釈される。

　周囲からは、縁に摩耗痕をもつ土器片も数多く出土した。なかには、地面に埋設した土器の中から大量（九〇点ほど）にみつかったものや、床面に集中（五五〇点ほど）して検出されたものもある。ナイフ型石器を伴う集中もある。これらは、陶工の道具であり、土器の器面を整形する製陶工具と考えられるのだ。このことも、土器焼成の場であることを支持している。

焼成方法の復元

それでは、どのような土器が生産されていたのか。出土土器はすべてデータをとったが、その六〇パーセント以上が、スサ（切り藁）を混ぜた粗製の壺である。申し訳程度に口縁が施された無頸の壺で、ヒエラコンポリスではモデルド・リム・ジャーと呼ばれる器形である。これが専門的につくられたとみて間違いないだろう。

では焼成方法はどうか。見つかった遺構は、上部構造を残していないため、直接的な資料から焼成方法を明らかにすることはできない。手がかりとなるのが、間接的な資料、すなわち生産品としての土器である。そこで、土器の分析からアプローチを試みた。その方法は、縄文や弥生の土器焼成方法の研究で一定の成果を出している、黒斑分析というものだ。黒斑とは、土器表面に残る焼成時の痕跡である。例えば、燃料と土器が密接するよう

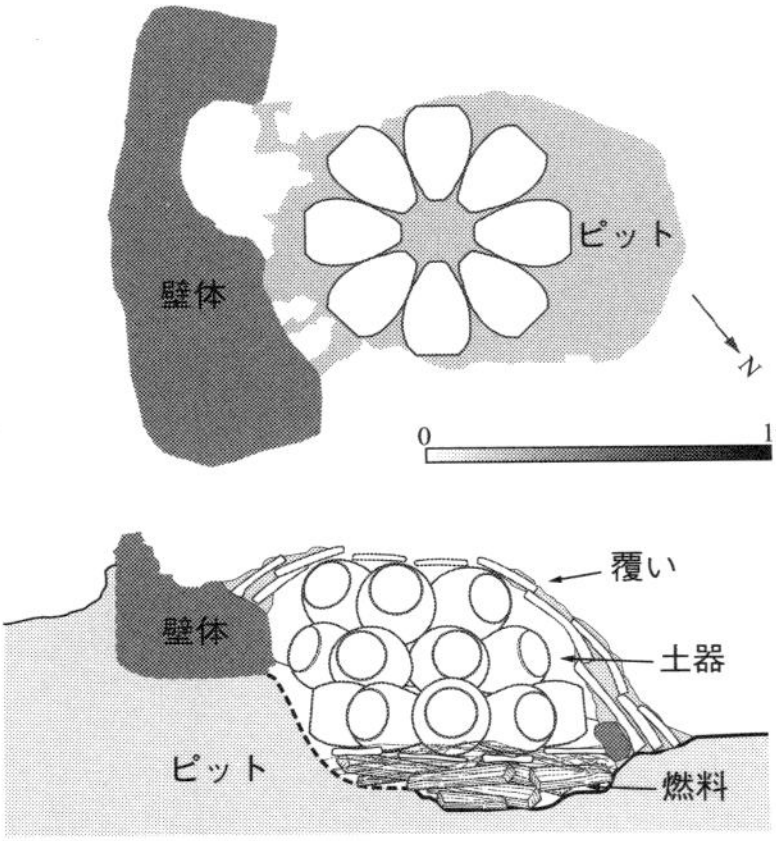

図2－7　土器の焼成方法復元図

な野焼きでは、温度が上がった酸化焔雰囲気であっても火回り不良により煤《すす》が酸化消失しないことがある。それが黒斑となる。また、煤が完全に消失しても降温段階で熾《おき》や炭などと接することでも黒斑は形成される。このように、土器の色調や黒斑の残存状況を突き詰めていけば、粗製壺がどのように焼成されたかを推定することがある程度可能となる。

　分析の結果、土器を横倒しにして、口縁を外に向けて花びらのように設置し、それを三段積んで、最後に全体を土器片と粘土で覆うという焼成方法が復元された（図2－7）。つまり、弥生時代の日本で行われていた、いわゆる「覆い型野焼き」と同じ焼成方法であったと考えられるのだ。先述したように、焼成残滓として多く出土した被熱粘土塊とそれが付着した土器片が、その「覆い」の痕跡なのである。これまで先王朝時代では、土器焼成場の発見例が皆無に等しかったが、それは、覆い焼きのように、焼成後に取り壊されるために、考古学的な痕跡を残さないからとも考えられる。遺構の発見とこの分析により、はじめて先王朝土器の具体的な焼成方法が明らかとなった。

ちなみに、この方法だと、粗製壺が二〇個ほど焼成できる計算となる。遺構では、壁体を伴うピットは五つあり、もし同時に稼働したならば、一回の火入れで一〇〇個近くの土器を生産したことになる。これは窯焼きにも匹敵する数だ。先王朝時代はまだ窯が存在しないため、当時の陶工は、「積み重ね覆い型野焼き」を複数構築することで、生産力を上げたのであろう。

図2-8　完掘されたビール醸造址

†最古のビール工房

コの字状壁体内では、土器工房の北側でまた異なる遺構が発見された。先に触れた、ビール醸造址だ。五つの大型甕が検出されたが、どれも底部を地面に埋めて、石、土器片、粘土で固定したものであり、極めて保存状態が良好である（図2-8）。

甕の最大径は八五センチ、現存する器高は六〇センチほどであるが、口縁部が欠損しているので本来は一メートルほどの高さであったと思われる。甕は土器片と粘土でコーティングされ、さらに外周を大きな土器片で囲い、これも粘土と土器片で固めて、外壁と甕の間に空間を作り出している。外壁に燃料をくべる焚き口が設けられていることからも、この空間内で火を焚き、甕内のものを加熱する施設と考えられる。大型甕の内面には、液体が凝固したような黒色で光沢のある残滓が付着して残っていた。

レネがこの遺構をビール醸造施設と認定したのには、理由がある。似たような構造が、ヒエラコンポリス遺跡にて、またアビドスやテル・エル＝ファルカなど先王朝時代の他の遺跡でも発見されており、それらがビール醸造施設とみなされているからだ。だがしかし、これまで原料の分析は若干あるものの、理化学的な分析はなく、根拠に乏しい。そこで、ビールと同定するべく、学際的組織を編成して挑んだ。植物学的分析では、ベルギー王立自然史博物館のE・マリノバ、理化学的分析では、カイロ大学のM・A・ファラグと共同研究をさせてもらった。

†ビールの同定分析

甕の残滓がビールであると同定するには、ビールづくりに必要ないかなる要素を突き止めればよいのであろうか。まずはビールづくりの基本について概観したい。

ビールの原料は、酵母、デンプン質、麦芽、水、これが基本である。この点は今も昔も変わらないはずだ。そのからくりは、酵母がデンプン質を分解し、無酸素状態においてアルコール分を生み出すというものだ。しかし、酵母にとってデンプン質は大きすぎてそのままでは消化できないので、さきに小さな糖に分解（糖化）してあげなければならない。デンプンを煮たり煎じたりして糊化したものにアミラーゼ酵素を加えると糖ができるが、この糖なら酵母は分解できる。そしてこのアミラーゼは麦芽から得られる。穀物は発芽するときにアミラーゼを作り出し、エネルギーとして蓄えたデンプン質を少しずつブドウ糖に分解しながら成長するからだ。麦芽とは発芽によるアミラーゼが出てきた状態で乾燥させたものであり、だからビールづくりにはこの麦芽が欠かせないのである。つまりビールの醸造方法は、砕いた麦芽を水と一緒に熱して麦汁をつくり、この糖化された麦汁に酵母を添加して発酵を促すというステップをふむのだ。

では、これらの要素が実際に存在するのか。まずは、甕内残滓の実体顕微鏡および走査型電子顕微鏡（SEM）による植物学的分析を実施した。結果、主な原料はエンマーコムギであった。ただ、五分の一の割合でオオムギも含まれる。エンマーコムギとは、中近東で最初に栽培された古代コムギの一つである。現代のビールづくりでは、アミラーゼ含有量の多い二条オオムギが原料の主流であり、古代エジプトでも王朝時代のビールにはオオムギの利用が一般的であったとの分析結果もある。しかし、先王朝時代のビールづくりにはコムギが好まれていたようである。

さらに、利用されたエンマーコムギは、発芽させた麦芽の状態であり、かつ粉砕されていたことも判明した。現代のビールづくりでも粉砕の工程が組み込まれており、それは湯水との接触面積を増やして溶解および酵素的作用を受けやすくするためである。

SEMによる観察では、酵母（イースト菌）が確認された。これをずっと探し求めていたが、ナノメートルの世界で観察するため、なかなかみつからず、三年ほどかけてやっとみつけ出すことができた。また、デンプン粒の多くはゼラチン状に膠化《こうか》していた。このことは麦芽が液体の中で熱せられたことを物語っており、それは大甕で麦汁づくりが行われていたことを示している。つまり、糖化工程を終えて冷めた麦汁に酵母を添加し、大甕内で発酵まで行っていたものと考えられるのだ。

次に、ガスクロマトグラフィー質量分析（GC-MS）による代謝分析では、乳酸、シュウ酸、コハク酸が検出された。これらは穀物の糖類の発酵作用によってもたらされるものである。また、クエン酸とビタミンB_3も検出され、どちらもイースト菌の存在を示すものとされる。この分析結果からも、ビールの証拠は揃っており、この遺構がビール醸造址であることが科学的に実証されたのだ。

GC－MS分析でもう一つ興味深い成果がある。それは、大量に検出されたリン酸だ。リン酸は、現在の飲料・食料品で防腐剤として添加されているものだ。ただし、主原料であるエンマーコムギではこれは生成されない。一方、オオムギなら生成されることから、当時のかれらは、オオムギを少し混ぜることでビールが長持ちすることを経験的に知っていたのであろう。

このビール醸造址は、もう一つ私たちを驚かせてくれた。残滓五点の炭素年代測定が、紀元前三八〇〇～三五〇〇年、中心が三六〇〇年（補正値）と打ち出したのだ。ナカダ文化の時期区分では、ナカダⅠC―ⅡB期に比定される。この年代は、先王朝時代で最古であり、醸造遺構としては世界でも最古となる。

ちなみに、古代のビールは、現代のものとは見た目も味もまったく違う。ビールにホップを入れるのは中世ヨーロッパの一二世紀頃からであり、古代では濾過《ろか》の技術も大してないため、のどごしスッキリ！　ではなく、飲むヨーグルトのようなドロッとしたものだったと思われる。

†食品加工工房

オペレーションBの発掘を終え、次なるターゲットはすぐお隣。磁気探査マップでは、矩形《くけい》の四隅に丸い反応がある場所だ。ここをオペレーションCと名付けて、発掘を開始した。

結果、手捏《てご》ねで成形された日干しレンガを用いて構築された矩形の遺構が検出された（図2－9）。大きさは九×七メートルであり、先王朝時代では前例のない規模の家屋である。壁体は、レンガを長手に三列並べて構築されている。南の壁体のみ構築法が異なり、両側面にレンガを一列並べその内部に礫や土器片を詰めて造られている。湾曲する点も他の壁体とは異なる。遺構内部の調査により、取り外された壁体の一部が検出された。その位置と向きからして、この家屋は元々正方形であり、後に南側が拡張され、湾曲した壁体が加えられたと考えられる。

年代について、壁体基礎部から採取した炭化植物の炭素年代測定では、紀元前三五〇〇

〜三一〇〇年（補正値）であり、これはナカダⅡC期からⅢ期にあたる。ただし、出土土器の検討から、上限のナカダⅡC期とみなしてよいだろう。

その内部は、炭化物と灰がいっぱいに満たされていた。この炭化層を取り除きながら、床面を露呈させると、平石や土器片が並べられた炉が一四基検出された。特筆すべきは、炉の内外で大量に出土した動物骨。その数は九〇〇〇点以上である。

図2-9　オペレーションCの遺構図

スコップで一層掃くと、ボロボロと大小さまざまな骨が姿を現す。加えて、三〜四センチぐらいの丸まった皮膚のようなものも大量に出てくる。なんだかまったくわからず、宿舎に持ち帰ってレネに聞くと、「イッツ　スケール」と。え、ウロコ、こんなデカいの！

そこで、動物考古学のW・V・ニールに分析を依頼した。約三〇パーセントが種同定され、その大部分を家畜ウシとナイルパーチが占めていた。あの大きなウロコは、このナイルパーチのものであり、背骨の計測値から全長一メートル以上の大型魚ばかりという。

さらに、部位の出土頻度を調べると、頭骨の占める割合が高く、頸椎など胴部の骨が低い。食べる部位が少ないのである。つまり、ウシやナイルパーチはここで解体・加工され、どこか別の場所の消費地に供給されたのだ。

多くの炉址の存在を鑑みると、このレンガ構造物は、火を用いた調理加工に特化した施設であったといえる。しかも、ウシの骨がこれほど集中して出土した例は、先王朝時代には他にない。集落で消費される家畜は、ヒツジとヤギ、そしてブタが一般的であり、ウシは特別なときにしか屠《ほふ》らない。これは現代のエジプトでも、田舎では同じである。ウシはお乳を出すし、畜力にもなるからだ。それなのに、オペレーションCでは、惜しみなくウシを屠り、大型ナイルパーチを調理していた。特殊な食品加工工房といわざるを得ない。

†巨大壁体

二つの工房の発見で意気揚々と、他の反応地点の発掘を開始した。まず、長方形の強い反応を示す場所を発掘した。が、しかし、巨大な石とその周りに炭化物があるのみ。次は、長方形の反応のある地点だが、表層下で木杭柵などの生活面が確認されるも、その下は炭化物と灰が厚く堆積するのみ。その次も、長方形の強い反応があり期待されたが、これまた炭化物と灰が一面に広く堆積するのみ。これら三地点では、遺構は一切なく、遺物も炭化層に混ざった土器片や獣骨片など、いわゆるゴミのみであった。

打ちひしがれながらも、気を取り直して、磁気探査マップで最大の反応場所に着手した。調査区南端にあり、大きすぎて敬遠していたヤツだ。なぜなら、私の調査はエジプト人作業員五〜六人と私だけの極小チームだから、軽々しく手を付けることはできない。作業員さんに掘ってはもらうが、取り上げ、写真、測量、すべてを自分でやる。また、ヒエラコンポリス隊の宿舎は遺跡内にあり、発掘現場まですぐに行ける便利さはあるのだが、砂漠に建っているためインフラがすこぶる脆弱で、電気を必要とする測量器具は向かず、すべて手測りで遺構図をつくっている。そんな状況なので、大きそうな対象は後回しにしていた。でも、もうそんなことは言っていられない。

掘り進めると、壁体が姿を現した（図2-10）。オペレーションCと同じく、手捏ね成形された日干しレンガで構築されている。壁体は東から西に向かって緩く弧を描くように走り、東の角で九〇度北方向に曲がる。翌年から、この壁体を北と西に追いかけるように

図2-10　検出された巨大壁体

調査を行ってみた。北へ走る壁体は、およそ九メートルでレンガが途絶える。一方、西へ伸びる壁体はとても長く、七年かけてやっとその終点に辿り着いた。全長はなんと、三八メートル。

壁体内部（北側）は、何層にも及ぶ炭化物と灰で満たされるのみ。これらの炭化層には土器や石器の断片、動物の骨やフンなど、いわゆるゴミの遺物が含まれる。

壁体の用途はいったいなんなのか。これほど長大なレンガ壁体は先王朝時代に類例がなく、依然不明であるが、境界壁または動物の囲い壁などを想定している。ただし重要な点は、内部に厚く堆積した炭化層である。これらは、オペレーションBやCなど当地区の熱利用施設で排出されたゴミが廃棄されたものとしか考えられない。壁体の二次利用なのだが、その膨大な量は生産活動の規模を物語っている。

今回の発見で興味深いのが、日干しレンガの存在だ。オペレーションCもそうだが、レンガが手捏ね成形されたものなのだ。レンガの歴史は西アジアが最も古く、紀元前九千年紀に手捏ねレンガがうまれ、その後、前五千年紀頃から型づくりレンガが一般化していく。これまでは、この西アジアの型づくりレンガがエジプトのデルタに流入し、それが全土に普及していったと考えられていた。ただし、今回発見されたレンガは手捏ねのプリミティブなもので、年代は紀元前三七〇〇—三六〇〇年頃と、デルタの遺跡よりも古い。つまり、レンガはエジプト南部で独自に開発されたのである。ヒエラコンポリスは、こうした問題にも寄与する大きな発見を私たちにもたらしてくれる遺跡なのだ。

†集落から生産地区へ

HK11Cにおける近年の発掘により、ここが単なる集落址ではなく、食品加工に特化した生産地区であることが明らかとなった。とは言っても、砂漠の涸れ谷内という立地での生産活動は極めて特異である。必要な物資を二キロも離れたナイルの沖積地から搬入しなければならないからだ。ということは、それでもここに生産施設を設置する、なにか大きな理由があったのだ。これについては後ほど考えてみたい。

3　社会の複雑化

それでは、これまで述べてきた生産地区と、レネによるエリート墓地の調査成果から、当遺跡にみられる社会の複雑化についてみていこう。手がかりとなるのは、「階層化」と「専業化」という二つの指標だ。前者は社会の縦軸としての身分差であり、後者は横軸としての生業の分化・多様化である。

†墓からみた階層化

墓地のあり方は社会の縮図である。それは、当時の労働者墓地とエリート墓地を見比べてみると、大いに首肯できるだろう。近年の精緻な発掘によって、より克明にその状況がわかるようになってきた。

労働者墓地（HK43）は、主集落の南端に位置し、ⅡA—B期を中心とする四五〇基以上の墓で構成される。墓はどれも、浅く掘った直径一メートルほどの土坑で、マットにくるまれた屈葬遺体がぴったりと納まるサイズだ。副葬品は、三、四点の土器に、化粧パレット、櫛、ビーズ装飾品などが伴う。どれも生前に使用していた日用品である。こうした埋葬様式は、ナカダ文化の墓地でごく一般的にみられるものである。

この墓地では人骨研究が大きな成果を挙げている。埋葬人骨の年齢は、二十代から三十代が最も多いものの、幼児から老年まであらゆる年齢層が含まれる。男女比もほぼ等しく、当地の人々が分け隔てなく埋葬された墓地といえる。人骨は男女ともに骨格ががっちりしており、農作業などの労働に従事していたとされる。これは、墓の内容が示す社会階層とも合致し、労働者墓地と呼ばれる所以である。

かれらは社会の一般構成員なのだが、戦闘で負う特徴的な腕の骨折（受け止め骨折）や、鈍器による後頭部の致命的な陥没なども散見され、農作業のみの平和な農民ではなく、近隣集団との抗争を担う戦士の一面も持ちあわせていたようだ。

遺体処理に関する証拠もある。頸部と頭部に残る無数のカットマークである。これは、遺体の頭皮を剝ぐ、または首を切断する行為があったことを示している。同様な例は、アダイマ遺跡やナカダ遺跡でも確認されており、ナカダ文化には、死後に頭部に何らかの処置を施す習慣があったようだ。このように労働者墓地では、きめ細かな発掘により、ナカダ文化の一般的な埋葬の様相が明らかとなった。

†エリート墓地

労働者墓地にみるこうした小型墓が圧倒的多数を占める一方、一握りの大型墓が独立した墓域に造営された。この隔絶したエリート墓地（HK6）では、歴史を塗りかえる発見が相次いでいる。これまで八〇基ほどの墓が調査されたが、それらが大型墓を中心に「複合体」を呈する点に注目したい。以下、一六号墓と二三号墓の複合体について紹介する（図2－11）。

一六号墓は、IC―ⅡA期に比定される当墓地で最古の墓だ。土坑が四・三×二・六メートル、深さ一・五メートルの規模を持つ。北面には木柱で構築された祠堂が備えられ、木杭柵が全体を矩形に囲んでいる。この時期でこれほど大規模な墓は他にない。土坑内は盗掘を受けていたが、残された土器だけでも一一五点以上を数え、当時としては群を抜いた数の副葬品を準備できるほどの経済力と社会的地位がうかがわれる。

さらに特筆すべき点は、付属する墓群だ。一六号墓を二重の墓群が取り囲んでいる。内側には人間、外側には動物が、それぞれ埋葬されていた。付属墓に埋葬された人々は、十

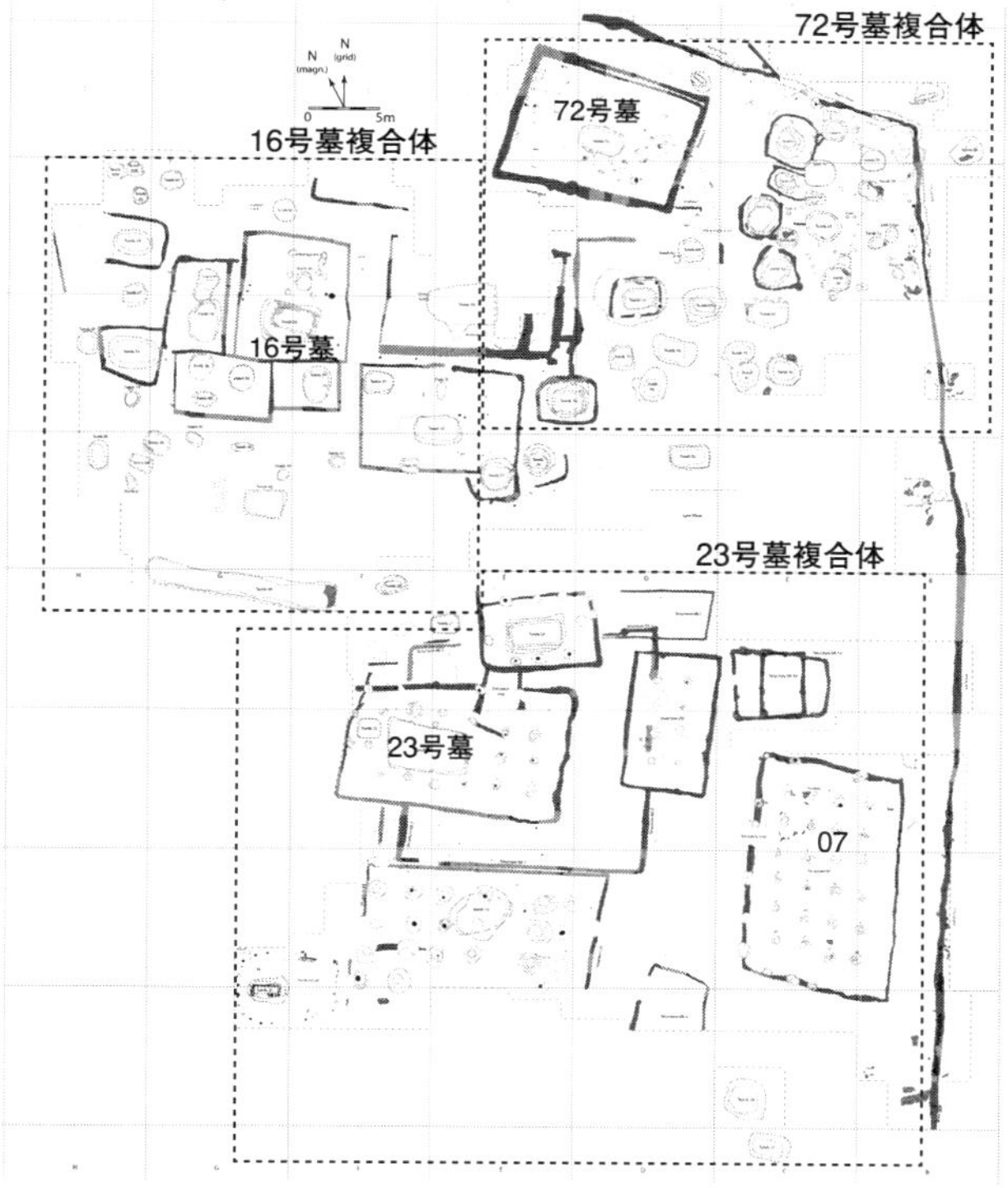

図2-11　HK6エリート墓地の遺構図

代から三十代にほぼ限定され、かつ二〇歳以下の割合が高い。そして、女性が六〇パーセント以上を占める。労働者墓地と比較しても不自然な人口構成であり、初期王朝時代の王墓にみられる殉葬の慣習を想起させる。副葬品は精巧なものが多く、それは被葬者の高い地位を示している。かれらは生前、一六号墓の墓主に仕えていた従者と考えてよいだろう。動物埋葬については第4章で詳述する。

また興味深い資料として、ドゥワーフ（矮人）人骨が挙げられる。身長一・二メートルの女性であり、手足が短く、大腿骨が湾曲している。出土場所が一六号墓の祠堂直下であることから、とりわけ彼女は埋葬において最大の名誉を与えられたようだ。身体の特殊性に神性を見いだしたのであろうか、王朝時代の王宮でもドゥワーフが活動していたことが知られている。その伝統の創出も、ヒエラコンポリスのエリート文化に求められるのである。

もう一つの複合体である二三号墓は、土坑が五・五×三・〇メートル、深さ一・二メートル、その周囲の地上面には柱が並び、さらに外周を矩形に木杭の柵が囲む。ナカダⅡB期に比定されるが、やはりこれも当時期で最大規模である。東面には「礼拝所」と名付けた列柱エリアがあり、ここからは、動物を象《かたど》った精巧な石器、象牙製棍棒、等身大の石灰岩製彫像の破片などが集中して出土した。こうした特殊な遺物、墓の規模や荘厳な佇まいは、埋葬された人物の社会的地位の高さを示している。

それは複合体を構成する付属施設をみても明らかだ。一六号墓複合体とは様相が異なり、ここでは大小さまざまな矩形の構造物が伴う。それらも、柵で囲われ内部に木柱が整然と並ぶ多柱構造となっている。なかでも東側に独立する構造物（07）は、一五×一〇・五メートルの規模を持ち、二四本の柱が整然と並ぶ多柱室を構成する。ここでも内部壁際から特殊遺物が出土し、大型長脚鏃《ちょうきゃくぞく》、紅海の貝、彫刻されたダチョウの卵殻、カバをあしらった象牙製棒、凍石製カバ像、孔雀石《マラカイト》製ハヤブサ像などである。ハヤブサの彫像としては最古の発見例となるが、王朝時代にハヤブサがヒエラコンポリスの主神となり、ホルス神として王権の象徴となることを鑑みると、その信仰の起源はナカダII期まで遡るといえる。

この多柱建造物では、壁体の基礎部にて、幾何学紋様が赤や緑で描かれたプラスター片が発見された。当初は、壁が色鮮やかに彩られた印象強い建物であったようだ。神殿などエジプト文明に特徴的な多柱式建築の伝統も、このヒエラコンポリスで始まるのだ。

このように、一六号墓と二三号墓は、大型墓とそれに付随する墓や施設を大規模に伴うことが特徴である。おそらく、現世における支配者の邸宅とそれを取り囲む関連施設のレイアウトを墓地で再現しており、その規模はまさに王宮とも呼べるものである。「墓は来世の永遠なる家」という王朝時代の概念もここに由来する。

そうした王宮の存在を示唆する遺構(HK29B)が近年、主集落の中央で発見された。五〇メートルにもおよぶ木柵の壁体が東西に走り、壁際には直径一メートルの木柱が等間隔に並ぶ。電磁波探査により、壁体はさらに五〇メートル西に延びていることが看取された。ここが支配者の邸宅であり、祭祀センターもこの巨大な構造物を中心とする複合体の一部であったと考えられる。付近の調査では、ビーズや石製容器の破片、それらを製作する石器も集中的に検出されており、工房を伴っていたようである。

以上、ヒエラコンポリス遺跡の墓地資料から、階層化の進行は明らかである。しかもここでは単純な上下二層ではなく、従者たちの存在が示すように上層内部にも身分差が形成されていたのだ。ヒエラコンポリスでは、こうした社会構造が他に先駆けて進展し、王朝時代の王宮文化や来世観などの源流も生み出されたのである。

†集落からみた専業化

社会の複雑さが増すと、生産活動にも専門性がみられるようになる。特に、国家形成や都市化の段階では、需要が格段に増加することから、作業分担の細分化が進み、専業的な生産組織が形成される。とりわけ、社会の複雑化とともに顕著になるのが、工芸の専業化とされる。

考古学における専業化研究では、遺構や遺物にみられる専業度合いと生産形態を判定する分析が必要となる。私は博士論文で、上述したオペレーションBの土器焼成遺構の資料を用いて、その専業分析を行った。専業度の分析視点はいくつか挙げられるが、ここでは規格化と効率性に注目して、土器の分析結果を紹介したい。

焼成遺構では粗製壺が生産されたが、その口径値は一八センチメートルにほぼ集中し、高いレベルでの規格化が示唆された。また、口径値から変動係数を求めると一一・七五であり、伝統的に作られてきた精製土器がおしなべて三〇前後である。係数は小さいほど強いまとまりを示すので、本資料の規格性は際立っている。

効率性については、素地（粘土）の準備方法に着目した。粗製壺の胎土は、基質が粗く含有鉱物も大きさが不均一であることから、可塑性の乏しい素地土であったといえる。これは、水簸《すいひ》（水に粘土を混ぜて精製する方法）などの入念な準備作業を省いたことを意味するが、その弱点を補う役目がスサ（切り藁）である。大量のスサを添加することで、粘性が高まり、すばやく容易な成形が可能となり、焼成時の熱衝撃に耐えうる効果をもたらす。スサを混ぜた粗製胎土はこの壺形土器で初めて採用されるが、それはまさに効率性を指向した産物といえる。

これらの分析から、粗製壺の製作は専業度合いが高く、専従の陶工によるものと評価できる。

†陶工の生産形態

それでは、かれら職人組織はどのような生産形態であったのだろうか。まず、土器焼成遺構がビール醸造址に併設されていることから、粗製壺はビール容器として生産されたと考えられ、私たちの最新の分析でも、内容物がビールであったことが立証されている。ビール壺の高い規格化には相応の意味がある。容量の標準化である。王朝時代のビール壺も同じく規格化されており、当時それ自体が経済の単位として機能していたとされる。

ビール醸造址においても専業度の高さがうかがわれる。麦汁づくりの加熱施設が五つ並んでおり、概算される生産量は三〇〇リットル以上にもおよぶ。保存性を高める工夫などからも、知識と技術を有する職人による大量生産体制であったと考えるべきだ。つまり、より多くの需要に応えるべく、ビールとその容器の生産拠点をコンパクトにまとめることで、生産効率を高めたのである。

では、その供給地はどこだったのか。それは、近接するエリート墓地であろう。事実、一六号墓では同形のビール壺が五〇点以上出土している。また、二三号合墓複合体の多柱建造物も、消費地の候補に挙げられる。埋葬を伴わないことから、葬送儀礼や祖先祭祀、または饗宴の場と考えられている。おそらく支配者にとってビールは、供献・副葬、儀礼祭祀の必須アイテムであり、そのため墓地の近くに工房を設置したのであろう。

よって、ビールにかかわる生産形態は、支配者をパトロンとする従属専業といえる。従属専業とは、エリートや行政機関によって支援・管理された組織形態であり、政治的主因で誕生する。それに対比される形態は独立専業であり、これは経済的主因によって生じる。メソポタミアなどでは、都市化に伴う市場の需要増により、後者の独立専業が先行した。支配者が牽引したエジプトの専業化は、独自の様相を呈したようだ。ヒエラコンポリスでは、支配者の台頭とほぼ同時に、生産活動でも分業化が発達し、従属の専従職人も階層化社会の一翼を担っていたのである。

4　新たな国家形成論

最後に、国家の成立に至る経緯について述べてみたい。ファラオは「二つの国土の主」、つまり、上・下エジプトを統合する支配者であることを権威の源泉としていた。これは神話的な統治表象にもなっているが、事実、南のナカダ文化と北の下エジプト文化（マアディ・ブト文化）が、先王朝時代末に統合されたのである。その統合プロセスは、文化と政治の両面から考究されている。

†文化的統合

まず文化的統合であるが、最初に提唱したW・カイザーは、相対編年を構築するなかで、ナカダ的物質文化の分布領域が南北へと広がる現象「ナカダ文化の拡張」を描き出し、Ⅲ期までにデルタ頂部のメンフィス地域に浸透することを示した。その後、西デルタのブト遺跡で、移行期層を挟んで下エジプト文化からナカダ文化へと徐々に置き換わる様相が層位的に確認された。カイザーの見解が検証されたのである。

今では、デルタの発掘例も増え、下エジプトが従来の想定よりも複雑な社会であり、地域性も把握されるようになってきた。そうしたなか、C・ケーラーは、カイザーの文化拡張を疑問視し、持論を展開する。彼女によれば、北と南という単純な区分ではなく、一つの文化総体（共同体）における地域的多様性とみなすべきだという。そして、交流・交易といった相互作用の活発化が、共同体全体の文化統合をもたらしたとする。

しかし、B・ミダン＝レイネはこの考えを退ける。多様性はいかなる文化にも内包されるものであり、当時の文化を考古学的に捉えれば、やはり北と南の二つのグループに区分されるという。統合についても、相互作用などではなく、北によるナカダ文化の吸収と同化であり、それは人の流入を伴う文化変容であると明言する。

私も、ミダン＝レイネの意見に賛成だ。たしかに、地理的・生態的に異なる環境で育まれた両文化ではあるが、物質文化と埋葬様式（北は簡素、南は複雑）の明らかな相違は、考古学的には峻別されるべきものである。そして、人やモノ、それに付帯する情報の移動は、ナイル川でつながる地域間では常にあったであろうが、北における明瞭な文化置換は、文化変容として捉えるべきものである。

†統合におけるビールの重要性

このプロセスは、ⅡC期に始まりⅢA期には完遂するが、その直前に南部のナカダ文化内においても物質文化の均一化が起こる。特にそれは、土器の地域性研究から指摘されている。当初、生活雑器は胎土の混和材が地域ごとに異なっていた。しかし、Ⅱ期中葉以降その地域性は薄れ、スサを混和した粗製土器に置き換わる。また、このスサ粗製土器は主要な副葬品としての地位も確立する。

この変化をもたらした大きな要因は、ビールであったと考えられる。前述したように、粗製壺はヒエラコンポリスにてエリートのためのビール壺として誕生した。その後、この規格化されたビール壺は、ⅡC期までに上エジプト全体に拡散する。加えて、ビール醸造址もナカダやアビドスといった主要な遺跡でみられるようになる。おそらく、ビールを用いた儀礼祭祀や再分配システムが、社会を束ねるツールとして他地域で模倣され、ビールの醸造と壺生産がパッケージとして広がったのであろう。また、ビールが権威のシンボルであることから、壺自体にも価値が付加され、それを副葬する概念も一般化する。同時に、ビール壺の製作技術が各地に定着し、効率性の高いスサ胎土を用いてさまざまな生活雑器が製作されるようになる。

この流れは、デルタにも到達する。テル・エル＝ファルカとブトの遺跡では、ⅡB―C期の下エジプト文化層からビール醸造施設が検出されている。つまり、ナカダ文化流入の実質的な開始と時期を一にする。テル・エル＝ファルカでは、ビールは当地エリートの管理下にあったとされ、ミダン＝レイネが指摘するように、かれらが社会統制の手法を南から取り入れたといえるだろう。ビール壺も在地で製作されるようになるが、その量産型土器の導入は在来の土器づくりに変化をもたらしたという。このように、ビール生産の広がりが、ナカダ文化内の地域性消失、さらには下エジプトの文化変容の大きな契機となったものと考えられるのだ。

†政治的統合

政治的統合については、B・J・ケンプのモノポリー理論に端を発する政体競合モデルが代表的である。そこでは、対等な政体が複数存在することが出発点となっており、アビドス、ナカダ、アバディーヤ、ゲベレイン、ヒエラコンポリスが中心的政体として数えられている。しかし、現状においてその前提は支持できない。前述したとおり、ⅠC―ⅡA

期の段階からすでに、エリート墓地の大型墓が示すように、ヒエラコンポリスでは支配者を戴く複雑化社会の形成が進んでいた。こうした事象を示す遺跡は他にはないことから、当初はヒエラコンポリスのみが傑出した政治社会的中心地であったといえるのだ。

ⅡC期になると、ヒエラコンポリスのエリート墓地は、涸れ谷から主集落の東端（HK31）に移動する。その代表が、有名な一〇〇号墓である。六×三メートルの土坑内は日干しレンガで内貼りされ、西壁一面に彩色画が施されていた。図像は、六隻の船を中心に、動物の狩猟と敵を捕縛して棍棒で打ちのめす場面などで構成される。これは、実際の動物を用いて実践していた権力表象が図像に転換されたものと解釈できる。

†アビドスの支配者出現

次のⅡD期は空白期間であり、ヒエラコンポリスでは支配者の墓や活動の痕跡はいまのところ確認されていない。翻って、アビドスU墓地にて、この時期から比較的大型の墓が築かれるようになる。そしてⅢA期、先王朝時代で最大のU－j墓が出現する（図2－12）。日干しレンガで構築された土坑内部は大小一二の部屋に区切られ、その規模は一二・五×一〇メートルにおよぶ。特異な副葬品が数多く納められており、特に目を惹くの

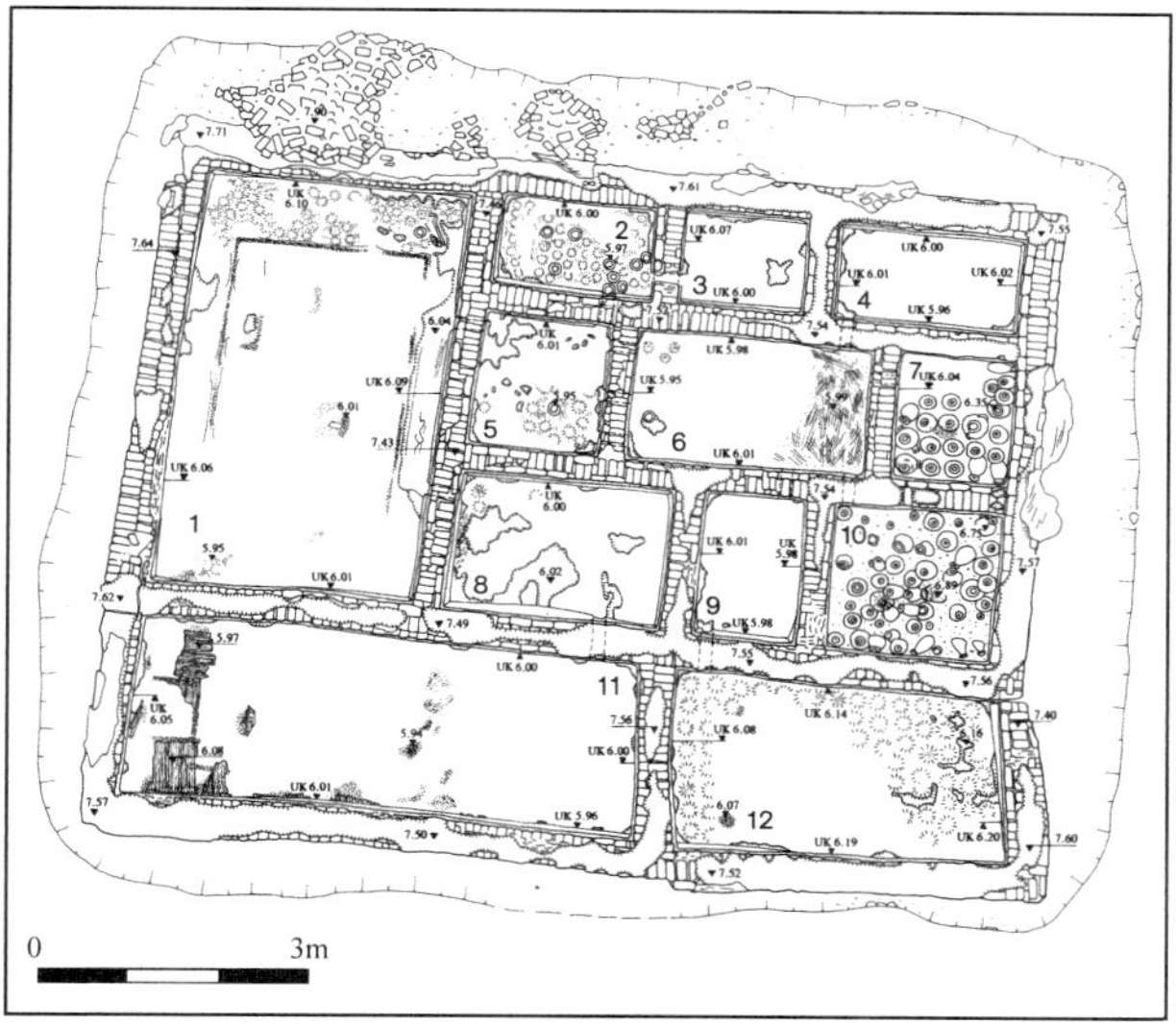

図2-12　アビドスのU-j墓

が、王権の象徴である象牙製ヘカ笏と、土器や象牙製札に記された初期の文字資料である。これらは、U−j墓の被葬者が「王」とも呼べる権力と地位を確立させ、行政機構を擁していたことを示す。文字の多くは、土器内容物の原産地を示し、ブトなどのデルタの地名も含まれる。この産地表記により、上下エジプトにまたがる広域の交易ネットワークが成立しており、アビドスはその中核を担っていた可能性が高い。

　そのネットワークはナイル河畔をもやすやすと飛び越えて、レヴアントまで至る。それは、支配者やエリートたちが奢侈品を求めたからに他ならない。U－j墓には、北レヴァント産とされる七〇〇個以上ものワイン壺も含まれていた。これらは、エジプトに輸出するために特別に製作された壺である。

†北方進出

こうしたナイル川下流域では入手できない製品や原材料の搬入路を確保するため、レヴァント交易の玄関口である東デルタに拠点が設置された。下エジプトへのナカダ文化の波及はすでに始まっていたが、ⅢA期から東デルタの遺跡では、堅牢なレンガ構造物が出現し、そこから出土した上エジプト産の土器は、南からの人々の流入・駐留を示している。

この北方指向が、権力中枢がヒエラコンポリスからアビドスに移行した最大の要因であろう。地政学的に有利だからだ。しかし、ヒエラコンポリスがその重要性を完全に失ったわけではない。なぜなら、エリート墓地では、ⅢA期から大型墓の造営が再開され、祭祀センターでの活動は継続されている。こうしたことから、ヒエラコンポリスは宗教の中心、アビドスは政治の中心として、同盟関係を築いて各々が異なる役割を担うようになったとの意見もある。たしかに、前者では、ネケンにおいて国家的祭祀活動が王朝時代まで維持され、後者では、U－j墓に後続する大型墓がナルメルを含む初期王朝の王墓域へと断絶なく続く（図2－13）。

ⅢA期以降、セレク（王名枠）の使用が始まり、アビドスで名前が判明している支配者は、イリ・ホル、カー（共にⅢB期）、そしてナルメル（ⅢC期／第一王朝）となる。南レヴァントでは、かれらのセレクや封泥が確認され、この時期から在地胎土によるエジプト系土器が増加し、エジプト様式のレンガ建造物も出現する。為政者はレヴァント進出の意欲を隠すことなく着実に実行に移していったのだ。この積極的な北方進出こそが、ナルメルによる下エジプトの政治的統合へと結実するのである。それは、最初の首都がメンフィスに置かれたことからも明らかであろう。

古代エジプトの国家形成の議論は、灌漑、戦争、交易などの単一要因論にはじまり、戦争に主眼を置く政体競合モデル、そして近年では諸要因の相互作用を重視する複合的プロセスなども提唱されている。先に述べたように交易は活発に行われたし、図像に描かれるような軍事的戦闘も当然あったであろう。しかしこれら要因とされるものは、支配者たちが講じた手段である。社会の複雑化を促したその根幹は、権力の維持・拡大である。政治経済的手法を用いて権力の制度化をはかり、イデオロギーを創出して支配構造の正当化を

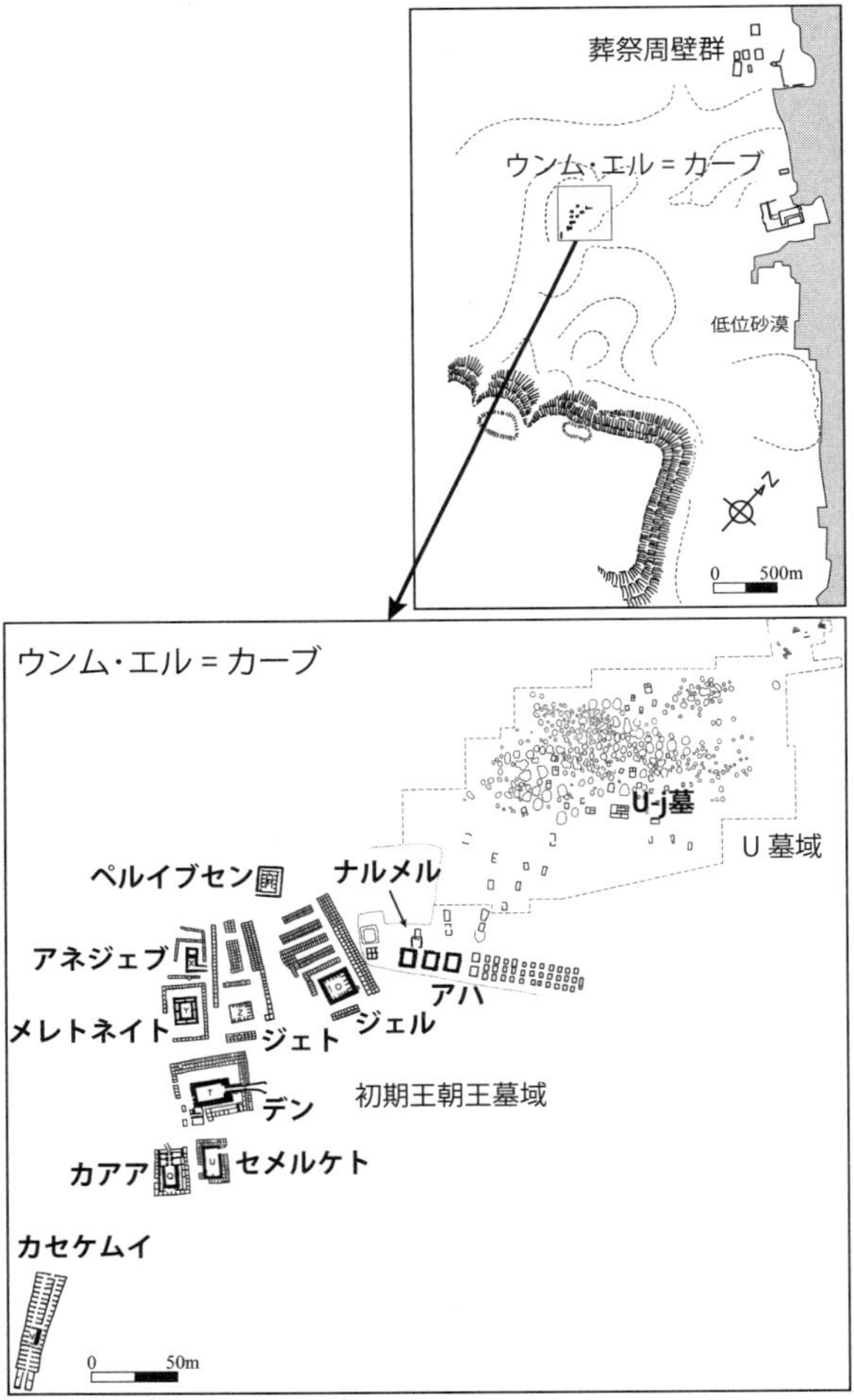

図 2-13　アドビスのウンム・エル＝カーブ

進めたのだ。それはヒエラコンポリスにはじまり、その流れがやがては王権を中核とする初期国家社会をもたらしたのである。

権力とイデオロギーの生成、そして王権とファラオの誕生については、この後詳しく述べていく。

第3章

神性

——神とファラオの世界

神話によると、エジプトはもともと神々が支配する世界であった。マネトの『エジプト史』では、この神の時代は一万年以上も続いたとされる。その後、人間のファラオがその支配を受け継ぎ、王朝時代がスタートする。つまり、ファラオは神々の子孫とみなされ、神性を帯びた存在だったのだ。本章では、そうしたファラオを中心とする社会のなかで創造された宗教観や世界観、そしてファラオの役割などについて述べていこう。

1 神話の世界

☥古代エジプトの宗教

古代エジプトの宗教は、私たちが知るいまの宗教とは異なり、その本質を完全に理解することはむずかしい。まずもって、かれらには「宗教」にあたる言葉が存在しない。いまでは宗教を相対化してみることができるが、当時のかれらはそれにどっぷり浸かってしまっていて、宗教という概念すら持っていなかったのだ。そのため、文字や壁画から推察す

図3－1　エジプトの神々

るしかない。

そこからわかることは、古代エジプト人の世界は、いわゆる宗教がすべての中心であったということだ。天文や地理、農耕や医療など、生活のあらゆる側面において宗教的な信仰が基盤となっている。

その根源は自然である。毎朝東の空から昇り西の地平線へと沈む太陽、毎年夏に定期的に増水するナイル川。こうした規則正しい自然のサイクル、リズムが、かれらの世界観を形づくり、再生復活といった来世思想にも大きな影響を与えた。

古代エジプト人の信仰は、日本古来の「八百万《やおよろず》の神」と同じ、自然を崇拝する多神教である。水、山、空、風、星、動物、植物など、森羅万象が信仰の対象であった。

しかし、古代エジプトの特異性は、そうした自然界の神々を人のからだで表現し、かつ男女の区別も与えたこ

図3－2　ナルメル王のパレット

と、すなわち擬人化にある。例えば、山犬のアヌビス神は、顔はイヌでもからだは人間として表現することができる（図3－1）。

擬人化の最古の例は、最初のファラオであるナルメル王のパレットにみられる。パレット最上段には、二頭のウシが表現されている。大きく内側に巻いた角と張り出した耳が特徴的なウシだが、目と鼻と口をみると人間の顔である（図3－2）。これは、王朝時代にみられる雌ウシの神バアトの祖型とされる。バアト女神は、重要な神の一つであるハトホル女神と同一視されることもある。ウシが神として崇められるようになったのは、その多産性や栄養価の高いミルクを与えてくれるからであろう。

他にも、カエル（ヘケト）やフンコロガシ（ケペル）、ナイル川（ハピ）や西方砂漠（ハア）までも神として崇め、擬人化した。このように、神々に人間性を持たせたことが、一見すると不気味さをも感じさせる古代エジプト特有の文化を生み出している。

エジプトは砂漠とナイル川のみの過酷な環境にある。そこで人々は、恵みを与えてくれるものを敬い、また脅威となるものを畏怖し、人間にない能力を持つものに憧れ、それらを信仰の対象にした。それが神々として具現化されるようになり、古代エジプト独特の多神教が形成されたのであろう。

†世界の創造

王朝時代になると、「世界（コスモス）の誕生神話」が創造された。神話によると、この世界は幾つかの段階をへて生まれる。はじめは混沌としたカオスの状態であり、暗黒の水が縦にも横にも無限に広がっていた。かれらによれば、「二つのものが生まれる前」という時代であり、天と地、光と闇、生と死、男と女といった対比する二つのものにまだ分かれていない状況である。

この無限の原初の水は「ヌン」と呼ばれ、創造の父であり母とされた。そこから、原初の丘「ベンベン」が出現する。これがコスモスの中心となり、ここからすべてのものが創生される。最初に生み出されたのが、生命の源である太陽であり、世界に光がもたらされた。ここに、秩序と調和のとれたコスモスが完成する。新王国時代の賛歌では、初発の光

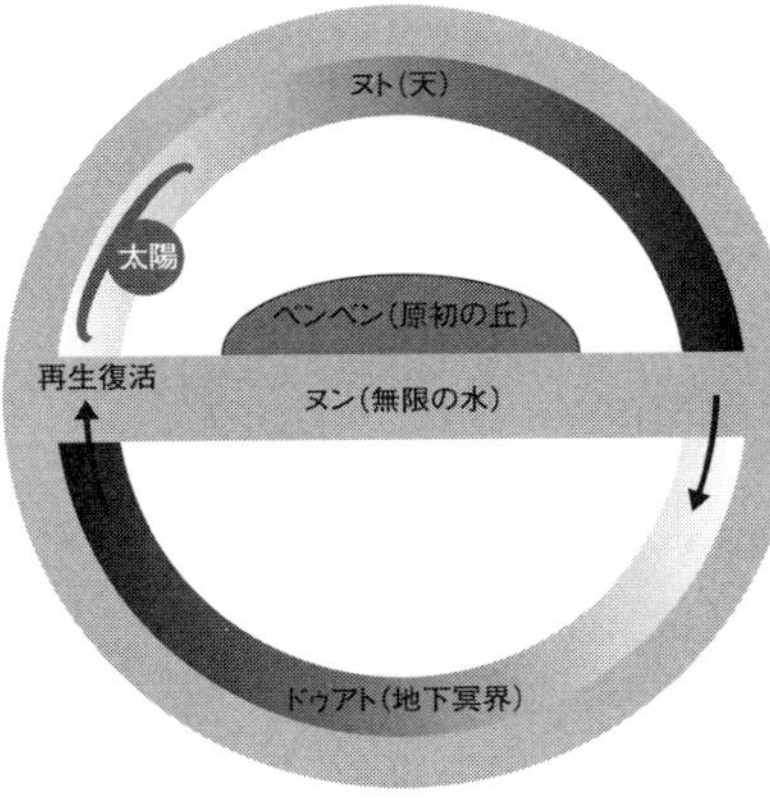

図3－3　古代エジプトの世界観

により、天は黄金のように、水はラピスラズリのようになったと述べられている。

かれらはまた、コスモスを水で覆われた球体と捉えていた。なぜなら空は、ナイルと同じく昼は青く夜は黒いため、無限の水が流れていると考えたのだ。そして、地下には地上を反転させた領域が広がっており、それを冥界「ドゥアト」とした。つまりコスモスは、天空、地上、地下冥界で構成され、その全体が球体の水で囲まれているのである（図3－3）。

この世界のなか、太陽は、昼間の一二時間を天空の海を航行し、日没後の夜間一二時間を地下の海を航行する。そして毎朝、再生復活を果たして東の空に昇ってくるのだ。こうした概念により、壁画に描かれる太陽（ラー神）は船に乗っているのである（図3－4）。

†神々の誕生

図3－4　船に乗る太陽神

次の段階で、原初の丘ベンベンを中心とするコスモスから、神々が生まれる。古代エジプトには、ヘリオポリス、メンフィス、ヘルモポリスにおいて、三つの大きな神学大系が存在した。それぞれが異なる主神を推戴する神話大系をもつ。おそらくこれら神学大系は、先史時代からあった各地の神や神話が聚合《しゅうごう》・改変され、徐々に体系化されていったのであろう。

†ヘリオポリス神学大系

ヘリオポリスは太陽神信仰の総本山であり、主神はもちろん太陽神のアトゥムである（図3－5）。ピラミッド全盛期の古王国時代、同じく太陽神のラーへの信仰が高まると、習合《しゅうごう》してラー・アトゥムとなり、「混沌の暗黒を破り世界に光を与えし者」として最強化する。

最初の神アトゥムの誕生は、自分の名前を呼ぶことで自ら生まれた、ヌンの子宮である卵から生まれたなど、いくつかのエピソードがある。

ともあれ、この世に生まれでたアトゥムは、空気の神シュウと湿気の女神テフヌトを生む。これにより、男女という性の分化がアトゥム神によって初めてもたらされたというわけだ。この出産エピソードもいくつかあり、口から吐き出した、くしゃみをしてシュウを鼻からテフヌトを口から出した、さらには自慰行為によってなどなど。つまりは両性具有ということなのだろう。

図3-5
アトゥム神

やがて、シュウとテフヌトの双子は夫婦となり、大地の神ゲブと天空の女神ヌトを出産する。二人は誕生してからぴったりと抱き合っていたため、父親のシュウが、もういい加減に離れなさいと言わんばかりに、天と地へと引き離した。ヘリオポリス神話では、これで秩序世界が完成したとされる。図像表現ではこの場面が選ばれることが多く、シュウが大地に立ち、両手で天を支えている（図3-6）。大地のゲブと天のヌトは、新たに生まれたこの世界とそれを取り囲む原初の水との恒久的な境界としての役割を担っている。

最後に、ゲブとヌトが四人の子どもを授かる。オシリス神、イシス女神、セト神、ネフティス女神である。かれらは二組のペアに分けられる。オシリスとイシスは温和で仲むつ

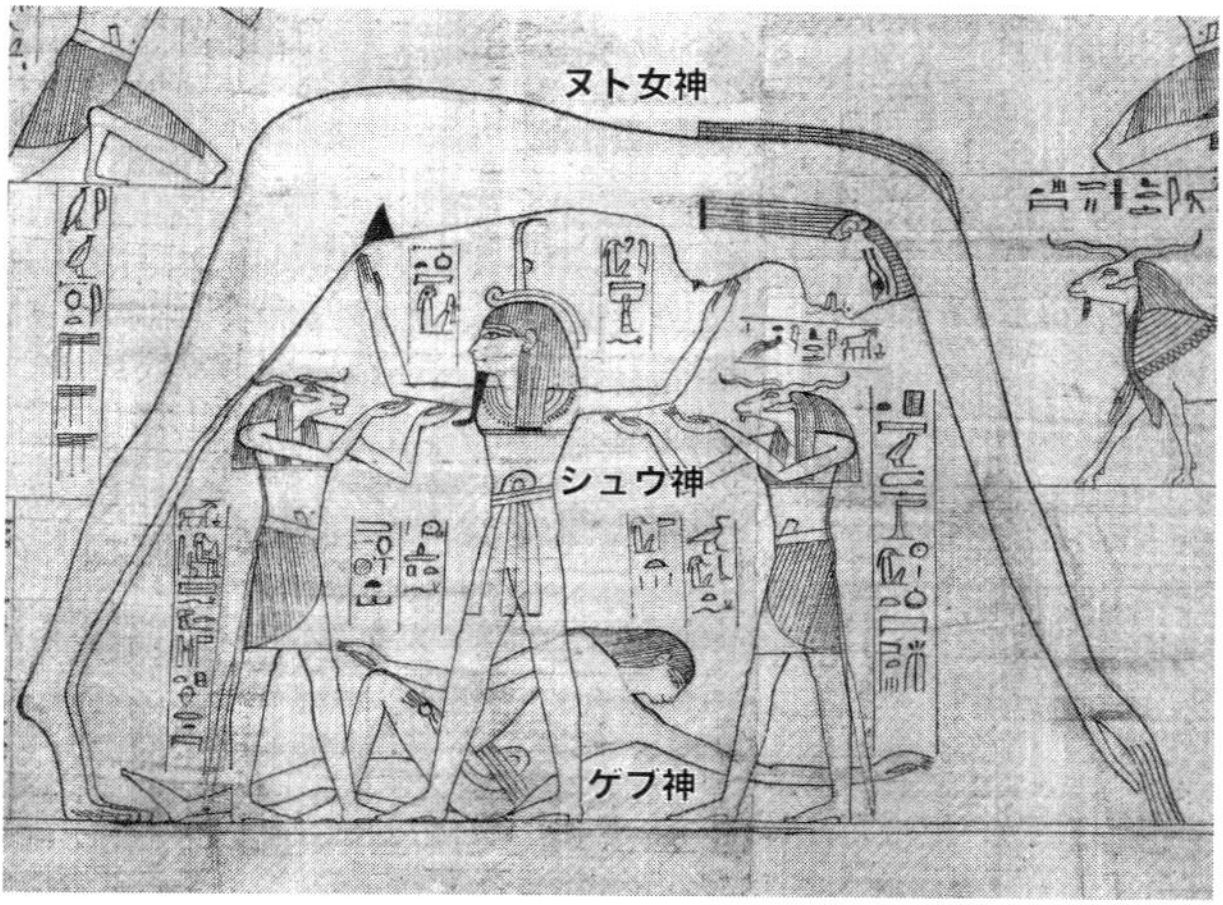

図3－6　大地のゲブ神と天のヌト女神を引き離すシュウ神

まじいカップルで、豊饒と繁栄を象徴する。一方、セトとネフティスはそれとは反対の性格を帯びる。セトは、母ヌトの子宮から荒っぽく自ら出てきたほどの暴力性をもち、セトがやってくるとそれは争いのはじまりを意味する。また、彼は雷や嵐といった予測不能な自然の脅威の象徴でもある。その妻ネフティスは子宮がないため、乳母の役目は務められるが、子を身ごもることができない。いままでは不謹慎極まりないことだが、出産できないことが不毛とみなされていたのだ。このように、四人に相反する性格が付与されているところが、後述するオシリス神話のミソとなる。

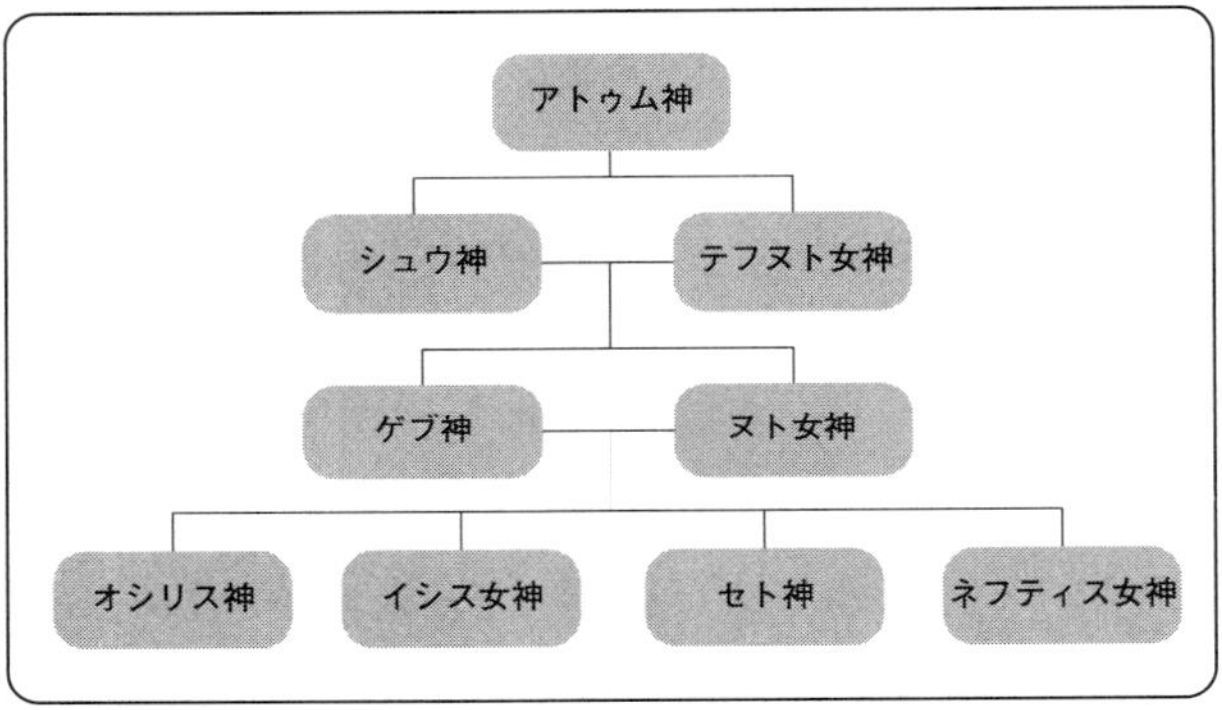

図3-7　ヘリオポリスの九柱神

アトゥムにはじまりオシリスの四人兄姉までが、ヘリオポリス神学大系では最も重要な神々であり、これを「九柱神」と呼ぶ（図3-7）。ちなみに、古代エジプトで九の数字は、複数の三が三倍あるということで「たくさん」の意味である。九柱神の完成はつまり、パンテオン（すべての神々）の誕生ともいえるのだ。

†メンフィス神学大系

メンフィス神学大系では、主神であるプタハが創造神でなくてはならない（図3-8）。プタハは、概念を具現化する、いわばモノづくりの神であり、首都メンフィスの彫像や金細工などの職人たちのパトロンの神であった。こうした特性をもつため、プタハは「ターテネン」と呼ばれる原初の丘として自ら出現し、そして、「心臓」で考えたものを「舌」をつうじて具体化し、あらゆるものを創造するのだ。ちなみに古代エジプト人は、心臓を思考や感情を司る器官とみなしていた。

よって、メンフィス神学大系では、プタハ神が九柱神を生みだす物語となっている。「ヘリオポリスの九柱神はアトゥムのたね（精子）と指から生まれたが、しかしプタハの前においてそれは、この口の中にある歯と唇である。そこからすべての名前が発せられ、シュウとテフヌトが生まれ、九柱神が形成された」とされる。

†ヘルモポリス神学大系

ヘルモポリス神学大系は、ほかとは大きく異なり、「八神」のグループから神話がはじまる。オグドアド（ギリシア語で八の意）とも呼ばれる八神とは、原初の状態を構成する要素であり、男女一対の神々で表現される。すなわち、「原初の水」はヌンとナウネト、「暗やみ」はケクとケケト、「見えざるもの」はアメンとアメネト、「形ないもの」はヘフとヘヘト。かれらはどれもネガティブな象徴であり、イメージとして

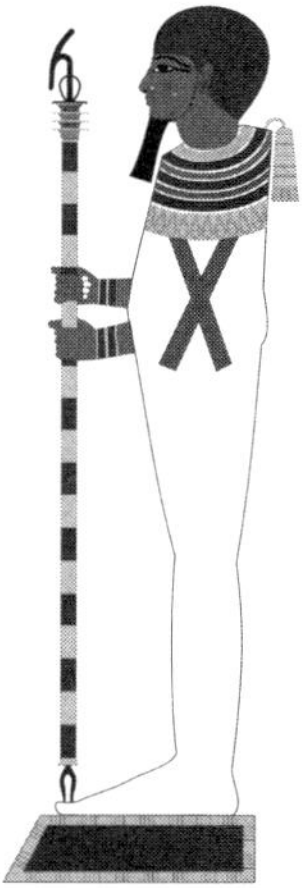
図3－8
プタハ神

は暗黒でネバネバしたアメーバのような状態。しかしそれは、創造後の有限で明るく、目に見える世界と対比させるためである。これら八神が一体となって原初の丘や卵をかたちづくり、そこから最初の創造神が生まれる。

図3－9　トト神

ヘルモポリスは知恵と月の神であるトトの信仰地であるため、トトがその創造神となる（図3－9）。しかし、太陽信仰の影響を受けてそのポストがアトゥムに置き換わり、九柱神のほかの神々も神話に登場することがある。新王国時代になると、テーベにて、「見えざるもの」のアメンのみが抜擢されて創造神となる。さらに、ラーと習合したアメン・ラーとして国家神にまで上り詰める。

†人間の誕生

人間の創造についても少ないながら、神話は語っている。メンフィス神学大系では、創造神のプタハが人間も創りだしたとされる。しばしばみられるフレーズに、「神のからだは金銀貴石でできていて、人間のからだは泥と土でできている」というものがある。これは、ヒツジの創造神クヌムがロクロを引いて人間をかたちづくったとする神話があるからだ。ヒツジの多産性からくるものであろう。

このほか、ラー・アトゥム神が片眼を失ったことで泣いて悲しみ、その涙から人間が生まれたという話もある。これは言葉遊びのようなもので、古代エジプト語で涙は「レムウト」、人間は「レメチュ」であり、似た音価だからと考えられている。

神話は、人間への教訓や人間の立場も語っている。新王国時代の「天の牛の書」によると、はじめは、ラーが支配するなか神と人間は仲良く一つの世界で生活していた。まだ、昼と夜の区分もなく、ラーが現世と来世を航行することもなく、死者も存在しない世界である。しかし、ラーが年老いたことで、人間は彼に反逆を企てる。ラーは神々を王宮に召喚し、「私の眼から生まれた人間どもが、私に歯向かうとは！」と憤り、世界を原初の状態に戻すと訴える。神々はラーに留まるよう説得し、そして反逆者を粛清するため、ハトホル女神をラーの眼として送り出す。ハトホルは、獰猛《どうもう》な雌ライオンとなって人々を殺しまくった。

反逆者のみならず、関係のない人間も殺害されている状況をみたラーは、この虐殺を止める策を講じる。召使いたちに七〇〇〇壺のビールを醸造させ、そこにエレファンティネ産の赤鉄鉱を混ぜて、血のような赤いビールをつくらせた。血に飢えたハトホルは、まかれたビールを飲み尽くして酔っ払ってしまい、王宮へと帰っていった。

しかしすぐに、生き残った人間同士で争いごとがはじまる。ラーはウンザリしてしまい、自らが人間を殺そうと言う。みかねたヌンは、ヌトに天空のウシになるよう命じ、シュウにそれを支えるよう八人の使者を与えた。そして、天空のウシの背中にラーを乗せ、彼を責務から解放させた。さらに、月の神トトを呼び、ラーが冥界を照らす夜間、地上を照らす仕事を引き継がせた。これにより、天空、地上、地下の三層にコスモスが再編され、人間は神々のいない地上に取り残された。

この神話は、神への冒瀆や人間同士の諍《いさか》いがどれほど愚かであるか、それと同時に、神と人間の世界がいかにして分かれ、そこで人間はどう生きるべきかを暗示しているのだ。

†オシリス神話

古代エジプトには、人々にながく愛された神話がある。「オシリス神話」である。オシリスの再生と復活、そしてファラオと王権の位置づけをも比喩的に物語っているものだ。登場人物は、ヘリオポリス神学大系のオシリスと三人の弟妹である（図3‐10）。

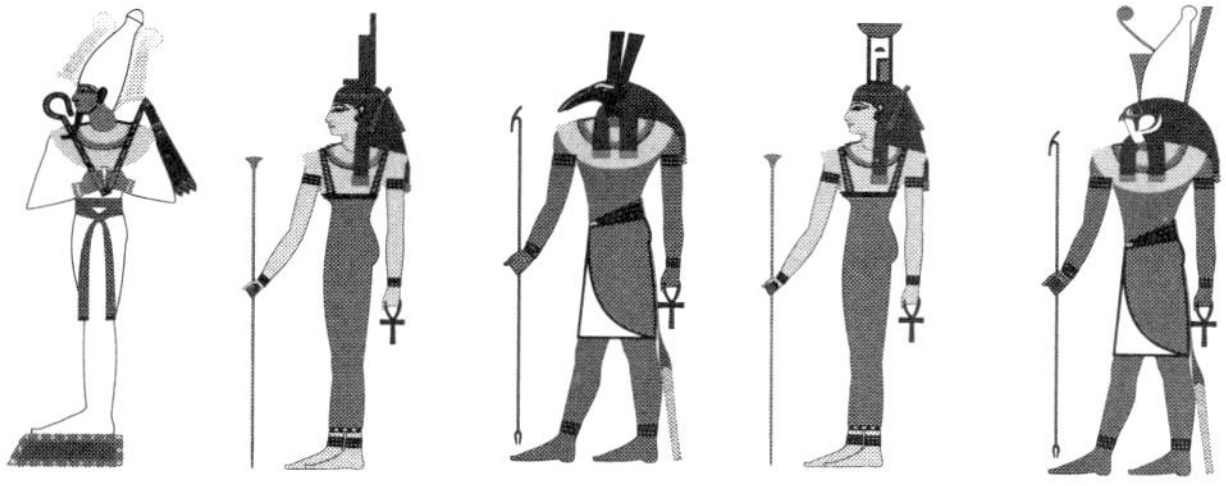

図3-10　オシリス神話の登場人物

長男のオシリスは、父ゲブから王として地上の支配を任命された。妻イシスとともにエジプトを安定に保ち、平和な世界が続いていた。しかし、そんな優秀な兄貴に嫉妬の念を抱いていたセトは、悪い仲間と陰謀を企てる。こっそりとオシリスのからだを測り、ジャストサイズの豪華な棺をこしらえる。それを祝宴の場に持ち込み、神々が賞賛するなか、「棺の中に入ってピッタリ合った者に、この棺をプレゼントしよう」とセトは約束する。もちろん、それに見合うのはオシリスのみである。彼が棺に入った瞬間、セトたちは蓋を閉じて鍵を掛け、ナイルに投げ込んでしまう。

この知らせを受けたイシスは、嘆き悲しみながらも棺を探す旅にでる。棺は地中海へと流れだし、ビブロス（現レバノンの港町）までたどり着いていた。イシスはそこで棺を見つけてデルタに持ち帰るが、狡猾なセトはふたたびオシリスのからだを手に入れ、一四のパーツに切り刻み、全土にばらまいてしまう。

イシスはまたも、バラバラになったオシリスを探す旅にでて、それぞれみつかった場所に埋葬する（これにより、オシリスの墓とされる場所がエジプト各地にある）。ただし、男性器だけは見つけることができなかった。セトがナイルに投げ捨て、魚が食べてしまったのだ。そこで、イシスは代わりの男性器をつくり、みごとに子を身ごもる。父の死後に生まれたこの子がホルス（または、子どものホルス、ギリシア語でハルポクラティス）となる。

死んでしまったオシリスは冥界の王となったが、空席となった現世の王の座をかけ、ホルスとセトのながい決闘がはじまる。セトはホルスの眼をぶんどり、ホルスはセトの睾丸を奪うなど、互角な戦いがつづく。二人の戦士によりこの世は不安定となり、判決は九柱神の法廷に委ねられる。セトは、神々のなかで一番強いオレ様が王になるのだと主張。一方ホルスは、王位の継承は血のつながりだという正系を強調する。王道か覇道かのこの議論、オシリスが冥界から手紙を送って「ぜひ息子を！」と訴えたこともあり、最終的に神々はホルスに王位を与える決断を下すのである。

これほど詳細にオシリス神話の全容を書き留めたものは王朝時代にはなく、プルタルコスやディオドロスなどローマ時代の歴史家の記録に頼らざるを得ないが、神話の大筋は間違っていないだろう。王朝時代の資料では、オシリスの殺害を細かく記述したものがない。それは、オシリスがつねに死の世界の神であるため、そうした死にまつわる描写を忌み嫌ってのことなのであろう。

2　ファラオの世界

†ファラオの位置づけ

オシリス神話がエジプト人に好まれた理由はいくつかある。まず、オシリスのように死んでも再生復活を果たして冥界で永遠に生きられるという来世観。ホルスとセトの争いにみられる勧善懲悪。そしてもっとも重要なのが、ここに明瞭に示されているファラオの位置づけだ。父オシリスが死んで冥界の王となり、息子ホルスが現世の王となる構図である。すなわち、君臨するファラオは、死してオシリスとなった先代から王権を継ぎ、ホルスの化身として地上の支配を託された存在なのである。また、ホルスは九柱神に次ぐ最後の神であることから、ファラオはその創造神アトゥムの代理人として人間界に出現した者ともみなされた。

ホルスはハヤブサ（もしくはタカ）の神であり、大空の主としてその翼は全天空に及び、その眼は太陽と月であるとされた。ホルス神の総本山はヒエラコンポリスであり、化身であるファラオは王権維持のため、ここに多大なる寄進を行った。その起源は古く、孔雀石《マラカイト》製のハヤブサ小像が出土するなど、ヒエラコンポリスでは先王朝時代からすでにハヤブサを信仰していた。第2章で述べたように、王朝成立のプロセスが、ヒエラコンポリスのエリートに端を発する上エジプトの支配者が下エジプトを統合して成し遂げられたことを鑑みると、ホルスとセトの戦いは、こうした歴史的事実にもとづいて紡がれた神話であったといえよう。

†ファラオの神性

ファラオはオシリスとイシスの神から生まれたホルスの化身という意味で、神聖な存在である。それゆえ、神と人間を結ぶ唯一の仲介人でもあった。それは、墓や棺などに頻繁に書かれる供養文「ヘテプ・ディ・ネスウ」からも明らかだ（図3-11）。この供養文では、まずファラオが神に供物を与え、それを受けて神が死者の魂（カー）のために供物を

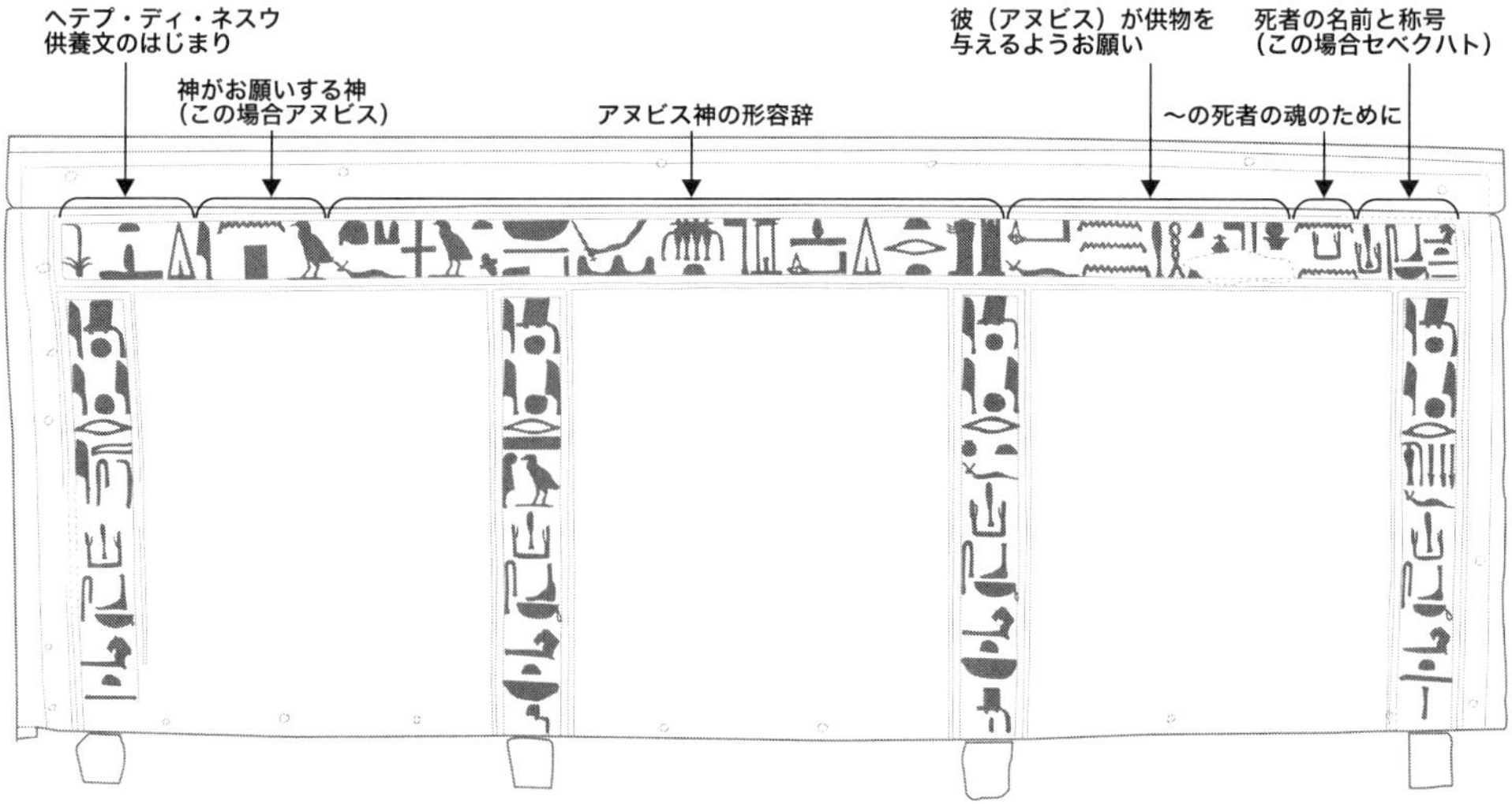

図3-11　ヘテプ・ディ・ネスウ供養文が書かれた棺

与えますように、と述べられている。なにやら面倒な話だが、このことからも、ファラオが神とコンタクトできる唯一の存在であることがよくわかる。

しかし、ファラオの神性は生まれながらにして備わっているわけではなく、即位してはじめて獲得できるのだ。即位するには、王家の血統をもつ女性と婚姻すること、そして亡き先王の葬儀を形式通りに遂行することが求められる。

†セド祭

このようにファラオは神性を帯びた存在なのだが、しかし人間として死すべき宿命にもある。そのためファラオは、半神半人ともみなされていた。王の儀式のなかで「セド祭（王位更新祭）」と呼ばれる儀礼があるが、これが半神半人であるファラオの宿命をよく表している。

セド祭は基本的に即位後三〇年目に最初の儀式を行う。ジェセル王のピラミッド・コンプレックスが示すように、そこでは、ファラオは走ることにより、自己の肉体・精神の強靭さを示し、それと同時に支配力を再生復活させ、王位そして王権を更新させるのだ（図3－12）。人間としての側面があるからこそ、ファラオはこうした儀式をつうじて王位継続の維持を改めて示す必要があった。

†戴冠式

戴冠式とは、国王などの君主が即位したあと、王冠を受けて正式に王位に就いたことを宣言する儀式である。二〇二三年に、ウェストミンスター寺院で行われたチャールズ国王の戴冠式は、メディアでも大々的に取り上げられたので、その様子をイメージできる方もいるであろう。この戴冠式は、古代エジプトにもあった。

ファラオが死を迎えると、次王は翌朝に王位に就くことが理想とされた。なぜなら、ファラオが不在だと、世界が不安定な状態になってしまうからだ。しかし、新たなファラオが即位しても、すぐさま戴冠式が執り行われるわけではない。日取りが重視され、新年の初日または新たな季節の開始日など記念すべき日に設定される。ちなみに、さきに述べたセド祭も元日などに実施されるが、それはセ

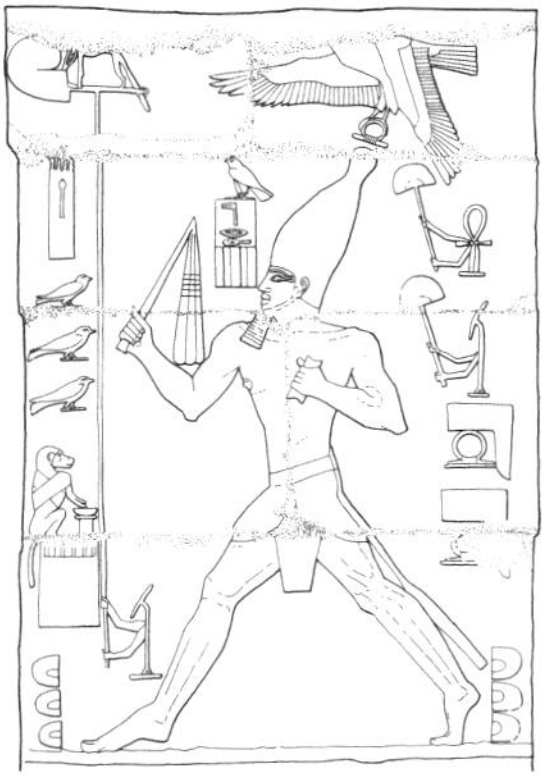

図3-12　ジェセル王のセド祭のレリーフ

ド祭が戴冠式を再現したものであるからだ。

即位から戴冠式までの期間、新政府が設立され、亡き王の葬儀と戴冠式に関わる儀礼祭祀の準備が進められる。また、王位に就いたファラオはこの間、「全地域における秩序の創造」と呼ばれる旅にでかける。主要な神殿を巡回して供物を奉納し、その代わりに神々から王権の象徴を授かるとともに信任を得る。顔見せ興行のようなものである。

またこの旅では、ファラオと神官たちによって、神秘劇ともいわれる王位継承の劇が演じられる。中心的テーマはもちろん、オシリス（亡き王）の埋葬、ホルスとセトの戦い、そしてホルスの勝利と王位継承である。その目的は、戴冠式は参列者が限定されるため、その試演として広く多くの人々に戴冠の儀礼を示すものであったとされる。

先王の葬儀と埋葬が終わると、いよいよ戴冠式の日を迎える。その場所は伝統的に、王宮のある首都メンフィスとされたが、なかにはテーベで実施した王（ホルエムヘブなど）もいた。戴冠式はいくつかの儀式で構成される。まずは、香油と聖水による清めの儀式にはじまる。そして、ホルスとセトに扮した神官によって、上下エジプトをそれぞれ象徴する白冠と赤冠が与えられ、即位名が宣告される。

ほかにも様々な冠が授けられるが、王冠それ自体が神とみなされていたので、戴冠によって神聖な力がファラオに吹き込まれるのである。これを受けて、ファラオは正式に即位し、支配者としてこの世界に出現することとなる。

その後、パピルスとロータス（北と南の象徴である水生植物）を束ねる上下二国統合の儀礼と、メンフィスの周壁を廻る儀式が行われる。周壁を廻る儀式とはべつに、四方向に矢を放つ儀礼が加わることもあるが、どちらも領域の支配権を顕示するものである。最後に、二つの羽根飾りを付けた帯状冠と王笏や殻竿などの王権象徴が与えられる。

これら戴冠の儀礼が完了してはじめて、新たに即位したファラオは神性と権力を得ることができ、地上におけるホルスの役割を演じることができるようになる。

†ファラオのお仕事――マアトの維持

ファラオを語るうえで重要なのが「マアト」の概念である。マアトとは、秩序や倫理、または真理や正義などと訳されるが、ようするに「良きことすべて」がこのマアトなのである。マアトは、ダチョウの羽を付けた女神、または羽のみで表現されることもある（図3－13）。

古代エジプト人にとって、宗教や思想、そして生活においてもマアトが中心であった。

図3-13　ラーホルアクティー神にマアトを捧ぐセティ1世

マアトが維持されれば、世界の秩序と調和が保たれ、神と人間の関係も良好になる。また、マアトに従った生活を送れば、死後も来世で再生復活して、平和に暮らせるのである。逆に、マアトが維持されないと世界は混沌としたカオス、つまり最初の段階にもどり、「太陽が昇らず、ナイルが増水せず、作物が育たず、子供が非行にはしる！」と考えられた。

ファラオはいくつかの役割を担っていたが、なかでも最も重要なのが、このマアトを維持・管理することであった。つまり、秩序世界（コスモス）をつねに保つことがファラオの本質的な仕事なのである。もし、天変地異が起こったり異民族に侵略されたりして社会が混乱したら、ファラオは信頼を失うことになる。なんとも胃の痛くなる立場だ。この肝要なマアトを維持する活動の場が神殿である。

†神殿

神殿とは「神の家」である。神が住まう神殿は永遠性を求めて石で造られ、礼讃の対象として美しく彩られた。こうした神殿がナイル河畔の平坦な地にいくつも屹立《きつりつ》し、古代エジプト独特の景観をもたらしていた。主だった町はどこも特定の神の領土とされ、そこに神殿が建てられた。

神殿は信仰の中心であるとともに、町の中心に聳え立つシンボル的存在でもある。ファラオが所在する首都や都市では、そのスケールがさらに大きくなる。そこでは国家神が崇められ、巨大な神殿と王宮がその中枢を占めていた。

神殿の正面には旗が立っていたとされる。ヒエログリフで神「ネチェル」をあらわす文字は、竿に取り付けられた旗で表現される。おそらく、文字が誕生する古い時代から神の祠には旗が掲げられており、そのシンボルが神をあらわす文字となったのであろう。

†神殿の構成要素

神殿のスタンダードな構造は、正面に「塔門（パイロン）」、その内部に「中庭」、「列柱

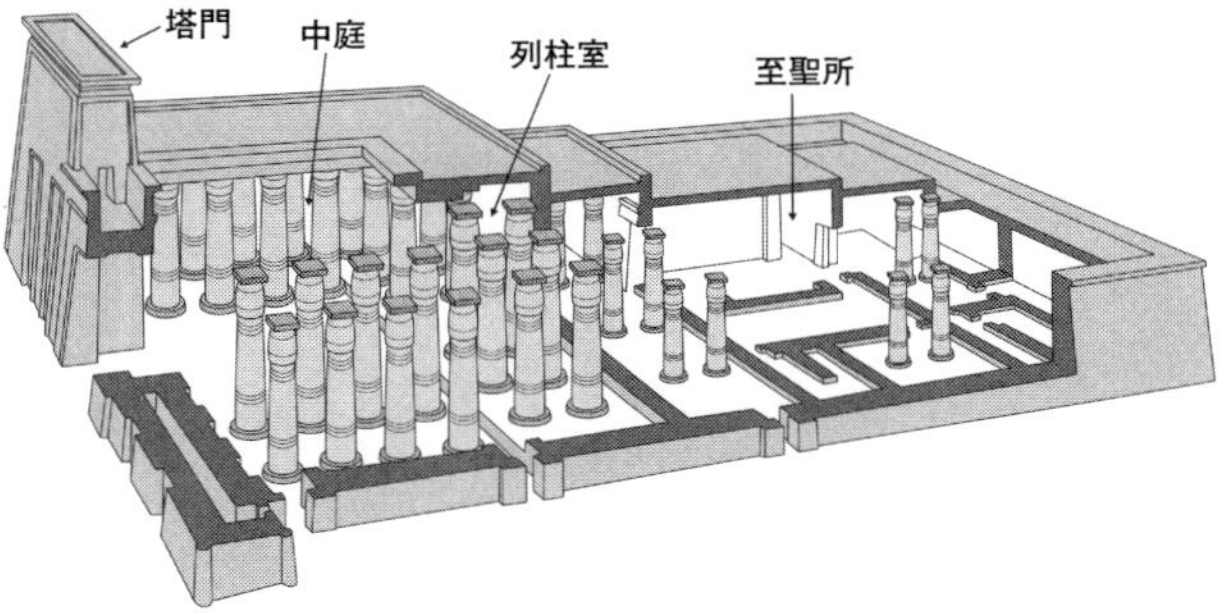

図３−14　神殿の構成要素

室」、最奥に「至聖所」がある。これらはそれぞれ意味があって建てられている（図3−14）。

至聖所はいちばん重要な場所であり、神像が安置された祠堂を中心に、神像を乗せる御輿《みこし》や聖船の部屋が設けられている。邪悪なものは光や空気とともに入り込むと考えていたため、ここはわずかな明かり取りを残して密閉されている。床面がほかよりも高くなっており、それは秩序世界が創造される「原初の丘」の中心をここに表現しているからだ。

列柱室は、神への儀礼と供物を捧げる場であり、それらを執り行うファラオの姿が壁面に描かれている。この部屋に立ち並ぶ柱は、「原初の丘」を囲む湿地を象徴しており、そのため柱はパピルスやロータスがモチーフとなっている（図3−15）。柱はまた、屋根によって象徴されるコスモスの天空を支える意味もある。

中庭は、聖と俗の境界である。天井のない解放空間となっており、太陽の光が降り注ぎ、天と地を結ぶ場でもあった。

パイロンは、一対の塔からなる巨大な門である。正面にはファラオが異国の民を棍棒で打ち負かすシーンが描かれるが、それは神聖な神殿、さらにはエジプトの聖なる領域を王が守ることを意味している（図3−16）。また、パイロンの形状は山をモチーフとしており、秩序世界の地平線を象徴している。

このように、神殿はまさに、古代エジプト人の創造したコスモスが具現化された建造物なのである。

図3−15　神殿の柱

†神殿での活動

この神殿こそ、ファラオが儀礼をつうじてマアトを維持する場所である。神々に供物を捧げ、マアトの安定を祈願し、神聖なるコスモスを保つのである。

エジプトの神殿は、キリストの教会やイス

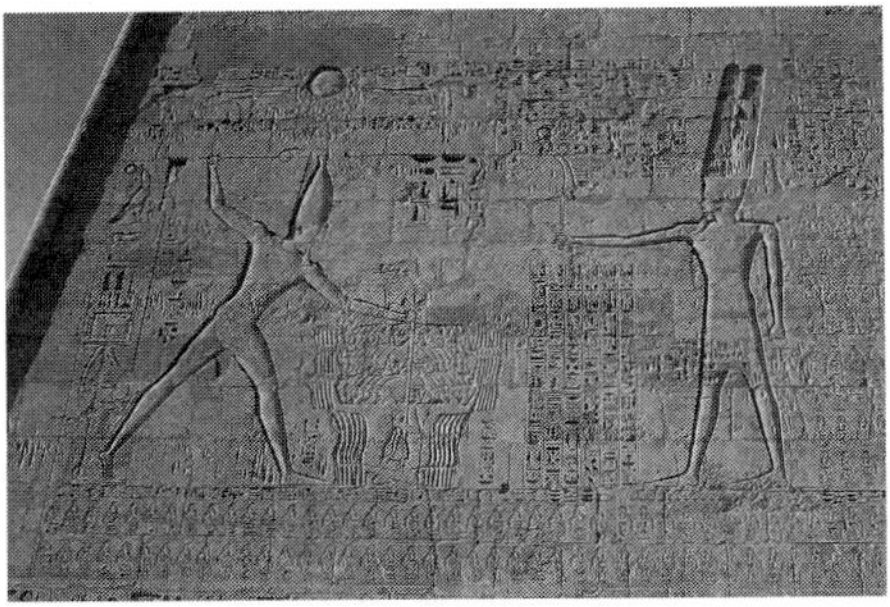

図3-16　塔門のレリーフ

ラムのモスクとは異なり、誰もが入れる場所ではなかった。それを許されたのは、ファラオと一握りの神官だけである。本来、神々への儀式はすべてファラオの仕事なのだが、遍《あまね》く存在する神殿でそれはさすがに無理である。そのため、「ヘム・ネチェル（神の僕《しもべ》）」と呼ばれる神官が代行した。

神は、混沌とした無秩序から人間を守ってくれる存在なのだが、もちろん神の姿はみえないため、彫像をつくり儀礼をつうじてそこに神の魂を宿すのだ。神官たちは、その神像に対して供物を捧げ、マアトを願うのである。いうなれば、神々の「ご機嫌取り」がかれらの仕事であった。

神官たちの具体的な日課は、まず沐浴で全身を清めてから神殿内に入り、最奥にある至聖所へと進む。「どうぞ穏やかにお目覚めください」と声をかけて神を眠りから起こし、祠堂の封印を解き、扉を開ける。床面に真っ白な砂をまき、原初の丘にみたてたその上に神像を置く。衣服を脱がして洗い清め、香油を塗り、新しい衣服に着替えさせ、装身具で飾る。すべての身支度が調ったのち、穀物、野菜、ワイン、肉などを捧げる。そして、神像を祠堂に戻して扉を閉め、再び封印し、足跡を消しながら至聖所をあとにする。最後に足跡を消すのは、それをたどって邪悪なものが神に忍び寄るのを避けるためである。儀礼のあいだはつねに呪文が朗誦され、香が炷《た》かれる。神官たちはこの作業を毎日三回行っていた。

†カバ狩り儀礼

マアトの維持には、その対概念である「イスフェト（カオス）」を排除することも求められた。古代エジプト人にとってのカオスとは、人間にはコントロールのできない自然界である。灼熱の砂漠や砂嵐などの荒天、地震（エジプトはアフリカプレートとアラビアプレートの境界にあり地震が多発する）、そして野生動物にいたるまで、あらゆる対象がイスフェトであった。

そのためファラオは、このイスフェトを取り除く儀礼行為も執り行っていた。「王のカバ狩り」が有名である。初期王朝時代からすでに封泥などの図像にみられる王の儀礼であ

図3-17　ホルスに扮したファラオのカバ狩り儀礼

る。カバは最も強い野生の動物であり、ナイルに生息する最大の動物であった。そのカバを自然界の代表にみたて銛《もり》で仕留める儀礼は、自然の脅威を拭い去り、世界に秩序を与える象徴的行為なのである（図3-17）。

マアトを維持する神殿での供物儀礼やイスフェトを排除するカバ狩りの儀礼など、こうしたファラオの活動はすべて象徴的なものであるが、次章で示すように、その起源は先王朝時代に遡り、そこでは儀礼的行為として実際に行われていたのである。

第4章

王権

――権力とイデオロギーの制度化

古代エジプト文明では、およそ三〇〇〇年間で二四〇人以上のファラオが君臨した。それはけっして万世一系なものではなく、異国の支配者が即位したこともあった。それでもこれほどながい期間、ファラオが継承され続け、文明が存続したのはなぜだろうか。その手がかりこそ、この文明独特の「王権」の存在に他ならない。それはある種の「制度」であり、その決まりごとを忠実に行うことでファラオとして王権を維持することができたのだ。本章では、王朝時代の王権を概観し、それを定点として、ファラオと王権観の生成についてヒエラコンポリスの現場から考えてみたい。

1　制度としての王権

†王権とは何か

王権は多様であり、地域や時代を超えて定義することは難しいが、あえていえば、「王を戴く社会の統治形態の一つであり、王とその権力を神聖化する概念でもある」となるであろう。王権に関する研究は、J・G・フレーザーやA・M・ホカートにはじまり、人類学・民族学の分野では一〇〇年以上の歴史がある。

M・サーリンズなどに代表される近年の研究によると、王権には二種類あるという。「ディヴァイン（divine）王権」と「セイクリッド（sacred）王権」である。どちらも日本語では「神性王権」、「聖なる王権」、「神なる王権」などと訳されるが、この二つは異なる概念である。

ディヴァイン王権は、王自身が人間社会を超越する神であり、または演じることでみずから神となることができ、主権者として至高の権利を無制限に行使できる。一方、セイクリッド王権は、そうした権利の行使が慣習やタブーによって拘束され、王をとりまくこれらの制約によって、王の神聖な力は認められつつも、制限され管理される。つまり両者は、王の権利が制約を受けるか否かによって区別される。しかし、どちらか一方に明確に分けられるわけではなく、王権はつねに両者を内包しているとされる。

†ファラオの王権

それでは、ファラオの王権はどちらの度合いが強かったのか。私の意見は、後者のセイクリッド王権である。エジプトの王権は「制度」であり、神殿での儀礼祭祀など、定められた役割をファラオは忠実に行わなければならない。それはつまり、制約を受けた権力といえるのだ。

エジプト学においてこの問題はあまり議論されてこなかったが、ファラオの王権観をめぐるこれまでの研究に鑑みれば、ディヴァイン王権の度合いは弱いといえる。かつて、H・フランクフォートは王権に関する大著で、ファラオは地上に降りた真の神であり、全知全能の神として天と地の全権を担っていたと述べた。これはながらく人口に膾炙《かいしゃ》した王権観であり、この段階においてはファラオの王権はディヴァイン王権と解釈されていたといえる。

しかしその後、E・ホルヌングによって新たな解釈が提示された。それは、ファラオは真の神ではなく、「神を演じている」というものだ。前章で述べたように、ファラオの役割はマアトを維持して秩序世界を保つことにあるが、それを遂行するため、ファラオは儀礼祭祀の場において創造神を演じ、太陽神となるのである。すなわち、ファラオは人間であり、即位することで神を演じる役目を創造神より与えられ、その役目をはたす限りにおいて神性さを得られるのだ。屋形禎亮《やかたていすけ》氏が述べるように、この解釈によって、秩序維持にふさわしく神性を与えられた永続すべき王権とその担い手である王が神とちがって死の運命を免れないことの矛盾が、少なくとも理念の上では解消されるのである。

この新たな王権観では、ファラオは神そのものではないという点で、ディヴァイン王権の性格は弱い。つまりファラオは、専制的なローマの皇帝や日本の将軍などとは異なる存在なのだ。

†王権観の変化

近年、エジプト学者のE・モリスがセイクリッド王権の制約について言及している。彼女は、「エジプトの王はほかの主権者とは異なり、任務から日常生活にいたるまで、こと細かに規律や慣習により規定されていた」というディオドロスの一節を引用しつつも、三〇〇〇年のながい歴史のなかで、権力や権利のあり方は揺れ動いていたであろうという。そして、ファラオを拘束する儀礼祭祀や決まり事も、ときの王の意思決定によって、その制約の度合いが弛《ゆる》むこともあったとする。

たしかに王権観と権力のありようには変化があった。当初は、ファラオは「天空の神ホルスの化身」とみなされ、どちらかというとディヴァイン王権の性格が強かった。しかし、ピラミッド全盛期の古王国時代になると、「太陽神ラーの息子」とする王権理念がうまれ、神の血筋が強調されるようになる。これにより、右で述べた「ファラオは神の化身ではなく、神の役割を演じる存在」という王権観の素地がもたらされた。

さらに、マアトの維持に対するファラオの立ち位置も変化した。屋形氏によれば、古王国時代まではファラオは創造神とともにマアトを保証する側にいた。強固な中央集権国家体制にあった古王国が崩壊し、社会が混乱と不安に満ちた第一中間期になると、ファラオと王権の信頼はおのずと失墜する。この経験をへた中王国時代のファラオは、信頼を取り戻し、秩序を維持するため、地上におけるマアトを実現する最高責任者として積極的に活動するようになる。

そのなかで、それまでの規律や慣習を破り、恣意的に権力を振りかざすこともあった。共同統治の創出などはその一例だろう。前章で述べたように、ファラオの神性は、先王の葬儀を執り行い、戴冠式をへてはじめて得られるものである。地方豪族が依然勢力をもち、クーデターも起きた中王国時代においては、王位を確実に継承する必要性があり、息子を共同統治のファラオとして任命する新たな仕組みがうまれた。しかしすべては、王権を安定させ、ファラオの役割である秩序世界の維持を貫徹するためなのである。

2　動物儀礼と王権の形成

それでは、ファラオの役割の中核をなす「マアトの維持」の概念は、いつどのように形成されたのだろうか。このテーマは、言い換えればファラオと王権の誕生にせまるものである。

✝新たな考古資料

王権の起源に関するこれまでの研究は、おもに図像資料に頼ってきた。例えば、先王朝時代の土器に施された赤冠（ナカダⅠC期）、ヒエラコンポリス一〇〇号墓の彩色壁画に描かれた棍棒を振り上げ捕虜を押さえつける場面（ナカダⅡC期）、そしてナイフ柄（ナカダⅡD期）やナルメル王のパレットとメイスヘッド（ナカダⅢ期）に施されたレリーフの図像などである。J・ベインズによれば、これらは初期王権の「具象的モニュメント」であり、後の王権表現へと発展するものだという。こうした図像資料に傾注してきた理由は、儀礼祭祀の実際の行為に関する資料がなかったことに起因する。そのため、ファラオの役割がいかに形成されたか議論できないでいた。

しかし幸いにも、近年のヒエラコンポリス遺跡の発掘調査により、先王朝時代の祭祀や埋葬の場において、エリート（支配者）による儀礼行為を具体的に示す考古資料が揃いつつある。そこで以下、これまで述べてきた王朝時代の王権観を定点として、「マアトを維持して、イスフェトを排斥する」という概念の形成について、ヒエラコンポリス遺跡の発掘成果から考えてみたい。

†祭祀センターの動物儀礼

ヒエラコンポリス遺跡の主集落域のほぼ中央に、ＨＫ29Ａ「祭祀センター」と名付けられた遺構が存在する。かつては「初期神殿」と呼ばれていたが、神に関わるものがないので、名称が変更された。遺構は、全長四五メートルにも及ぶ楕円形の中庭を中心に据えた構造をなす。南側には、直径一メートルの柱穴が四つ並び、その奥にも八本の柱穴が整然と並ぶ。おそらくここは祠堂であり、四つの木柱は巨大なエントランスまたは初期的なパイロン（塔門）を構成していたと思われる（図2-2参照）。ナルメル王のメイスヘッド（棍棒頭）の図像にも楕円形の中庭（なかには横たわる三頭のハーテビースト）と祠堂がみられ、この祭祀センターを描いていると考えられている（図2－3参照）。

ここは、ナカダⅡA期から第一王朝まで継続的に利用されたが、その活動の痕跡が、中庭の北東に穿たれたゴミ穴からみつかった。ゴミ穴は、三万七〇〇〇点以上の動物骨で満たされ、W・V・ニール率いるベルギー王立自然史博物館の動物考古学者たちによってその内容が明らかとなった。図4－1に示すように、家畜動物（ウシ、ヤギ／ヒツジ、ブタ）が半数近くを占めるものの、漁猟によるナイルの魚も三五パーセント以上と高い割合を示している。比較資料として住居址（HK29とHK11G）のデータも載せたが、これら一般的住居址では家畜の骨が大部分を占めるのが通常であり、祭祀センターがいかに特殊であるかがわかる。

その漁猟の対象は、八〇パーセント以上がナイルパーチである。ナイルパーチは、深い水深に生息する大型魚である。みつかった骨の分析では、体長一メートル以上の個体が多く、大型を狙って獲っていたようだ。ナイルの水生動物はこのほかスッポンとワニが含まれ、これらも一般的な集落ではほとんどみられない。狩猟による野生動物では、最も多いのがドルカスガゼル、次にノウサギ、バーバリーシープ、そしてカバである。数は少ないものの特殊な動物として、シマハイエナ、フェネックギツネ、ダマガゼル、ハーテビース

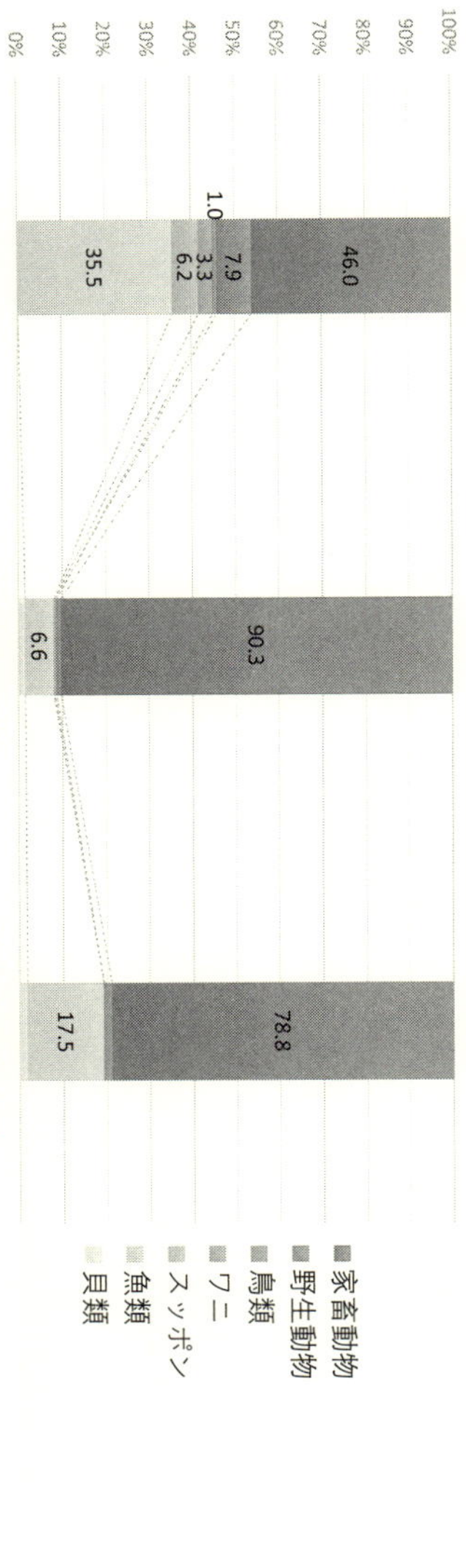

図4－1　HK29A 祭祀センターと一般的集落址における動物遺存体

トなども含まれる。

†マアト維持の形成

このようにゴミ穴には、ほかではみられないバリエーション豊かな動物たちが含まれていた。この遺構では両面加工ナイフの石器を製作したゴミも大量に出土することから、儀礼的屠殺を核とする祭祀が行われていたと考えられるのだ。

その目的は、秩序維持を願ったものであろう。理由としてまず挙げられるのが、野生動物の捕獲のタイミングである。高位砂漠に生息するバーバリーシープとフェネックギツネ以外はすべて、ナイルとその付近に生息する。その捕獲時期は、ナイルが増水する直前の最も水位が低くなる頃であったにちがいない。五月から七月にかけてである。特に大型魚のナイルパーチは、水位の低いこの時期であれば捕獲が容易となる。また野生動物も、低水位によって草木の繁茂する場所が限定されるため、狩猟しやすくなる。つまり、ナイルの増水の到来に関わる祭祀であったといえるのだ。水位が低下する時期は、いわばカオスの状態であり、かつ安定した増水によって世界の再生を願う重要な時期でもある。

先王朝時代には、マアトの概念はまだなかったであろうが、ヒエラコンポリスのエリートたちは、カオスを表象する動物の屠殺儀礼をつうじて、秩序世界を保つ祭祀を行っていたと考えられる。この儀礼祭祀の実践が、「マアトの維持」というファラオの役割に収斂《しゅうれん》していくのであろう。

増水が始まるこの時期は、王朝時代では一年のスタートとされ、新年の祝祭が行われた。

また、A・H・セラーノによれば、初期王朝時代の「セド祭（王位更新祭）」も増水季の初日にはじまり、それは自然の脅威に対して王の力をみせつけるためであった。セド祭は、ファラオの霊力と神性を再生する儀式であるが、同時に、マアトのもとで国土の支配権を更新し、世界を安寧にするものでもある。

先に述べたナルメルのメイスヘッドの図像は、セド祭の場面を描いていると解釈する研究者が多い。このことからもセド祭の起源は祭祀センターにあり、その基層には、ヒエラコンポリスのエリートたちが連綿と続けてきた儀礼祭祀があるといえるのだ。

†エリート墓地の動物埋葬

第2章で述べたように、ヒエラコンポリスのエリートたちは、隔離された砂漠の涸れ谷内に墓を造営した。このエリート墓地（HK6）では、大型墓を中心に「複合体」を呈するが、その構成要素のひとつに動物埋葬が含まれる。一六号墓複合体では、人間の墓のさらに外側を動物の墓が取り囲む（図4－2）。また、一二三号墓や七二号墓の複合体にも動物墓が多く存在する。これら動物骨の資料もニールらの動物考古学者たちによって分析され、興味深い成果が得られた。

祭祀センターと同じく、ここでも家畜と野生の両方がみつかっている（表4－1）。全骨格が確認される例が多くあることから、人間の付属墓と同じく、エリートの死に際して、これら動物も屠殺されたと考えられる。また、動物は種類ごとに専用の墓が用意されている点も特筆される。例えば、ワニはその体型に合わせた細長い土坑墓に入れられていた。つまり、決して場当たり的なものではなく、計画的に動物たちを埋葬しているのだ。

家畜種では、最も多いのがイヌ、それに次いでウシ、ヤギとヒツジ、そしてロバが一頭である。イヌとウシは一つの墓に一〇頭以上まとめて埋葬された例もある。また、体長九〇センチもあるヤギやヒツジなど、異常に大きい個体の存在も特筆される。家畜は生活における必需動物だが、それを大量に、また特殊な個体を選んで屠殺し、自己の墓の周囲に埋めることは、財力の誇示を意味しているのであろう。

†野生動物の飼育

一方、野生動物の埋葬はとりわけ関心を惹く。これまで、カバ、ワニ、野生ロバ、ヒョウ、ダチョウ、野生ネコ、野生ウシ（オーロックス）、バーバリーシープ、ハーテビースト、アフリカゾウ、ヒヒの埋葬がみつかっている。

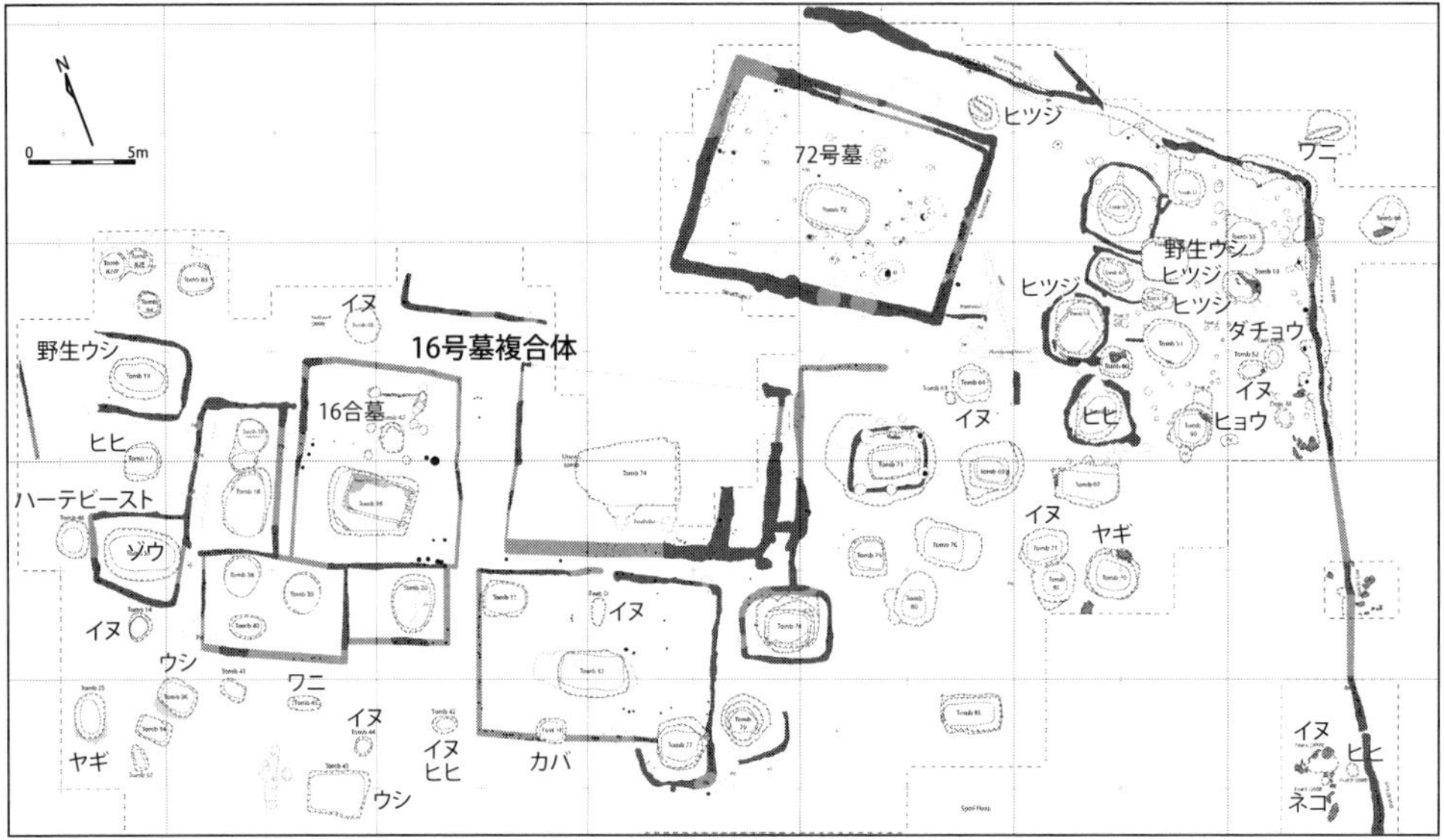

図４－２　HK6エリート墓地、16号墓複合体

注目すべきは、これら野生動物が生きたまま捕らえられていたことである。それは、胃の内容物や骨の病理からわかる。柵のある大型の墓が用意され、リネンやマットで手厚く葬られた十歳ほどのアフリカゾウは、骨がほぼ完全体で発見された。その腹部にあたる場所からは、エンマーコムギやアカシアの小枝が多くみつかり、魚骨、土器片や石器片など、いわば生活のゴミも混じっていた。つまり、集落内で餌を与えて飼育されていたのだ。

同じように、ヒョウの腹部にあたる箇所からも、胃酸で溶けたブタの胎児の骨が見つかっている。このヒョウは、大型のオスであることが骨格から判明しているが、その土坑からは、直径一・五センチほどの太いロープも見つかった。当然だが、これほど獰猛な動物は、口や四肢などを縛って管理していたのだ。

家畜動物	N
イヌ	61
ウシ	27
ヤギ	19
ヒツジ	15
ロバ	1
野生動物	
カバ	3
ワニ	2
野生ロバ	2
ヒョウ	1
ダチョウ	1
野生ネコ	6
野生ウシ	2
バーバリーシープ	2
ハーテビースト	1
ヒヒ	18
アフリカゾウ	2

表4-1 HK6エリート墓地の動物遺存体

子カバに関しては、後脚に治癒した骨折痕がみられる。これは、ロープでつなぎとめられ、逃げようとして骨折した痕跡である。治癒には最低でも一カ月かかることから、捕獲後にある程度ながい期間飼っていたことがわかる。こうした痕跡は、オーロックスなどにもみられる。ヒヒにおいては、おもに腕や脚に治癒した骨折痕が多数あり、特に腕にはパリーフラクチャーと呼ばれる受け止め骨折がある。これは頭を攻撃された際に守ろうとして起こるものだ。つまり、暴力的に捕獲したあと、傷が癒えるまで世話していたのだ。

メスのハーテビーストの埋葬からは、胎児の骨の一部が検出されている。骨の大きさから、妊娠後三カ月ほどで死亡したようだ。このメスは、骨の病変から長いあいだ捕らわれていたことがわかっているので、オスの個体と同じ環境に入れられていたといえる。

このように、エリートたちは野生動物を生きたまま捕獲し、一定の期間飼っていたのである。おそらく、主集落のエリート邸宅（HK29B）付近に、「動物園」のような施設があったのであろう。祭祀センターの儀礼に用いられる野生動物もそこで飼われていたと推察される。

†王権イデオロギーの形成

野生動物を保持する目的は何だったのか。ゾウや野生ウシなど大型動物については、力強い自然の力をコントロールすることが支配者の権力誇示となり、かつその力をかれら自身に取り込むことを企図したと考えるのが無難であろう。王朝時代になると、ゾウや雄ウシはファラオのメタファーとして、また王権象徴として描かれるからだ。

また、カバやワニといった危険な動物は自然界の脅威の象徴であり、生殺与奪の権を握ることで、エリートはわれこそが世界に安寧をもたらしていると顕示する。これは、権力と神性を掌中におさめたのと同義だ。

一方、危険な動物に関しては、王朝時代の「カバ狩り儀礼」に代表されるように、ファラオは象徴的狩猟をつうじて、王権の要である「イスフェトを抑止して、マアトを維持する」という使命を演じる。つまり、祭祀センターとエリート墓で実践された、ヒエラコンポリスのエリートによる権力創出・維持の儀礼行為が、王朝時代の王権イデオロギーへと直結するのである。

さらに、動物がエリートの死とともに墓地に埋葬されたことは、また別の意味も含まれているだろう。それは、生前の環境を墓地で再現していることである。王朝時代、墓は来世における永遠の家と考えられたことからも、その可能性は高い。死してもエリートは、権力と神性の源泉を求め、来世においても自然界を統制し、世界を支配するべきものと考えていたのであろう。

3　エリートとファラオの形成

†狩猟と権力

以上みてきたように、ヒエラコンポリスでは、動物を用いた儀礼祭祀が特徴的である。人々にとって、最大の脅威は自然である。その自然を代表する動物、特に野生の獰猛な動物を支配下におき、または儀礼的屠殺という祭祀により、エリートはわれこそが安寧をもたらしていると顕示することで、地位と神聖さを確立させていった。この儀礼祭祀が発展し、マアトによる世界秩序の維持という王朝時代のイデオロギーが形成されたといえる。まさに、ファラオの起源はここにある。

しかしなぜ、ヒエラコンポリスでどこよりもはやくエリートが析出したのか。第2章にて、複雑化社会の歴史的な流れは追ったが、ここでは権力生成の視点から、より深く探ってみたい。

紀元前四千年紀のナカダ文化は、農耕牧畜社会である。ナカダ文化が広がるナイル渓谷の生活圏は、地理的環境がほぼ均一であり、農地や牧草地に大きな偏在はない。よって、人口圧や資源争奪などの経済的格差を、社会の複雑化を促す第一要因とみなすことはできない。

それに代わって注目されるのが、狩猟である。ナカダ文化の初頭から、土器にカバやワニ、ガゼルの狩猟場面が描かれる例があり、興味深いのが、それと一緒に捕虜を捕らえた勝利の場面が表現されることだ。狩猟はつまり、軍事的勝利と同一視され、エリートによる社会的権力の象徴であったと捉えられる。この概念がのちに、ナルメル王のパレットにみる勝利のシーンへと引き継がれ、ベインズのいう「具象的モニュメント」として、王権表現となっていく。ただし、ここで重要な点は、狩猟活動に大きな社会的権力が込められていたことだ。

ヒエラコンポリスのエリートは、様々な野生動物を生きたまま捕獲していたわけだが、それがどれほど難しいことかは想像に難くないだろう。例えば、子カバ。カバはもっとも獰猛な動物であり、つねに群れをなして生活している。そこから子カバを収奪するには、まずは親カバを殺さなければならないのだ。ワニもヒョウもそうだが、これら凶暴な動物の捕獲は危険極まりない。ヒヒにおいては、動物園のサルのすばしっこさをみればわかるだろう。

エリートたちの狩猟範囲が広いことにも驚かされる。カバ、ワニはナイル、ヒョウ、野生ロバ、ダチョウは周辺の砂漠だが、ゾウとヒヒにいたっては、五〇〇キロ以上離れた南方のアフリカ（現スーダン）に生息していた動物である。埋葬されたアフリカゾウは、一〇歳ほどであっても、肩高は二メートル以上、体重は数トン。これを連れて帰るには、飼い慣らす必要がある。いまでも東南アジアでは、「エレファント・クラッシング」が行われている。ゾウを縛り上げ、怒鳴ったり、叩いたり、唾をかけたりして、ゾウの精神をまさに「壊す」のだ。ひとたび壊れれば、ゾウは人間に従順となる。ヒエラコンポリスのエリートたちも、同じことを実践し、ゾウの遠距離狩猟を行っていたのであろう。

このように、エリートたちは、遠距離狩猟をも可能とする特殊技術を備えた組織化された集団であったといえる。直剪鏃《ちょくせんぞく》や長脚鏃など狩猟用石器が、エリート墓地に排他的に出土する点とも符合する。

†かれらはどこから来たのか

渡辺仁《わたなべひとし》氏は、『縄文式階層化社会』のなかで次のように述べている。狩猟採集社会では、定住可能な生態的条件下では狩猟が特殊化し、男の生業分化（狩猟者・非狩猟者）が起こる。専業的（熟練）狩猟者とその家族は、特殊化した狩猟産物による経済的優位性をもち、それを富と名声の獲得手段として発展させる。さらに、生業分化は儀礼や芸術の特殊化とも結びつき、専業的狩猟者は集団儀礼の管理運営権をもち、その宗教的格差によって貴賤感情を伴う上下階層を生み出していく。

この階層化プロセスは、エジプトにおける複雑化成因の考察においても極めて示唆に富む。専業的狩猟者が経済的かつ宗教的優位性をもつ点である。ただし、渡辺氏の説では、定住した狩猟採集社会が対象であり、ヒエラコンポリスのナカダ文化は農耕社会である。農耕という生産経済にどっぷり浸かった社会から特殊狩猟集団が出現したとは考えにくく、かれらの来歴はそれ以前に求められなければならない。

後期新石器時代（紀元前五四〇〇～前四四〇〇年頃）、ウシを携帯する狩猟民が、西部砂漠のナブタ・プラヤ遺跡に巨石モニュメントを残している。祠堂と呼ばれる石造建造物は、加工された重さ四トンの砂岩が垂直に立ち、その周りに数トンの砂岩を配したものである。これはあきらかに、集団の協業がない限りなし得ない。そこには、協業活動を指示・統括するリーダーの存在が想起され、遊牧する狩猟民ではあるものの、複雑化社会の萌芽がみてとれる。

かれらのその後の足跡は明確ではないが、急激な乾燥化によって砂漠を放棄し、生活拠点をナイル流域に移したことが想定される。その根拠のひとつに、タサ文化に特徴的なチューリップ形土器や黒頂土器が挙げられる。タサ文化は、エジプト南部で最初の農耕社会であるバダリ文化の前身にあたる。近年、これらの土器が、西部および東部砂漠の一帯でも相次いで発見されるようになり、タサ文化は、砂漠とナイルを行き来する狩猟民が残した文化と解釈されるようになった。後期新石器時代の後半にはすでに、かれらはナイル流域での活動にウェイトを置くようになっていたことは確かのようだ。

よって想定されるプロセスは次の通りである。まず、すでにある程度複雑化した社会をもつ狩猟民がナイルに移り住み、その後訪れる農耕経済の波をうけつつも、かれら独自の高度な狩猟技術を保持しつづけた。そして、特殊な獲物の独占により富と名声を得て、さらに儀礼祭祀を管掌《かんしょう》して支配者としての地位と社会的権力を確立させたと考えられるのだ。

加えて、狩猟技術は、戦いにも活かされる。組織化された高度な狩猟技術を有するエリートたちは、戦闘にも長けていたにちがいない。戦闘という見せ場において、人々から崇敬され、威信と信望を集めることも地位の確立につながったであろう。

†なぜヒエラコンポリスだったのか

最後に、ヒエラコンポリスの地に狩猟民が定着した理由を考えたい。その一つに、立地面での好条件が挙げられる。エリート墓地のある巨大な涸れ谷は、ナイル沖積地からみれば奥地であるが、反対方向からみればそれはまさに砂漠ルートの出入口である（巻頭地図参照）。ある意味では、こちらがヒエラコンポリスの表玄関なのだ。いまでも、アスワン以南はナイルの遡航が厳しいために砂漠ルートが好まれる。その砂漠ルートの起点がヒエラコンポリスであったといえる。

エリート墓地を涸れ谷に築いたのも、この砂漠ルートを意識してのことであろう。表玄関を入ったさきに、巨大で色彩豊かなエリート墓や列柱施設が立ち並ぶ。その光景に、来訪者たちは圧倒させられ、恐れおののいたことだろう。エリートたちは対外的にも、おのれの力を視覚的に顕示したのである。

このように、狩猟民を始祖とするかれらエリートたちは、砂漠と南方のナイル上流を掌握し、そこで捕獲した特異な動物を用いた儀礼をつうじて、権力とイデオロギーの制度化をはかった、というのが私論である。

第5章

来世

——その死生観とミイラ

古代エジプトの大きな特徴は、死とその埋葬への準備である。かれらは、死をどのようにとらえていたのであろうか。墓をみると、壁面は極彩色に塗られ、神々と被葬者が生きと描かれている。こうした華やかな墓からして、一見すると、古代エジプト人は死に対して楽観的であり、死を喜んで享受していたようにも感じとれる。だが、実際は逆であった。古王国時代の教訓文学に「死は私たちを憂鬱《ゆううつ》に、生は晴れやかにしてくれる」と述べられているように、古代エジプト人も死に対する強迫観念を持ち、死をひどく恐れていた。その恐怖をできるだけ拭い去るための解決策として、かれらは死を理解可能なものにしたのだ。それが、「死後も、来世で永遠に生き続ける」という再生復活の死生観である。この考えは、もともとファラオに特化したものであり、次章で扱うピラミッドを考えるうえでも重要であるため、ここでその死生観についてくわしく述べておきたい。

1　魂、冥界、再生

†二つの魂

人間の死を理解可能なものにするため、かれらは、死んだ後も魂のようなものが肉体を離れて存在し続けるという考えを編みだした。キリスト教徒やわれわれ日本人が呼ぶ魂または霊魂に似たものである。ただし古代エジプトでは、二つの魂が存在した。それが「カー」と「バー」である。魂が二つ存在することもさることながら、数千年前の精神的概念であるため、現代のわれわれにはその意味を十分に理解することは難しく、研究者によっても解釈や説明に違いがある。ここでは一般的に受け入れられ、わかりやすいカーとバーの側面について述べたい。

「カー」は、肘を直角に曲げて掌をまっすぐ伸ばした両腕で表現される（図5－1）。「生命力」と訳されることが多い。なぜならカーは、人間が生まれた時点で体に取り込まれ、

図5－1
カーの魂

活力を維持する魂として生涯その内に宿りつづけるとされるからだ。神話的解釈では、カーは父から与えられるものとされる。例えば宗教文書では、アトゥム神が自ら生み出したシュウ神とテフヌト女神の双子をカーの姿勢で抱擁し、「父アトゥムのカーが子どもたちに

宿りますように」と述べられている。

カーは死後も、肉体から分離した実体のない個人として存続する。墓の壁画や棺には、「誰々のカーに与える供物」という言葉が記されるが（図3-11参照）、これは、カーが死後も、活力を維持するため食べ物や飲み物を必要としていたからである。

図5-2
バーの魂

「バー」は、人間の頭をした鳥で表現され（図5-2）、肉体以外の個人を特徴づける「個性・人格」と考えられている。つまり、その人物のパーソナリティーとでもいえる魂だ。バーも死後肉体を離れて存在し続けるが、カーとは異なり、翼を使って自由に飛び回ることができる。そのためバーは現世と来世を往来することができ、生者と死者のつながりを仲介する役割も担っていた。

ちなみに、日本隊が二〇〇五年に発見したセヌウのミイラマスクには、バーが表現されていた。セヌウは中王国時代第一三王朝の軍人である。彼の墓はダハシュール北遺跡にて未盗掘の状態で見つかり、木棺とその中に横たわるミイラがみごとに残っていた（図5-3）。マスクの頭部には、羽を広げた鳥があしらわれている（図5-4）。胴体も二本の足も詳細に描かれているが、しかし鳥の顔はない。すなわち、被葬者に覆いかぶさるこの鳥

図5－3　未盗掘で発見されたセヌウの木棺とミイラ

図5－4　セヌウのミイラマスク頭部

はマスクの顔と一体化しているのであり、それはまさにセヌウのバーなのである。これまで、鳥によるバーの表現は新王国時代に始まるとされていた。しかし、セヌウの発見により その初源は遡ることとなり、またそれは、バーの顔が死者そのものであることも物語っている。

†冥界で生きるかたち

以上のように古代エジプトでは、人の死は、それまで宿っていたカーとバーが肉体から分離することを意味した。しかし分離した状態では、来世での永遠の命を受けることはできない。そのため、カーとバーが再び合体して、「アク」にならなければならないのだ。アクは「有効なもの」という意味であり、それは冥界で暮らすことのできる不滅で不変な霊的存在に変身を遂げたものであるからだ。ヒエログリフでは「トキ」のかたちで示される（図5-5）。その理由は定かではないが、音価が同じであったからと考えられている。

つまり、再生復活は、生命力のカーと人格のバーが合体したアクとなって初めて可能となる。だが、もう一つ必要なものがある。それは肉体だ。冥界にて永遠不滅のアクとなるには、その肉体に再び戻らなければならないのである（詳細は後述）。そのため、肉体も保存する必要がある。それが「ミイラ」なのである。

†冥界の場所

古代エジプト人にとって、死後の世界は地下にあった。第3章で述べたように、かれらの世界（コスモス）は無限の水で覆われた球体であり、そのなかに天空、地上、地下の三要素が含まれる。地下は地上を反転させた領域であり、ここが「ドゥアト」と呼ばれる冥界となる。

こうした世界観が生まれたそのゆえんは、太陽にある。古代エジプト人は、日没を太陽の死ととらえ、日の出を太陽の生きかえりと考えた。そして、太陽は死んでから復活するまで、天空の動きと同じように、船に乗って地下を通り抜けているとみなした。そのため、地下が冥界となったのだ。

図5－5　冥界で生きるかたち、アク

†太陽の再生復活

それでは太陽はどのようにして復活するのであろうか。古代においても、大地を遍《あまね》く照らす太陽は生命の源と認識され、神として崇められていた。日中の天空にいる太陽神は王権の神ホルス（またはラー）とみなされ、夜中の冥界では創造神アトゥムと同一視されていた。これほどの神を復活させるには、かなりのパワーが必要だ。それを可能にするのは、オシリス神に他ならない。オシリスも太陽神と同じく、またはそれ以上に生命力を与える神であり、ナイルの増水後に大地に活力をもたらし、生きとし生けるものの源とされていた。

第3章の「オシリス神話」で述べたように、弟のセトに殺されたオシリスは、ドゥアトを統べる王となるが、その冥界の最深（つまり真夜中）においてミイラの姿で横たわっているのである。そして、船で夜中を航行する太陽は、最深に到達するとオシリスと融合して再生復活のパワーを得るのだ（図5－6）。

なお、太陽神の復活ストーリーはもう一つある。それは、天空の女神ヌトが夜中に身ごもり、夜明けに出産するというものである。これにもオシリスが関わっている。ヌトの子宮で太陽神に再生パワーを与えるのはオシリスなのだ。つまり、ドゥアトのミイラとヌトの子宮による二つの復活ストーリーは、どちらもオシリスによるものであり、両者は相互補完的なものといえる。

†ピラミッド・テキスト

ファラオの復活は、太陽神のそれになぞらえたものである。古王国時代第五王朝末、ウナス王のピラミッド内部に「ピラミッド・テキスト」がはじめて刻まれるようになるが、ここにファラオが冥界で復活するプロセスが示されている。

ピラミッド・テキストとは、二三〇ほど（後に一〇〇〇ほどに増加）の呪文で構成されるエジプト最古の宗教文書であり、それまで葬祭儀礼において神官が朗誦していた内容を壁面に刻むことにより、その効果を永続させたものである。ウナスのピラミッドにはじまり、第六王朝のファラオ（テティ、ペピ一世、メルエンラー、テティ二世）とその王妃たち、そして第八王朝のイビのピラミッドまで、ピ

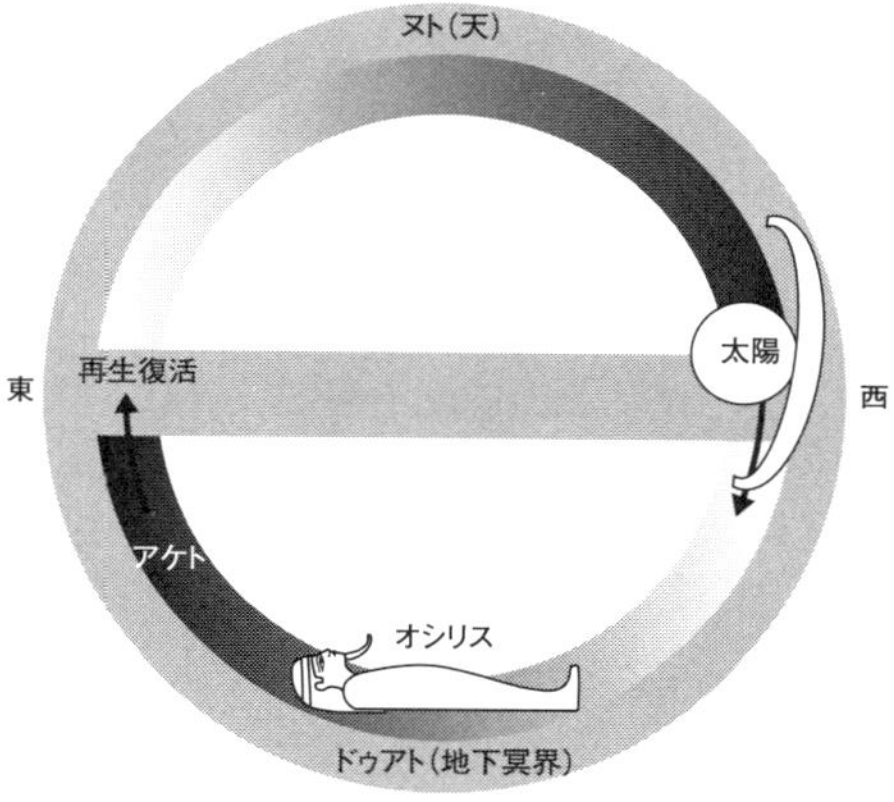

図5-6　古代エジプトの世界観における冥界

ラミッド・テキストは継承された。

†ファラオの再生復活

ピラミッド・テキストの研究で名高いJ・アレンによれば、呪文の内容は供物儀礼と復活儀礼が中心をなす。供物儀礼の呪文は玄室の北壁に刻まれ、食糧、お香や香油、服や化粧道具、象徴的装具（レガリア）などを捧げることが述べられている。復活儀礼の呪文は玄室の南壁に刻まれている。バーの現世への未練を断ち切り、それを天空へと送り出し、日々航行する太陽の船の乗員とすることが述べられている。

ファラオのバーは、太陽神のごとく冥界の最深でオシリスと融合するのだが、この場合、オシリスは石棺に安置された自分自身のミイラである。その棺の中で、バーとミイラが融合して、再生パワーを得る。そして、供物によって活力を得たミイラをつうじて、ファラオのカーが活性化するのである。

よって、ファラオの再生復活には、天空の太陽神（ラーとアトゥム）と冥界のオシリス神の二つの神との結合が必要なのである。

✝ピラミッド内での復活プロセス

さらにアレンによると、ピラミッド・テキストはピラミッド内部の各部屋の機能を反映しているという（図5-7）。最奥の西側に位置する玄室は、冥界のドゥアトそのものである。そこに、オシリスと化したファラオのミイラが眠る石棺が置かれているわけだ。石棺は、オシリスの母であるヌト女神の子宮でもある。そのため、玄室の呪文には石棺とミイラを守る内容が含まれている。

前室は、アケトである。アケトとは、冥界の最奥から東の地平線までの領域のことである（図5-6参照）。また、ヌトとの関係においては、前室はヌトの産道となる。玄室で再生パワーを得たファラオのバーの魂は、ふたたびミイラを離れ、前室へと進み出て、このアケトにおいてアクとなるのだ。刻まれる呪文は、魂がアケトを無事に通過することを意図したものとなっている。

通路は、天空へと誘う装置である。呪文は、ファラオの魂がアケトから昇天して、太陽神やほかの神々とともに太陽の船に乗る（または太陽神と一体化する）ことを願うものとなっている。

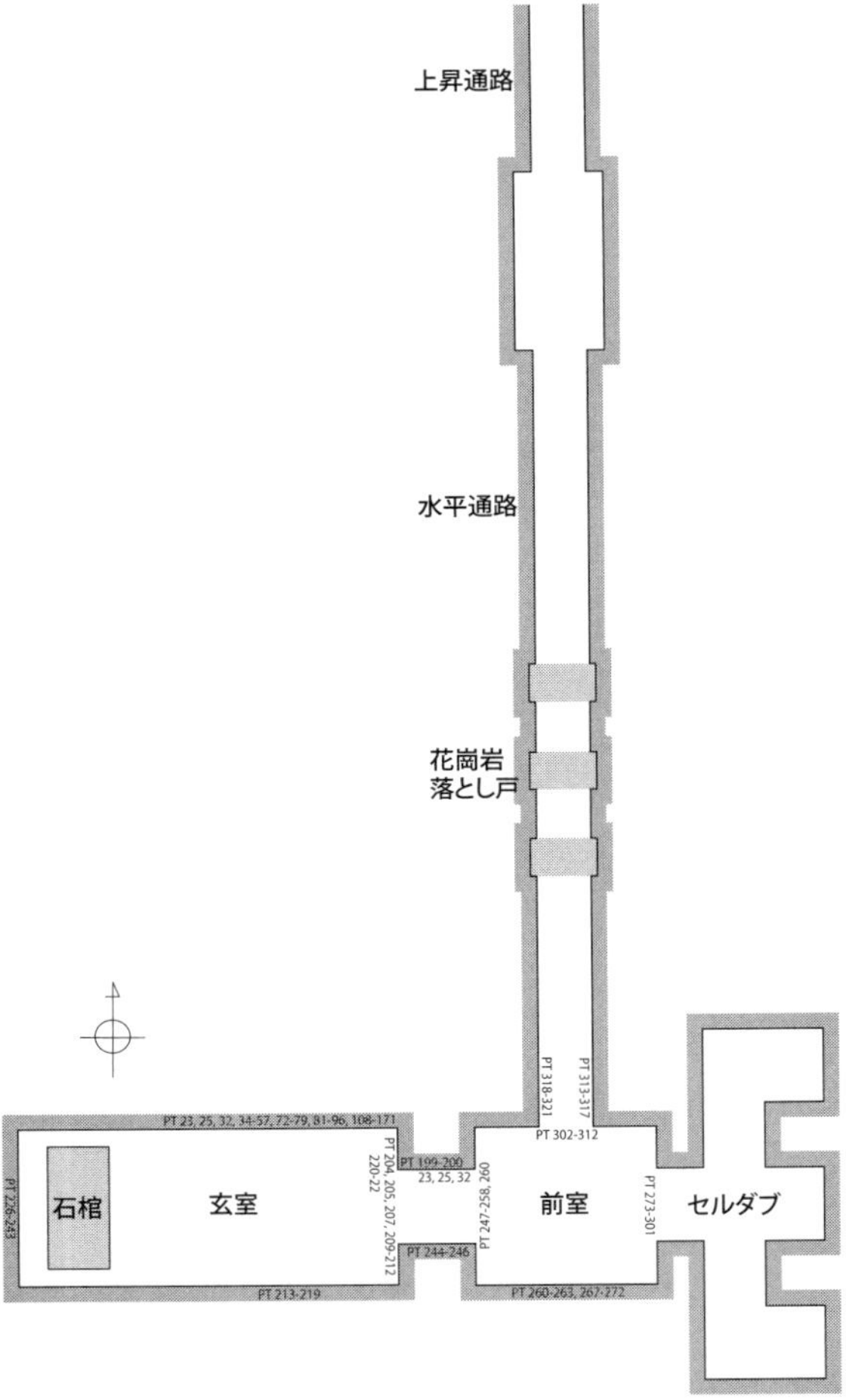

図5-7　ペピ1世ピラミッドの内部構造

つまり復活のプロセスは、ファラオの魂が、玄室のドゥアトでオシリス（と化したミイラ）と合体し、前室のアケトでアクとなり、通路をつうじて地上そして天空へと昇り、太陽の船の乗員となって復活を果たすのだ。そしてまた、太陽神とともに西の地平線からドゥアトへと向かう。

このように、ピラミッドの内部構造は、太陽神のように、亡きファラオが来世で日々復活するためのレイアウトとなっているのである。そのなかでも、ファラオの魂がアクとなる前室（アケト）が最も重要な場所として位置づけられる。

ちなみに、前室を過ぎるとファラオの魂の進む方向が北となる。太陽が昇る東に向いていないのだ。アレンは、おそらくそれは北の周極星と関連しているという。周極星を中心とする北天の星々は地平線の下に沈むことがなく、「不滅の星々」とされた。最初のピラミッドであるジェセル王の階段ピラミッドから通路は北を向いていることから、「ファラオの魂は北天へと昇って永遠不滅の命を得る」という伝統的な考えも維持されていると考えられる。

2　オシリス信仰の興隆

†来世の民主化

「オシリスとなって来世で永遠に生き続ける」という再生復活は、ファラオのみの死生観として古王国時代に成立する。しかしその後、大きな変化がうまれる。栄華を極めた古王国時代も終盤になるとファラオの権力と国家体制は瓦解し、エジプトは第一中間期へと突入することになるが、この時期、オシリス信仰が隆盛し、「来世の民主化」が起こるとされる。王以外の人々も冥界でオシリスとなって復活できるという考えが広がるのだ。

その背景には、第一中間期および中王国時代になると、オシリスが死生観に関わる神々のトップとなり、オシリス神の祭祀が積極的に行われるようになったことがある。一般の人々もその祭祀に参列できたため、オシリス信仰が急速に広まったのだ。また、群雄割拠の第一中間期を経験したエジプト人が新たな価値観を切望していたことも、オシリス信仰の拡大に拍車をかけた大きな要因であろう。

オシリス神の祭祀とは、「オシリス神の死と復活」を王や神官が再演する祝祭であり、特にアビドスがその場所として有名である。センウセレト三世がアビドスに埋葬施設を築いた理由もオシリス信仰にあり、この時期に信仰のピークを迎える。ここはオシリス神の聖地となり、人々は来世での復活を願ってアビドスを巡礼に訪れ、オシリスの墓とみなされるようになった第一王朝のジェル王墓にビール壺を奉献し、そこに至る参道には石碑（ステラ）などを奉納した。

もっとも、近年の研究では「来世の民主化」を疑問視する意見もある。なぜなら、古王国時代からすでに高位の人々の墓に、冥界での復活を願った文書がわずかながらも存在するからである。しかしそれでも、第一中間期から中王国時代にかけて、冥界での復活を懇望して多くの人々がオシリス神を信奉するようになったことは確かである。

†コフィン・テキスト

オシリス信仰の隆盛にともない、埋葬様式にも変化がうまれる。なかでも特筆すべきは、「コフィン・テキスト」の出現だ。君主や官僚といった身分の高い人々の木棺内部に記された呪文である。これはピラミッド・テキストをベースに、当時の需要に適した呪文を加えて改良したもので、一一八五の呪文が確認されている。地域色が強く、「二つの道の書」など挿絵を含むことが、ピラミッド・テキストとは異なる大きな特徴である（図5−8）。それまでオシリス化はファラオの特権であったが、ここでは誰しもがオシリスになれ、例えば私の木棺であれば「オシリス・馬場」と記すことができるのだ。

コフィン・テキストの内容は、おもに冥界の地下世界に特化した呪文と挿絵で構成され、死者が安全にオシリスのもとにたどり着くための指南書となっている。なぜなら地下世界には、炎や魔物が各所で待ちかまえているからであり、それらの脅威に打ち勝つ方法が、呪文として示されているのだ。

†死者の書

新王国時代になると、コフィン・テキストを再編した新たな葬送文書「死者の書」が誕生する。これまで一九二の呪文（章

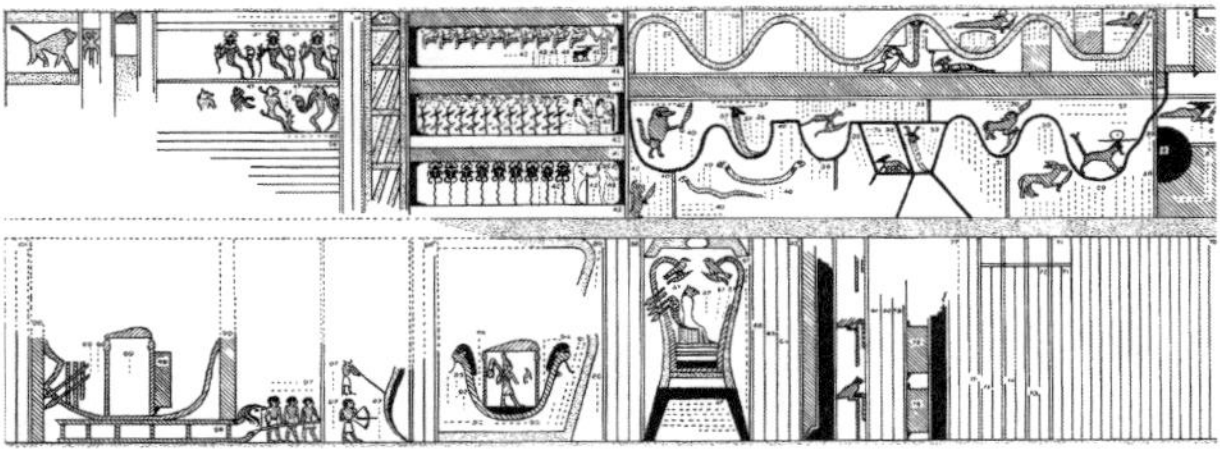

図5−8　棺内に書かれたコフィン・テキスト

図5－9　死者の書の「死者の審判」

とも呼ぶ）の存在が確認されており、パピルスの巻物にしたため て墓に納められることが典型的である。その特徴は図像の多さで あり、呪文にはそれぞれ挿絵が添えられ、内容がわかりやすく正 確に記されている。

その内容は、コフィン・テキストと同じく冥界における指南書 であり、さまざまな試練に対する実践的な対処や魔術が述べられ ている。なかでも特に注目されるのが、ドゥアトでの苦難を乗り 越えた先にある「死者の審判」だ。

「死者の審判」は、死者の書一二五章に描かれる最後の関門であ り、神々の前で執り行われる審判である（図5－9）。死者は、 冥界の番人であるアヌビス（またはホルス）に導かれ、オシリス の館へと入る。そこには、オシリスが妻イシスと妹ネフティスと ともに待ち構えている。周囲には、四二人の神々が陪審員として 座っている。そして死者は、神々に対して生前に罪を犯さなかっ たことを述べる。「私は神を冒瀆したことはない、私は誰も泣かしたことはない、私は人を殺《あや》めたことはない」。定型化されたこうした四二の「否定告白」を列挙するのだ。

それが終わると、死者の肉体から心臓が取り出され、心臓とダチョウの羽をしたマアトが天秤にかけられる。バランスがとれれば、「祝福された死者」として、果たして冥界の世界に迎え入れられるのだ。その証しとして死者の名前の前に「オシリス」が加わる。さらに、告白の正しさを示す「マア・ケルウ（声正しき者）」が名前の後に付与され、これで本当のアクになれるのだ。

しかしもし、天秤のバランスがとれなければ、目の前で待ち構えているアムムト（またはアメミト）に食われてしまう。アムムトとは、頭がワニ、胴がライオン、脚がカバの空想の獣であり、名前の由来は「死者（ムト）を呑み込む（アム）もの」である。アムムトに呑み込まれることは二度死ぬことであり、最悪の結末なのである。もちろん、そんな場面を描いたものはないのだが。

このように、古代エジプト人が編み出した来世観は、マアトというかれらの倫理性によって規定されており、生前において善行を積んだものだけが来世で再生復活できると考えられたのである。この「死者の審判」は、仏教での「閻魔大王《えんまだいおう》の裁き」と似通っており、

図5-10　アム・ドゥアトの書の10時の挿絵

われわれ日本人にも理解しやすいであろう。

†アム・ドゥアトの書

「死者の書」は一般の人々に用いられた葬送文書であるが、新王国時代の王墓では独自の文書が壁面に描かれるようになる。それは「冥界の書」と呼ばれる一連の宗教文書であり、その嚆矢《こうし》が「アム・ドゥアト（冥界にあるもの）の書」である。

アム・ドゥアトは、地下世界の一二時間が時系列に並び、そこを夜の船に乗って航行する太陽神が図像と注釈によって示されている（図5-10）。各時間は出入り口のある一つの領域となっており、そこにはさまざまな魔物や試練が待ち構えている。同乗する神々のサポートを受けながら、それらの苦難を乗り越えて太陽の船は進んでいく。太陽神の顔はヒツジである。それは、太陽神がバーの魂として冥界に下ったことを意味する。なぜなら、古代エジプト語でヒツジも「バー」に似た発音をするからである。

アム・ドゥアトの主題は、太陽神の再生復活である。地下世界に入った太陽神は、一時の領域で冥界の神々から祝福を受け、魔物を撃退しながら二時と三時の水上を航行する。四時からは陸路となり、そこは「ロセチャウ（ソカル神の地）」と呼ばれる荒野の砂漠である。そのため、ここから太陽の船は牽引され、船自体もヘビと化して炎をはきながら突き進む。

砂漠を抜け出し、冥界の最深となる六時に到達する。ここで最初のクライマックスを迎える。バーとしての太陽神は、原初の水ヌンの小池に横たわる自らの遺体（オシリスの姿）と融合するのだ。もっとも重要なこの領域でのみ、レガリアなどでファラオの存在が強調されており、それはつまりファラオの復活も意味しているのだ。

復活により光を取り戻した太陽神は、七時の領域にて魔王ともいえる大蛇アポピ（またはアポピス）と対峙する。アポピは太陽の光を消し去ろうとするが、同行する神々が魔法をかけ、鎖を巻きつけ、そして切り刻み、太陽神たちはその退治に成功する。

その後も首尾良く夜の船は進み、最後のクライマックスとなる一二時の領域に到着する。

数多くの神々に曳航《えいこう》された太陽神は、日の出の姿であるスカラベ（フンコロガシ）となり、両手を広げた空気の神シュウのもとへと飛んでいく（図5-11）。そしてシュウが太陽神を昼の空へと持ち上げてくれる。

これで太陽神の復活は完結し、地下世界の旅路が終わる。冥界はシュウによってふたたび閉ざされ、死者たちは、下段の最後に横たわるオシリスとともに、死の眠りに戻っていく。

このように、古王国時代に創造された太陽とファラオの再生復活プロセスは、新王国時代に至っても維持された。この概念は王権観およびエジプトの宇宙観の根幹として、永きにわたって存在し続けたのである。

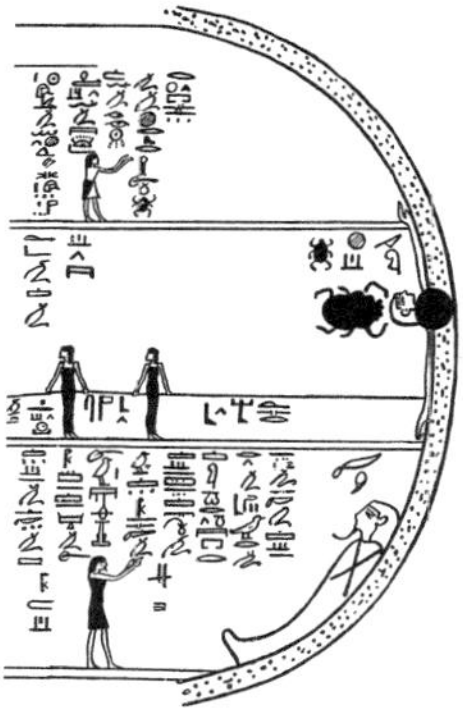

図5-11　アム・ドゥアトの書の12時の挿絵

†墓とは何か

古代エジプト人にとっての来世は、「死者の書」にみるように、審判を受けて無事に辿り着ける地下冥界であった。そこは、「セケト・イアル（葦の野）」または「セケト・ヘテプ（供物

図５-12　イアルの野

の野)」と呼ばれる水と動植物に満ちた、いわば楽園であった（図５-12）。

その来世のドゥアトは地下にあると考えられていたため、遺体は必ず地面を掘って埋葬した。それが墓である。墓は、かれらにとって「永遠の家」であった。来世での再生復活を果たしたかれらがアクとして住まう場所だからだ。

墓は基本的に、地下の埋葬室と地上の礼拝所から構成される（図５-13）。埋葬室は、遺体（ミイラ）が安置される場所であり、また、魂のカーとバーが住む家でもある。そして来世でオシリスとなるために不可欠なミイラを守るため、埋葬室は地下深く、そして頑丈に造られた。

礼拝所は、現世と来世が接する場所であり、両者をつなぐ空間である。魂が埋葬室から外に出られるように、「偽扉《ぎひ》」が備えられている。死者の親族や友人は定期的に墓を訪れ、バーと対話し、そのカーのために供物を捧げるのである。また、来られないときのために、偽扉の前には供物の描かれた卓が置かれた。礼拝所内の壁面には、生前での生活シーンが描かれるが、これは来世でも同じ（またはそれ以上の）生活が永遠に続くことを願ったためである。

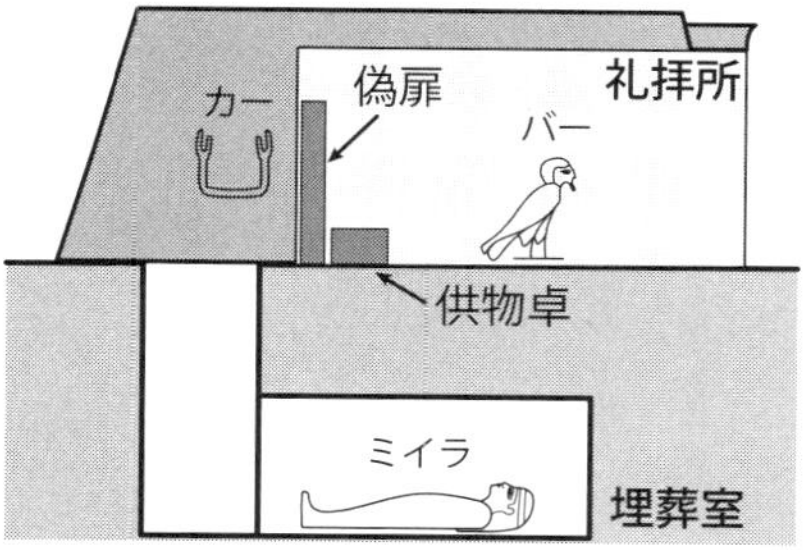

図5-13　墓の構造

墓には、死者の名前が必ず書かれる。なぜなら文字には神聖な力が宿っており、それが書かれたり読まれたりすることで永遠性が得られると考えられていたからだ。

3　ミイラとは何か

†ミイラの語源

古代エジプトの死生観のなかで重要なアイテムの一つがミイラである。このエジプト文明を表象するミイラについて詳しくみてみたい。

辞書によると、ミイラとは「乾燥により腐敗の進行が停止した遺体」のことを指す。そもそも「ミイラ」という言葉は日本語であり、英語でいう「マミー（mummy）」とは来歴が異なる。英語におけるその語源は、ペルシア語でビチュメンを意味する「ムンミヤ」にある。現在のエジプト人（アラビア語）もそれを受け継ぎ「ムミア」と呼んでいる。

ではなぜ、ペルシア語でビチュメンの言葉がミイラに当てはめられたのか。ビチュメンは天然アスファルトであり、黒色をしている。ミイラも肌が黒い例が多く、ビチュメンが塗布されたものと考え、ムンミヤの呼称が与えられたのだ。ただしこれはまったくの誤解であり、ミイラにビチュメンが使用された例はほとんどない。肌や包帯が黒いのは、ミイラ処理の工程で塗布された樹脂が劣化したためである。

一方、日本語の「ミイラ」の語源は、没薬《もつやく》の「ミルラ」にある。ゴム樹脂であるミルラは、古代エジプトのミイラづくりに欠かせないものだった。このミルラが、薬や香料として中国を経て日本に伝わったとき、乾燥した遺体を指す言葉になってしまったのだ。

†ミイラの起源

古代エジプトにおけるミイラは、遺体を人工的に乾燥させて防腐処理を施し、包帯（亜麻布）を巻いたものである。ミイラ処理された遺体は「サフ」と呼ばれていた。その起源であるが、概説書をひもとくと「遺体を砂漠の穴に埋めたところ、熱く乾いた砂により遺体の水分が急激に奪われ、自然乾燥のミイラが生まれた」ことから、これをヒントに遺体を人工的に乾燥させる「ミイラ」の製作を開始した、というのが通説となっている。

たしかに、こうした自然乾燥ミイラは存在する。大英博物館には、先王朝時代のゲベレイン遺跡で発見されたとされるミイラが複数保管されている。そのうち「ジンジャー」の愛称で知られる有名なミイラは近年、最新のＣＴスキャンにより、脳や内臓の痕跡状況などから、自然に乾燥したミイラであることが証明されている（図５－14）。

だがしかし、先王朝時代の墓地で自然乾燥ミイラが発見された例はなく、いくら砂漠性気候のエジプトでも、こうしたミイラが偶然につくられる可能性は低いだろう。「ジンジャー」は極めて稀な例といえる。

その一方で近年、人工的にミイラ処理された遺体が発見されている。それは先王朝時代のヒエラコンポリス遺跡であり、樹脂に浸した亜麻布で腕や顔のまわりを覆った遺体が見つかっている（図５－15）。また、モスタゲッダ遺跡ではさらに古いミイラ処理の痕跡が、

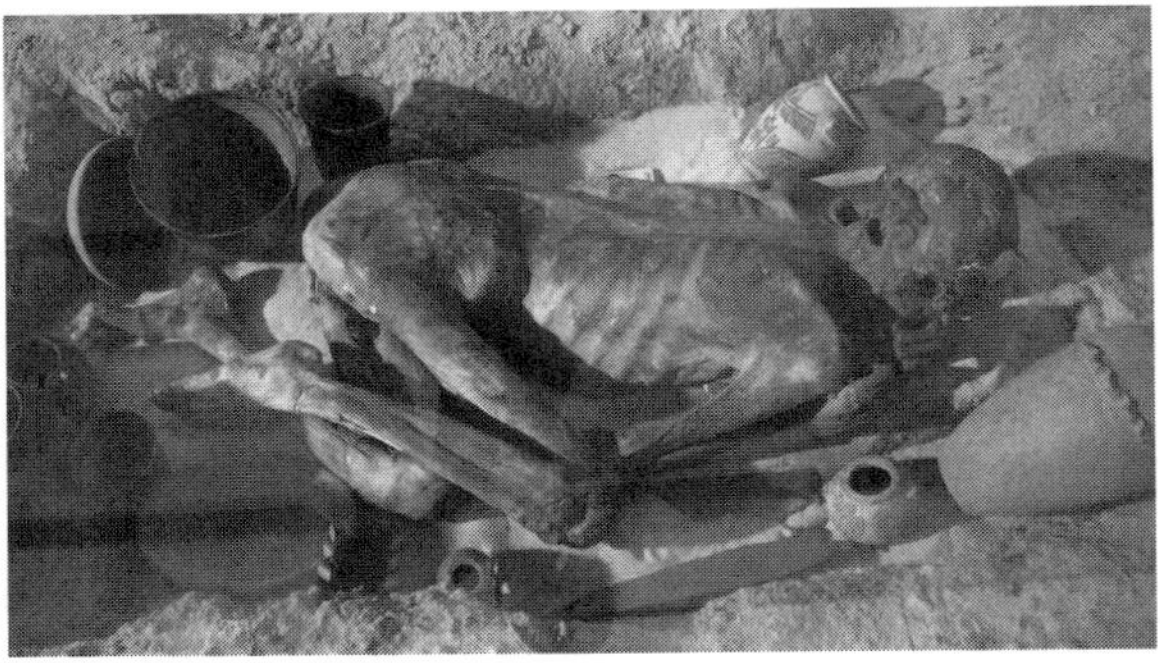

図 5-14　自然乾燥のミイラ「ジンジャー」

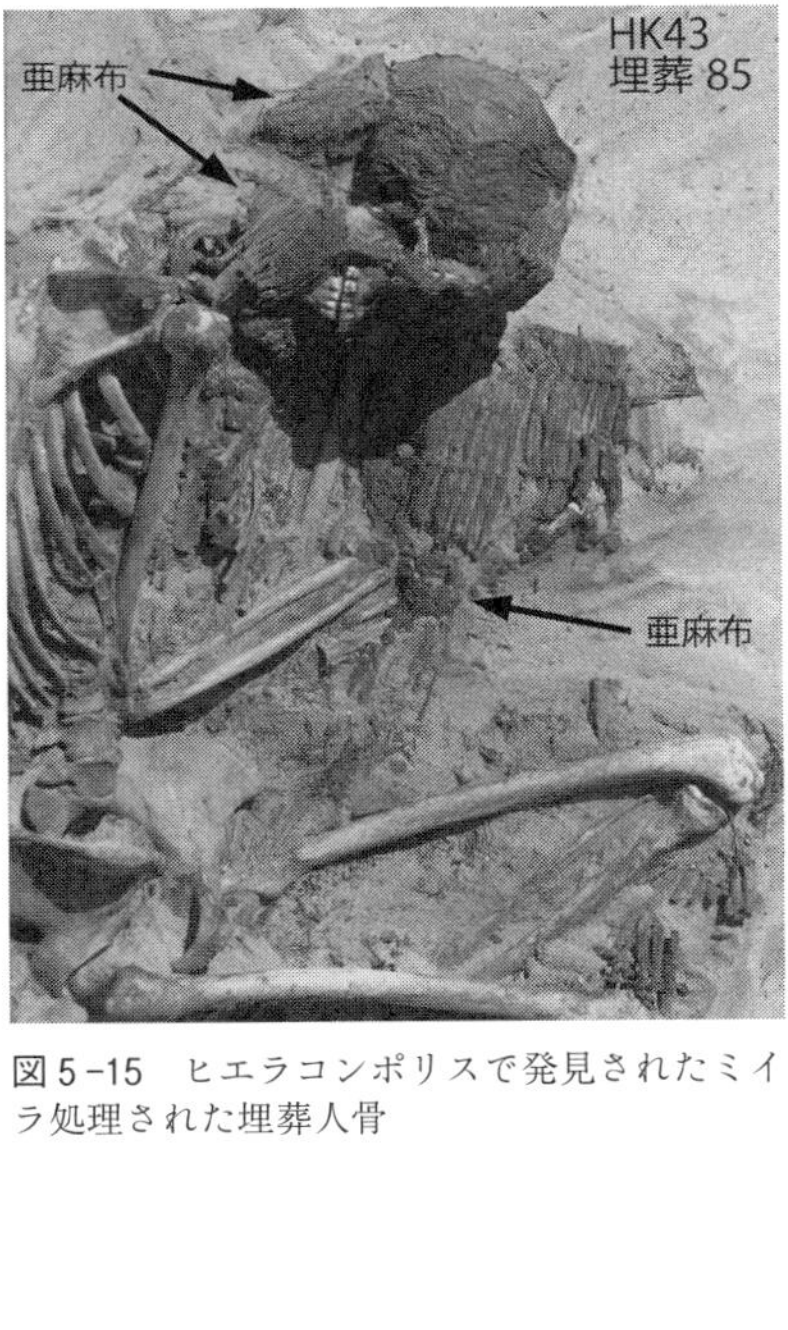

図 5-15　ヒエラコンポリスで発見されたミイラ処理された埋葬人骨

近年確認されている。これらは、樹脂と亜麻布で遺体を保護しようとした点で、エジプト独自のミイラ処理方法の初源であり、エジプト最古のミイラといえる。このことからも、ミイラは当初から意図的で人工的なものであったと考えられるのだ。

†ミイラの製作

ミイラは王朝時代をつうじて常につくられ続けたが、残念なことにミイラ製作に関するハウツー本は存在しない。唯一参考にできるのが、ギリシア人歴史家による記述と、ミイラ自体から得られる情報である。

ヘロドトスによれば、ミイラ製作には松竹梅のようにグレードがあったようだ。ミイラ職人の工房には、質の異なる三種類の木製模型ミイラのサンプルが展示されていて、遺族は財布と相談してグレードを決める。そしてミイラ製作がスタートする。

ミイラの製作は、全工程におよそ七〇日間を要する。最高級の松の製法ではまず、鉤棒で鼻孔に穴を開け、脳髄を掻き出す。さらに薬剤を入れてすべて抜き出すのだ。次なる作業は、内臓の摘出である。切開した左脇腹から腕を入れて、心臓以外の内臓をすべて摘出する。心臓を残すのは、古代エジプト人は感情や思考の中枢が脳ではなく心臓と考えてい

図5-16　カノポス容器

たからであり、また先述したように「死者の審判」においても必要とされたためだ。

取り出した内臓のうち、腸・肺・肝臓・胃の四器官は、遺体と同じ方法でミイラ処理され、カノポス容器に入れられた。中王国時代以降、カノポス容器は「ホルスの四人の息子」の四神で表現され、それぞれに特定の器官が入れられ護られた（図5-16）。カノポス容器は遺体とともに墓に副葬される。

内臓の除去が終わると、遺体の内部を洗浄し、樹脂を入れて殺菌する。そして、ミイラづくりで最も重要となる乾燥作業となる。遺体が腐敗する要因は水分であり、水分があるとバクテリアが繁殖し、腐ってしまう。そこで古代エジプトでは、ナトロンを用いて遺体を乾燥させた。遺体の内部にナトロンを詰め、さらに遺体全体もナトロンで覆い、乾燥させるのだ。

ナトロンとは炭酸ナトリウムを主成分とする天然の鉱物であり、いわば自然の塩である。ナトロンは、水分の吸収が良く、油分も一緒に除去してくれる。殺菌効果にも優れており、ミイラづくりには欠かせない材料だ。採取できる場所として、カイロから北西一〇〇キロメートルほどに位置するワディ・ナトルーンの塩湖が有名である。ちなみに、古代エジプトでは「ネチェリト」と呼ばれ、それがナトロンの語源となった。

ナトロンによるおよそ四〇日間の乾燥のあと、遺体を洗い、香油と樹脂を塗る。香油は香り付け、樹脂は殺菌のためで、それには主にゴム樹脂であるミルラ（没薬）が利用された。この後、香油によって若干柔らかくなった遺体の姿勢を整える。しばしば、この段階で「整形」が施された。例えば、新王国時代のファラオのミイラでは、窪んでしまった眼窩に義眼やタマネギを入れたり、下がってしまった鼻に種子や動物の骨をつめたり、または、空っぽになった腹におがくず、粘土や布などを入れたりと、さまざまな整形が行われた。こうした整形は、肉体から分離したカーとバーが迷うことなく戻れるように、できるだけ生前の故人の姿を保つためになされた。

そして最後の工程は、亜麻布の包帯を巻く作業である。最も念入りな巻き方は、体の部位をそれぞれ個別に巻く方法である。頭、胴体、脚、そして腕の順序で巻いていく。指の一本一本まで巻いたものもある。全身を巻いた後、さらに全体を大布でくるむ。包帯を巻く過程で、布のなかにアミュレット（護符）を入れることもある。例えば、心臓の上にはそれを守るための「心臓スカラベ」が置かれた。これでミイラづくりは終了し、遺族に引き渡される。

ちなみに中級の竹のつくり方では、遺体は切開せずに、尻から杉油を注入し、ナトロンで覆って乾燥させた。杉油が内臓を溶かし、ナトロンが全身の水分と油脂を吸収するので、骨と皮だけになるのだ。

†憐れなミイラ

ミイラは来世での再生復活に不可欠な自身のオシリスであり、古代エジプト人は永遠の命を願って遺体をミイラとして残した。だが、かれらにはその後、不幸な運命が待ち受けていた。

時は中世。十字軍遠征により、ヨーロッパの人々はイスラム世界で万能薬として重宝されていた「ムンミヤ（ビチュメン）」を知ることとなる。しかし産地が西アジアに限られるため、ムンミヤの代用品が求められた。そこで、エジプトのミイラに白羽の矢が立った。

ミイラにビチュメンが使われていると勘違いしてしまったのだ。そして一二世紀以降、数多くのミイラがエジプトからヨーロッパへと持ち出され、砕いて粉末にして「ミイラ薬」として売られるようになった。ミイラの語源でも述べた「ムンミヤ」とは、もともと薬の意味であったのだ。

ミイラの悲運はさらに続く。一八世紀以降、ヨーロッパにエジプトブームがわき起こり、博物館や富裕層のコレクションのために、またしてもエジプトからミイラが持ち出されるようになった。さらに、見世物としてミイラを解体する「解剖ショー」も人気を博し、ミイラの喪失に拍車をかけた。このように、エジプトでは計り知れない数のミイラが墓から掘り起こされ、海外へと売り飛ばされてしまったのだ。こうした過去を経験したエジプトでは現在、ミイラの国外持ち出しが完全に禁止され、展覧会のためであっても許されない。そのためミイラ研究も近年では、ＣＴスキャンなどの非破壊分析が主流となっている。

第6章

ピラミッド——その誕生と機能

エジプト文明を表象するピラミッド。それはまさに、ファラオによる太陽神信仰の具現化である。初期王朝時代のファラオは「ホルスの化身」とされていたが、古王国時代になると「ラーの化身」または「ラーの息子」とみなされ、そうした太陽神への信仰の高まりのなかで、ピラミッドは誕生する。

ピラミッドといえば、クフ王の大ピラミッドに代表される正四角錐の形状をすぐに思い浮かべるであろう。しかし、そこに行き着くまでにはいくつかの改変と試行錯誤があり、最初のピラミッドは階段状であった。

1　ピラミッドの誕生

†最初のピラミッド

エジプト文明における最初のピラミッドは、第三王朝初代の王ジェセル（ネチェリケト）の階段ピラミッドだ（図6-1）。これはあらゆる点で革命ともいえる。ピラミッドというまったく新しい建築様式の幕開けのみならず、エジプト史上初の総石造の建物でもあり、本格的な大型石造建築の開始を告げるものだ。

この革命の立役者がイムホテプである。彼はジェセル王の宰相であり、建築、神学、医学、天文学などあらゆる分野に造詣が深く、のちに神格化されたほどの人物である。イムホテプなしにはピラミッドは誕生しなかったであろう。

図6－1　ジェセル王の階段ピラミッド

建設プロジェクトの指揮を執った彼は、太陽神の総本山であるヘリオポリスの神官でもあり、ピラミッド形状の葬送施設の発案は、太陽神信仰と深い関わりがあったことはまちがいない。

ジェセル王の階段ピラミッドは、首都メンフィスの墓地であるサッカラ砂漠台地のほぼ中央に位置する（図1－4参照）。ピラミッドは単体では存在していない。周壁のなかにピラミッド本体とさまざまな施設が内包され、コンプレックス（複合体）をなしている（図6－2）。

周壁（五五〇×二八〇メートル）内のほぼ中央に配置された階段ピラミッドは、その名のとおり六段の階段状に築かれている。この形状は一度の建設工程で生み出されたものではなく、増改築を経て完成された。

Ｊ・Ｐ・ロエールによれば、最初は正方形の石造マスタバであった（図6－3）。マスタバとは、アラビア語で「ベンチ」の意味であり、現代のエジプト人が使う背もたれのないベンチに似ていることからその名が付けられた。マスタバは、後述するように、ジェセル王以前のファラオや高官が用いた墓の形状である。つまり、ジェセルおよびイムホテプはそれまでの伝統を継承して当初、サッカラに墓を築いたのであり、マスタバ墓がピラミッドの祖型といえるわけである。

しかしその後、マスタバは横方向へ拡張され、さらに縦方向への増築を二回経て、高さ六二・五メートルのピラミッドが完成した。そのためか、ピラミッドでは唯一、平面が長方形を呈している（一二一×一〇九メートル）。

比較的小型の石灰岩ブロックを用いて、層状に積んでいる点も特徴的だ。層状とは、ブロックを中心に向かって傾斜させて幾層にも積んでいく方法である。断面からは斜めのラインが層状にみえる。

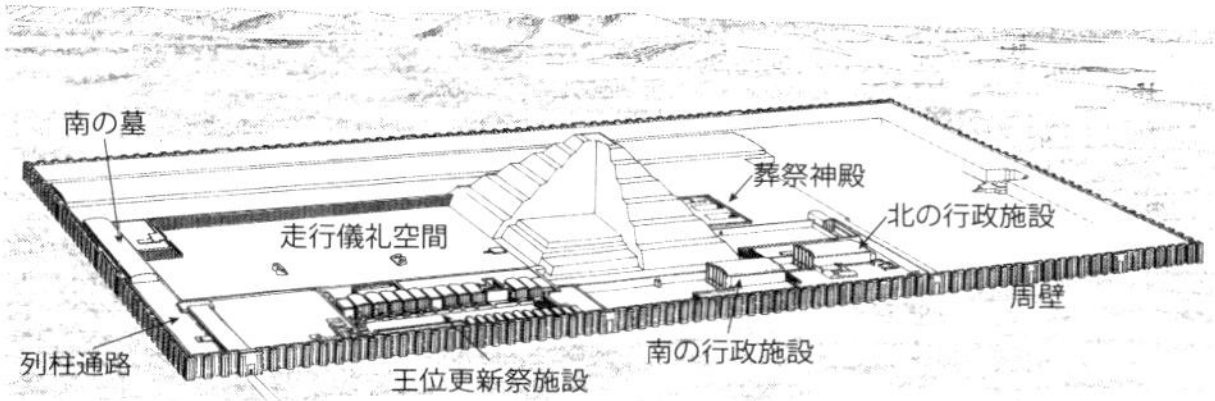

図6-2　ジェセル王のピラミッド・コンプレックス

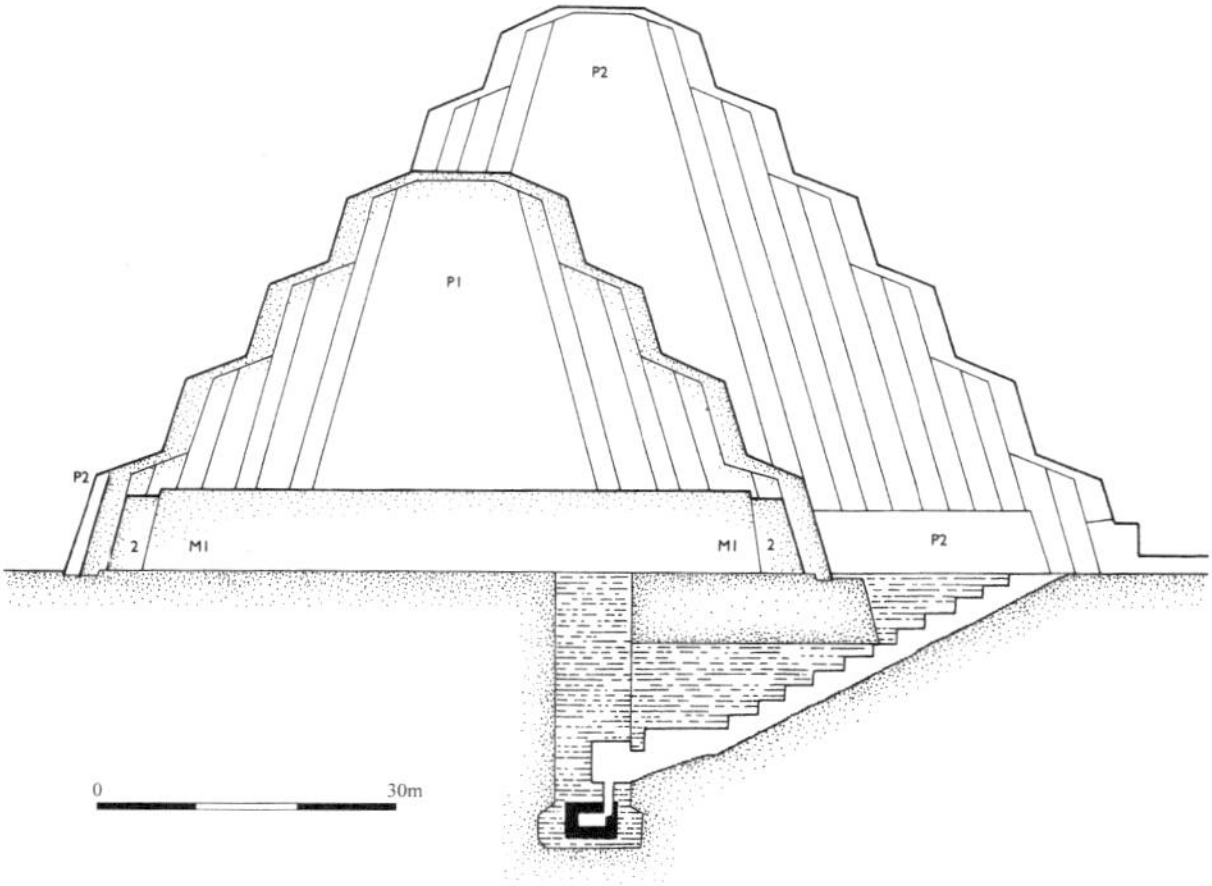

図6-3　階段ピラミッドの増築過程

ピラミッドの地下には、まっすぐ伸びる巨大なシャフト（竪坑）の底部に赤色花崗岩で築かれた玄室が設けられ、北側からの階段でもアクセスできるようになっている。玄室の周囲は、通路が複雑に走る巨大なギャラリーとなっている。有名な青色タイルで装飾されたセド祭（王位更新祭）のレリーフ（図3-12参照）は、この地下の一部にある。

地上の施設には、ピラミッド北面に隣接する葬祭神殿とセルダブ、エジプトの北と南をそれぞれ司るための二つの行政施設（パビリオン）、セド祭用施設、周壁の入口から続く列柱通路などがある。セルダブとは、閉ざされた小さな部屋の中にジェセル王の彫像が安置されたもので、王の魂が外界をみられるように北壁に一組の丸い穴が開けられている。ピラミッドの南側は広い中庭となっており、ここはセド祭の走行儀礼の象徴的な場とされる。

周壁内の南隅には「南墓」と呼ばれる謎の地下構造物がある。ピラミッドはないが、巨大な竪坑が地下に向かって垂直に伸び、その底部に赤色花崗岩の部屋がある。その周りにはギャラリーが走り、青色タイル装飾のレリーフも存在する。つまり「南墓」は、階段ピラミッドの地下と同じ要素を持っているのだ。その目的は、下エジプトのサッカラに対応する上エジプトの象徴とされ、「上下二国の支配者」たるファラオがここに表現されたと考えられている。

ジェセル王のピラミッド・コンプレックスは、そのすべてを石灰岩で築いた最初の石造建造物だが、しかしその意匠は、それまでの建造物が建材としていた葦や木などの植物をモチーフとしており、例えば石柱には束ねた葦が表現されている（図6－4）。これまでの伝統を受け継ぎながら、そこに永遠性を求めたのである。

これほどの大規模な石造建築を可能にするには、石材加工と建築技術の飛躍的向上のみならず、建材の調達や労働者を組織的に統制する必要がある。そこには、ジェセル王を頂点に据える強力な王権と国家の誕生が読み取れるのだ。

図6－4　階段ピラミッド列柱通路

†初期王朝時代の王墓

ジェセル王の階段ピラミッドは、突如として誕生したわけではない。マスタバが祖型であると述べたように、初期王朝時代の墓にその胎動がみてとれる。それでは、ジェセル王の階段ピラミッドを定点として、それ以前の王墓をみてみたい。

初期王朝時代になると、官僚などの高官墓は、首都メンフィスの墓地として新たに開発されたサッカラの北部に築かれた（図1－4参照）。一方、王墓は、先代にならって引き続きアビドスに建造された。どちらも墓の形態はマスタバであり、長方形の地上の建物と地下の埋葬室からなる。地上建物には礼拝所や副葬品を納める貯蔵室がある。地下埋葬室は、シャフトで地上とつながり、ここに被葬者のミイラが安置される。この形式は、支配者層の墓として中王国時代まで継続して造られた。

アビドスの王墓は、ウンム・エル＝カーブと呼ばれる砂漠内の墓地にある（図2－13参照）。ここには、先王朝時代（ナカダⅢ期）の支配者層の墓地（U－j墓など）もあり、初期王朝の王墓がそれから連続して南に展開することから、アビドスは王家の出身地とみなされている。

王墓は、全体プランはそれぞれ異なるものの、構造は基本的に同じであり、地下を掘って日干しレンガで造られた埋葬室とそれを取り囲む副室（貯蔵室）からなる。埋葬室はどれも激しく盗掘されているが、唯一発見されたジェル王のミイラ化された腕には、様々な貴石でつくられた装飾品が巻き付けられており、当時のファラオの豪華さをうかがい知ることができる。

地上の建物は残っていないが、日干しレンガで造られたマスタバ状のマウンドであったと考えられている（図6－5）。このマウンドは、「原初の丘」という古代エジプト人の世界観を反映したものとされる（第3章参照）。

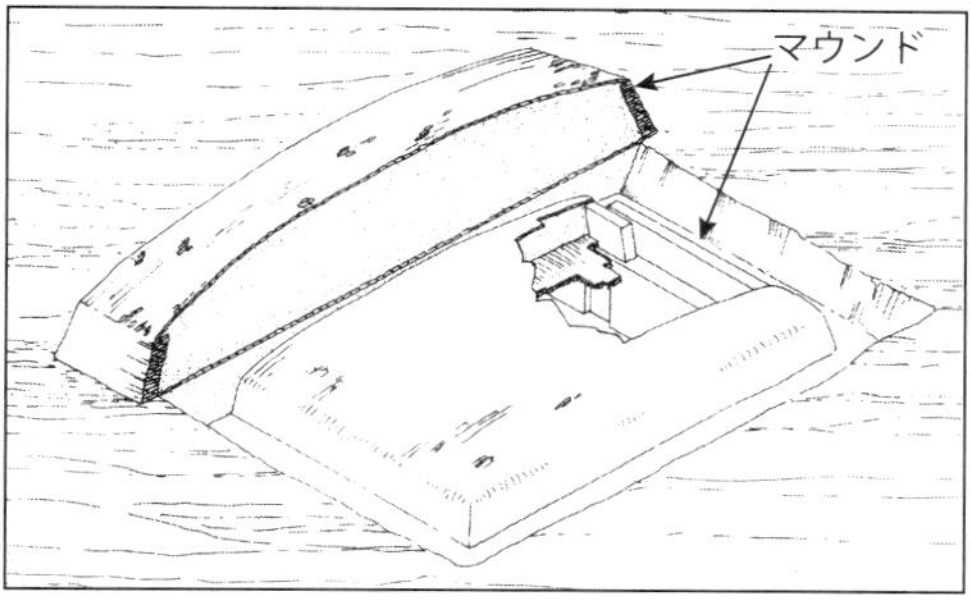

図6－5　ジェト王墓（復元図）

ピラミッドの萌芽

ピラミッドへの胎動としてまず挙げられるのは、石材の部分的な利用である。デン王の墓から埋葬室の床面に花崗岩が使われるようになり、カセケムイ王の墓では埋葬室の全面が石灰岩で構築されるようになる。また、サッカラの高官墓でも、同じくデン王の時期から、埋葬室の入口が巨石の落とし戸で封じられるようになる。つまりこの時代から、石材の加工と運搬の技術が徐々に高まっていったのだ。

ピラミッドの建築的要素の萌芽もこの頃からみられる。サッカラの高官墓では、第一王朝末からマスタバ内部に

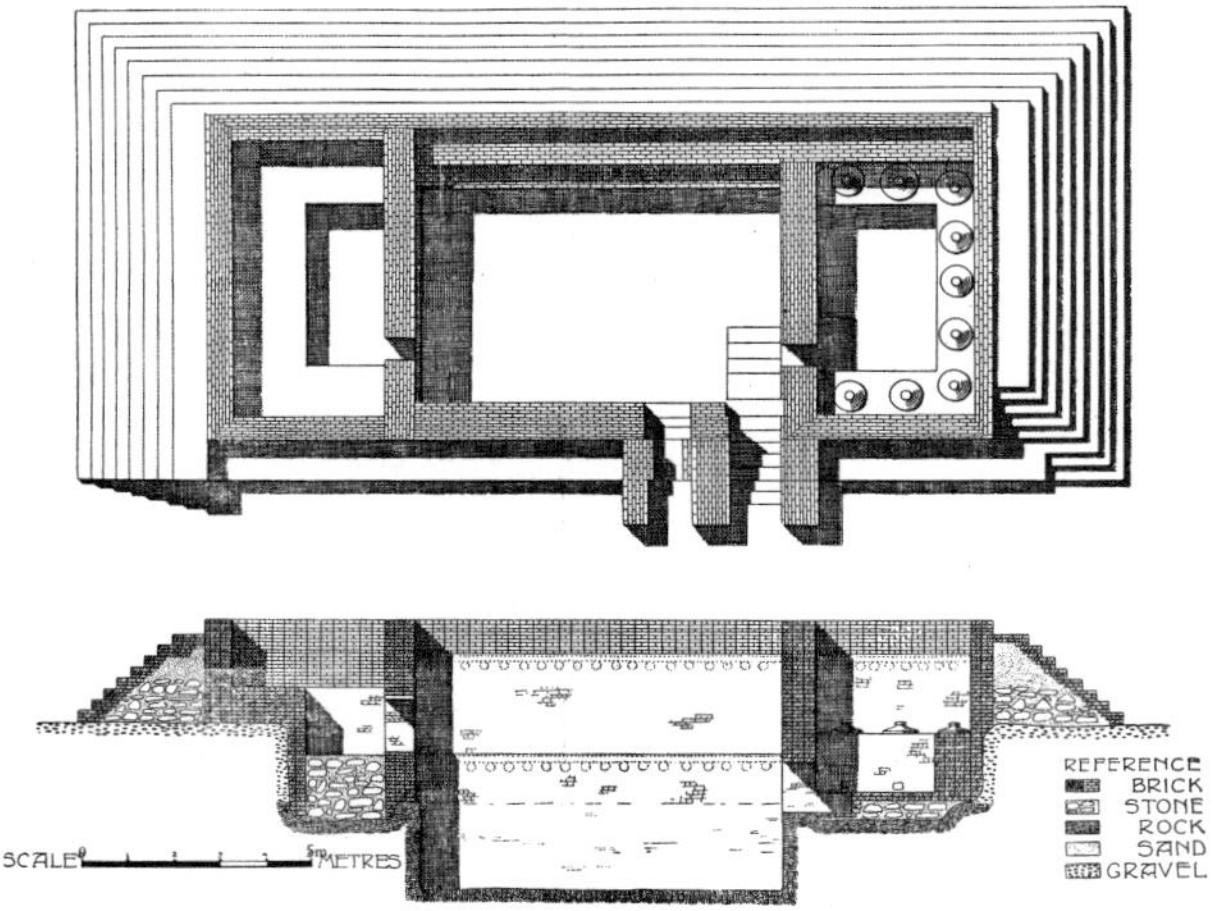

図6－6　高官墓にみるピラミッド要素の萌芽

マウンドや階段が造られるようになる（図6－6）。これは最終的に外壁に覆われて外見上はみえないが、階段ピラミッドへと建築的にだけでなく概念的にもつながっていくものだ。

第二王朝になると王墓地がサッカラへと移り、ヘテプセケムイとニネチェルの墓は、地下施設のみが発見されている。石灰岩の岩盤を掘って長い通路が幾本も走り、通路の両側に無数の部屋が並ぶギャラリーとなっている。まさに迷路である。その後、ペルイブセンとカセケムイは再びアビドスに戻り、大規模な王墓を建造する。カセケムイの墓は、日干しレンガで建造されているが、そのプランは先代の迷路構造にならっており、埋葬室を中心にギャラリー状に副室（貯蔵室）が並ぶ。このギャラリー状の地下構造は、ジェセル王の階段ピラミッドへと確実に継承されているのである。

†初期王朝時代の周壁

アビドスでは、墓以外にも王に関連する構造物がある。それは、砂漠の縁辺部に建造された巨大な周壁である（図6‐7）。これまで、整然と並ぶ八基の周壁が確認され、そのうち六基は建造者の王名（アハ、ジェル、ジェト、メレトネイト、カセケムイ、ペリイブセン）が同定されている。どれもレンガ造りで長方形をなし、もっともよく残るカセケムイ王の周壁は、幅一二六×六五メートル、高さ一一メートルもある。外壁は、王宮の外観を模倣したとされる凹凸壁（王宮ファサード）で飾られ、東面の北と南にそれぞれ入口がある。周壁の内部には、南東隅に小さなプラットフォームがあるのみで、それ以外には目立った構造物はなく、ただ広いオープンスペースとなっている。ちなみに、カセケムイの周壁近くからは、全長二七メートルもある木造船を納めた「船の埋納」も一四基発見されている。

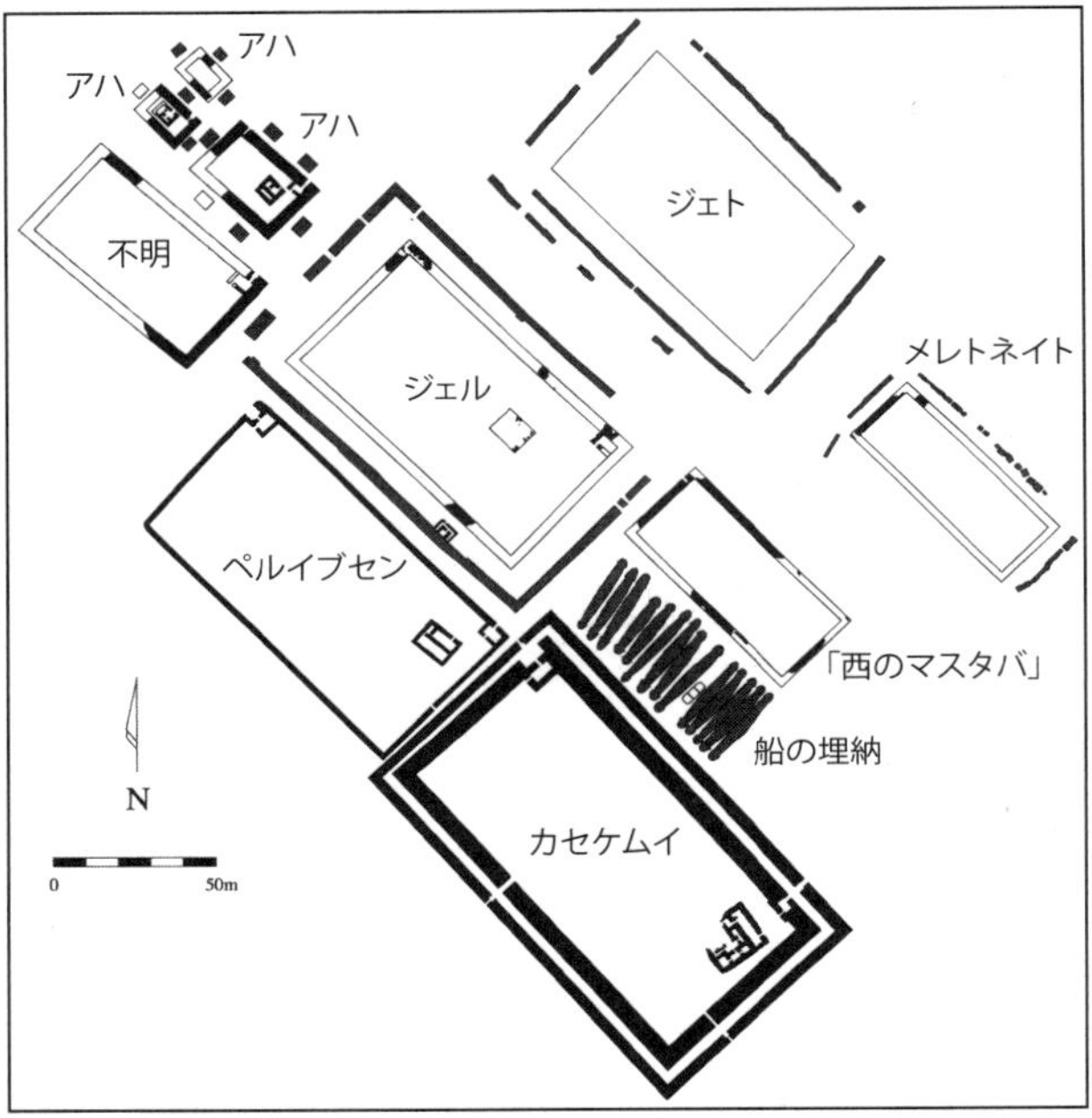

図6－7　アビドスの葬祭周壁

この周壁の用途について、ウンム・エル＝カーブの王墓とその埋葬や葬儀、または死後の葬祭に関連するものと解釈されてきた。そのため、「葬祭周壁」とも呼ばれている。しかし、近年調査を実施した、L・ベストックによれば、最後に建造されたカセケムイの周壁以外はどれも意図的に破壊されていることから、生前の王の儀礼祭祀の場であり、王の死とともに周壁も概念的に「殺し」て、一緒に冥界へと送るといった性格のものであったという。

†ピラミッド・コンプレックスの成立

ジェセル王の階段ピラミッドの成立は、アビドスで別々に造営されていた初期王朝時代の王墓と周壁の融合と考えられる。周壁は王の死とともに意図的に壊されていたが、初期王朝最後の王カセケムイではそれが踏襲されずに残された。周壁に対するコンセプトがここで変化し、死後も必要な施設となったのだ。そして、息子であるジェセル王は、周壁とマスタバを統合し、埋葬と死後も継続して祭祀活動を行う複合施設として、ピラミッド・コンプレックスを完成させたのである。

そう考えると、初期王朝時代の周壁の用途は、セド祭の場であったと考えるのが妥当である。それが、ジェセル王のピラミッド・コンプレックスの中庭に残されたのであろう。

このように、ピラミッド・コンプレックスは、先行する埋葬と祭祀の施設の建築的要素と、それらが有する象徴的機能を受け継いで完成されたのである。

†ピラミッドの建設場所

ジェセル王以降、古王国時代そして中王国時代のファラオたちはピラミッドを建造したが、建てられた場所はある程度限定される。それは、ギザからダハシュールまでのいわゆるメンフィス・エリアと、大穀倉地帯のファイユーム・エリアである。このエジプト北部の範囲の中で、すべてのピラミッドは、ナイル川西岸の砂漠台地に建造されている。

メンフィス・エリアとは、エジプト文明誕生と同時に築かれた首都メンフィスの墓地として造営された、サッカラを中心として南北に広がる地域である。一方、ファイユーム・エリアは、中王国時代に国土を再統一したファラオが首都イチ・タウイをファイユーム近郊に新たに建てたため、この時代のピラミッドが集中した。つまり、首都と王宮のある場所を中心に、ピラミッドは造られたのである。

†古王国時代の首都と王宮

古王国時代の首都はメンフィスにあったのだが、その様相は考古学的には把握できていない。文字資料からは、この時代のメンフィスの重要性は認識されるのだが、明確な建造物はこれまで発見されていないのだ。

その理由として、二つの意見が出されている。一つは、ナイル川によって遺跡が破壊されたというものだ。当時のメンフィスは川の東岸に位置していたため、その後の川の流路変更により流されてしまったという。

もう一つは、「キャピタル・ゾーン」という考え方である。これはM・レーナーが最初に提唱したものだが、首都の位置がサッカラ付近に固定したものでなく、南はダハシュールから北はアブ・ロワシュまで、およそ南北三〇キロメートルに及ぶ細長い範囲がいわゆるメンフィスであったとするものだ。古王国時代の歴代のファラオは、ピラミッドをこの範囲の砂漠地帯に場所を変えながら建造したが、ピラミッドに対応した沖積地に王宮を建設したのである。そこには、行政官僚、神官、建設労働者、彼らを支える使用人、職人なども集まり、都市機能を持つ「ピラミッド・タウン」が形成された。王の死後もそこは王の葬祭施設として継続するが、次の王は新たな場所にピラミッドと王宮を建造する。つまり、メンフィスの中心地は絶えず移動していたというのである。

この二つの意見はどちらも可能性が高く、特に後者は魅力的な考えだが、しかしまだ研究の途上にあり、さらなる考古学的証拠が必要である。

2　階段ピラミッドから真正ピラミッドへ

†崩れピラミッド

セケムケトなど第三王朝のファラオは階段ピラミッドを建設したが、第四王朝になるとピラミッドに大きな変化が起こる。真正ピラミッドの登場である。真正ピラミッドとは、側面が二等辺三角形をした我々がもっともよく知る形状である。

これを最初に考案したのが第四王朝最初の王スネフェルだ。驚くことにスネフェルは巨大ピラミッドを三基も建設したが、そこには真正ピラミッド完成までの試行錯誤がみてとれる。

スネフェル王はまず、ファイユーム入口のメイドゥームにて、最初のピラミッドの建設に着手する。現在「崩れピラミッド」と呼ばれるこれは、外装のブロックが崩れて内部構造が露呈しているが、そのために建設方法がよくわかる。当初、七段の層状階段ピラミッドとして建設に着手、その後、八段に拡大させた。しかしスネフェルは、ほかの二つのピラミッドの建設に着手したのち再びここを訪れ、階段部分に石材を積み、高さ九二メートル、底辺一四四×一四四メートル、角度五一度五〇分の真正ピラミッドへと変更させたのだ（図6－8）。

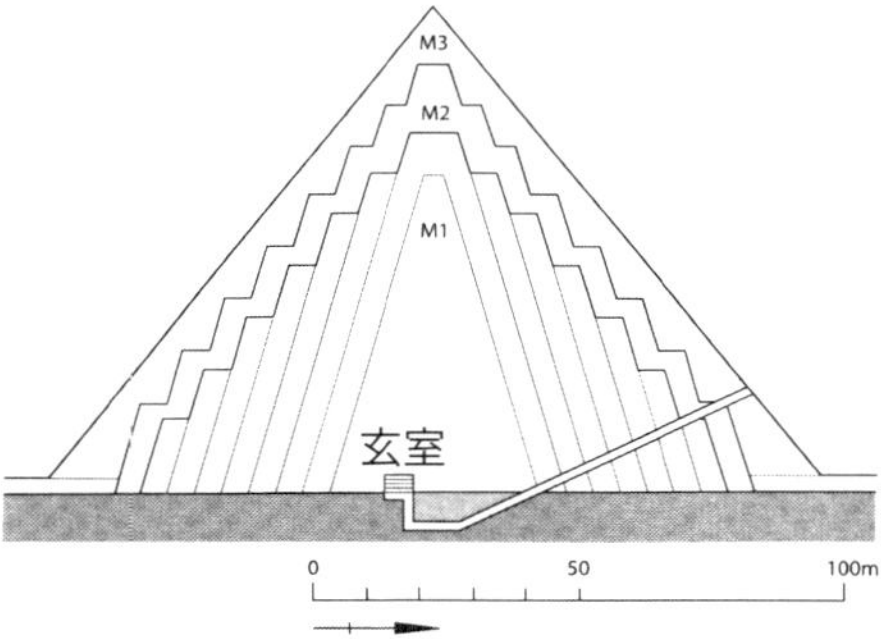

図6－8　メイドゥームのピラミッド

このピラミッドでは、他にも新たに誕生した要素がある。その一つは、玄室を地上レベルに設けたことだ。石材を積みながら玄室を造らなければならず、それには高度な建築技術が必要である。

また、玄室天井の「持ち送り積み」も新しい。これは、長い板状石材を一段ごと内側に張り出させて積んでいく建築技法である。持ち送り積み天井は、このピラミッドで初めて登場し、その後も長く引き継がれていく。

メイドゥームのピラミッドは、過渡期のものとして興味深い。いまでは崩れてしまっているが、それまでの伝統的な階段ピラミッドを核とし、水平積みという新たな真正ピラミッドの外観を併せもつ、いわばハイブリッドのピラミッドなのだ。崩壊した要因として、五一度五〇分という角度が急すぎたとの意見もあるが、後述するクフ王のピラミッドもほぼ同じ角度である。おそらく、二つの異なる建設方法を融合したがため、構造的に無理があり崩壊してしまったのではないだろうか。

†屈折ピラミッド

スネフェル王は、ダハシュールにてさらに二つのピラミッドを建設する。南の「屈折ピラミッド」と北の「赤いピラミッド」だ。屈折ピラミッドは、その名のとおり傾斜角度が途中で変化するのが最大の特徴だ(図6-9)。下部の角度は五四度二七分、上部は四三度二二分となっている。

この角度変更の意味についていくつか説が出されているが、最も有力視されているのが重量軽減策である。ピラミッドは当初、六〇度という急な角度で建設が始まったが、何らかの構造的な問題が発生したため、増築して一回り大きくしつつ角度を五四度に変更した。さらに、高さ四六メートルほど積んだ段階で内部構造にさらなる崩壊の危機が生じたため、四三度に切り替えて重量の軽減を図ったとされる。

たしかに、この説のとおり、内部にはヒビ割れを補修した痕跡がある。ただしそれだけではなく、角度変更には王が求める角度と建築技術の変化があったとも考えられる。ピラミッドの下部は、ブロックを内側に傾けて積む伝統的な建築方法だが、上部は水平に積むという新たな方法をとっている。そしてこの上部は、スネフェル王のもう一つの赤いピラミッドと、傾斜角度と水平積みの点で共通する。つまり、屈折ピラミッドの下部を建設していたある時点で、スネフェル王は赤いピラミッドの建設に着手し、これが王の最終的に求めた角度であったため、屈折ピラミッドの上部の角度もそれにならって変更したとも考えられる。また、赤いピラミッドでは基礎部から水平積

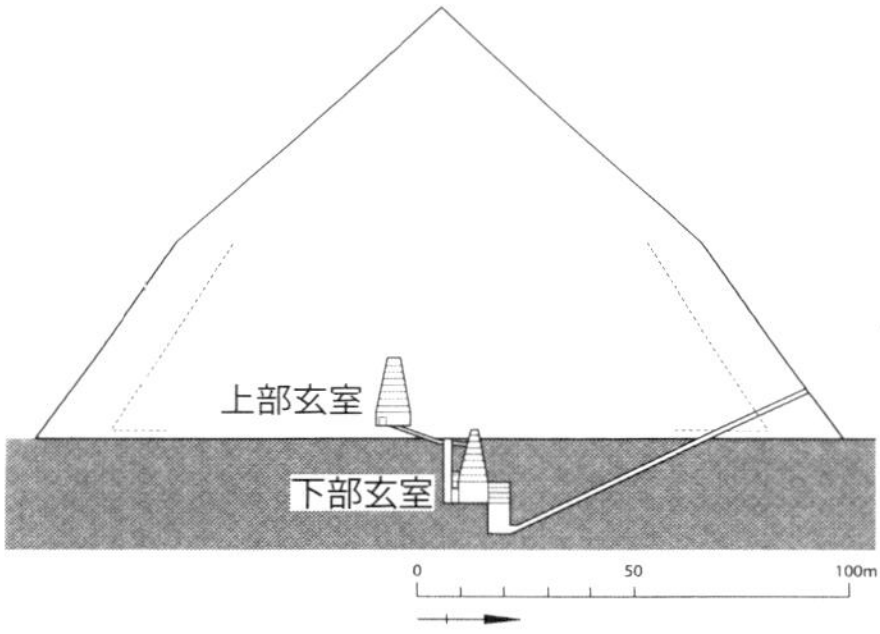

図6-9　屈折ピラミッド

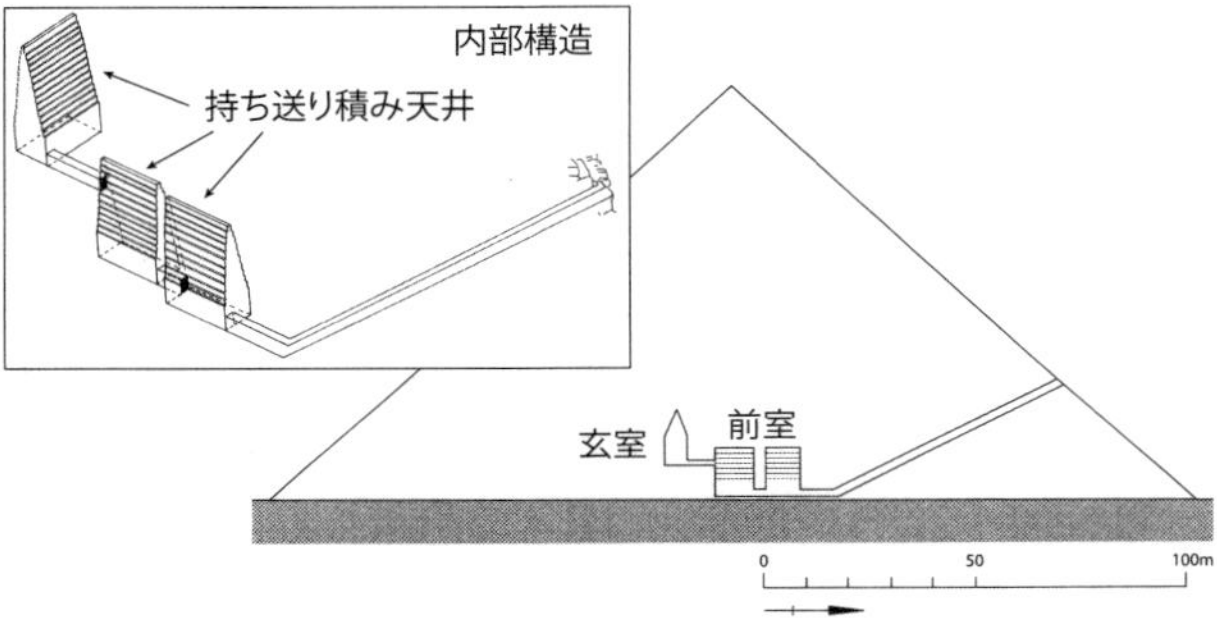

図6-10　赤いピラミッド

みであり、この新たに採用した建築方法を屈折ピラミッドでも実践したのかもしれない。

屈折ピラミッドは、内部構造も特異である。持ち送り積み天井の玄室が上下に二つあり、入口もそれぞれ異なる。北面に入口をもつ下部玄室は、岩盤を掘った地下にある。西面の入口からアクセスする上部玄室は、地上レベルにある。この二重構造の目的は定かではないが、ジェセル王の階段ピラミッドで「南墓」が設けられたように、「上下二国の支配者」を意味するのかもしれない。

†赤いピラミッド

一方の赤いピラミッドは、基礎部から頂部までブロックを水平に積み、傾斜面を一直線にそろえた、エジプトで最初の真正ピラミッドである（図6-10）。名前の由来は、石材として近くで採掘した石灰岩が薄茶色であったため、太陽の光を浴びて赤く輝くからだ。

底辺二二〇×二二〇メートルは、クフ王のピラミッドに次ぐ規模である。傾斜角度は四三度とエジプトのピラミッドの中でもっとも緩やかである。それは屈折ピラミッドの建設で経験した崩壊危機を回避するためといわれている。たしかにダハシュールの岩盤はあまり硬質ではないため、ピラミッド全体の重量を抑えるために角度を下げる必要はあったであろう。しかしそれでも、屈折ピラミッド上部と赤いピラミッドが同じ傾斜角度であることには、何らかの意味があろう。四三度は、スネフェル王が最終的に欲した角度であり、それを建築家たちが実現したのではないだろうか。

赤いピラミッドは、その内部構造でも大きな進化を遂げている。それは、二つの前室を経て辿り着く玄室を、地上レベルよりさらに上の空間に構築していることだ。これはまさに革新であり、スネフェル王によるこの建築技術の進化があって初めて、息子クフの大ピラミッドは実現するのである。

3　ピラミッドの絶頂期

†ギザ台地の開発

クフ王は、ダハシュールから二〇キロ北のギザ台地をピラミッド建設地に選定した（図6－11）。その理由は、ピラミッド建設に耐えうる広く強固な岩盤があること、そして、太陽神の総本山ヘリオポリスが拝めることであったと考えられる（巻頭地図参照）。ヘリオポリスとは、ギリシア語で「太陽の町」の意味であり、古代では「イウヌウ」または「オン」と呼ばれていた。ナイル東岸にあり、中王国時代のセンウセレト一世が建立したオベリスクが今も建っている。

ギザ台地には、クフ、カフラー、メンカウラーの三人のピラミッドが聳えるが（図6－12）、それらの南東隅を結んで直線を描くと、まっすぐ北東のヘリオポリスにつながる。つまり、ギザ台地のピラミッドは、太陽神信仰の中心地ヘリオポリスを指向して建設されているのだ。

図 6-11　ギザのピラミッドとスフィンクス

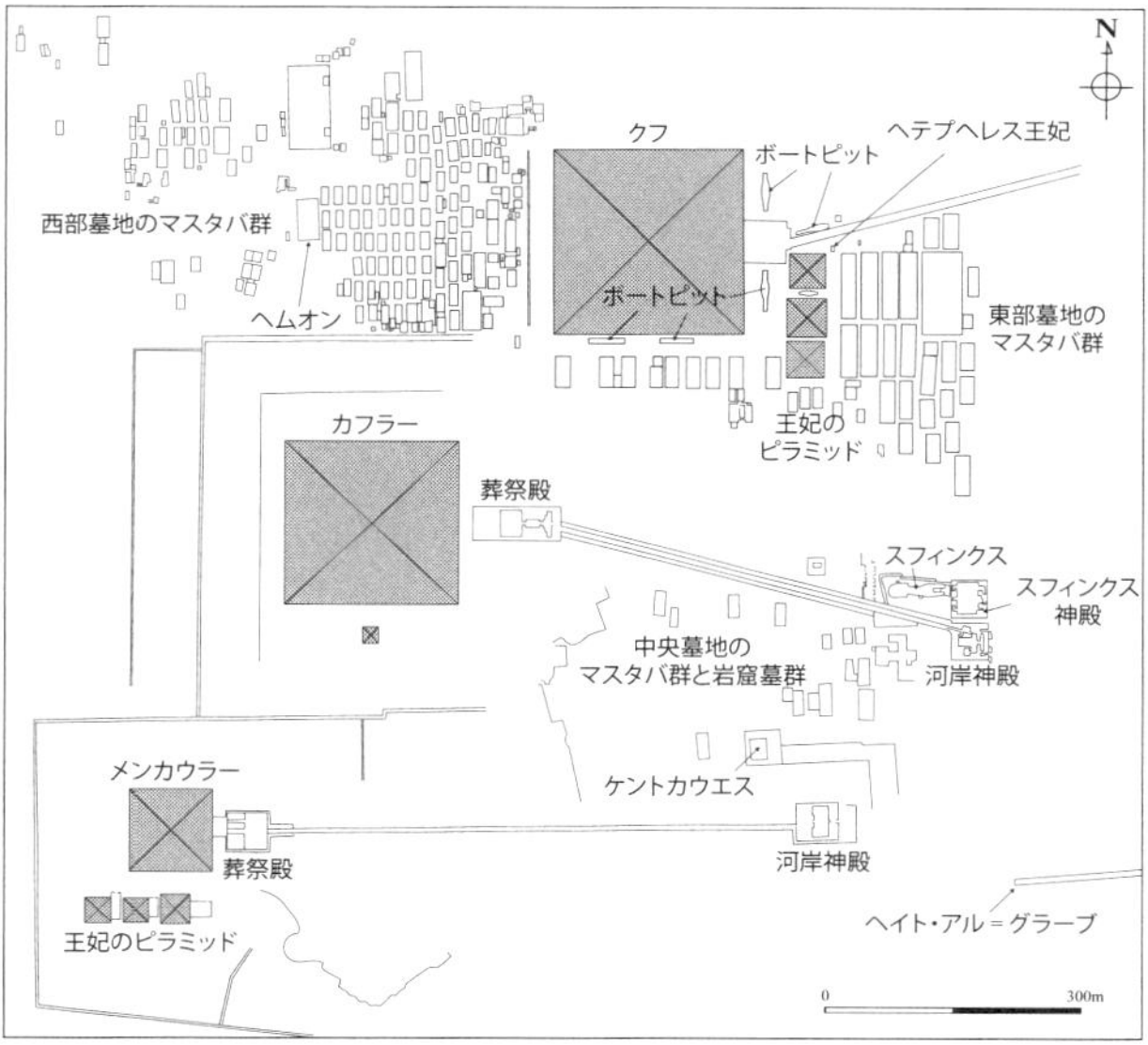

図 6-12　ギザ台地

ダハシュールからギザへとピラミッド建設地が移動した理由は、まさにこのヘリオポリスの重要性にあろう。なぜなら、ダハシュールからはナイル東岸のモカッダムの丘が邪魔してヘリオポリスが望めないからだ。太陽神信仰のさらなる高まりにより、クフ王は広大なギザ台地に建設場所を決めたのだ。

ギザ台地には、ピラミッド以外にマスタバなどが数多く建造され、この時代で最大規模の墓地であった。空から台地を眺めると、ピラミッドを中心としてマスタバが整然と立ち並んでいることに驚く。例えば、クフ王ピラミッドの東と西ではそれぞれ、すべて南北方向に軸をそろえ、マス目状に規則正しく配置されている。分譲住宅さながらである。これは、墓地の青写真がギザ台地の造営当初からすでにできていて、極めて計画的にピラミッドとマスタバが建造されたことを示す。

しかしこれほどまでに計画的な墓地造営がなぜできたのか。おそらくこのレイアウトは、生者の町、つまり王宮とその周りを官僚たちの邸宅が取り囲む環境そのものを反映しているのであろう。事実、クフ王ピラミッドの東方では、現在宅地となっているその地下で、参道と河岸神殿、そして王宮と思われる建物の一部が発見されている。この生者の町があるからこそ、計画的な墓地が造られたのであろう。まさにギザ台地は、死者の町なのである。

†クフ王の大ピラミッド

クフ王のピラミッドは、高さ一四六メートル、底辺二三〇×二三〇メートルと人類史上最大のピラミッドである。スフィンクスの傍らからギザの三つのピラミッドを眺めると、中央のカフラー王ピラミッドのほうが高くみえるが、それはクフ王のピラミッドよりも高い場所に建てられたからである。

このピラミッドの特異性は高さだけでなく、その複雑な内部構造にもある（図6-13）。北面の入口から伸びる「下降通路」は長さ六〇メートル、岩盤下三〇メートルまで下って「地下の間」に到達する。下降通路は岩盤レベルのあたりで「上昇通路」へとつながり、せまい通路を昇ると、高さ

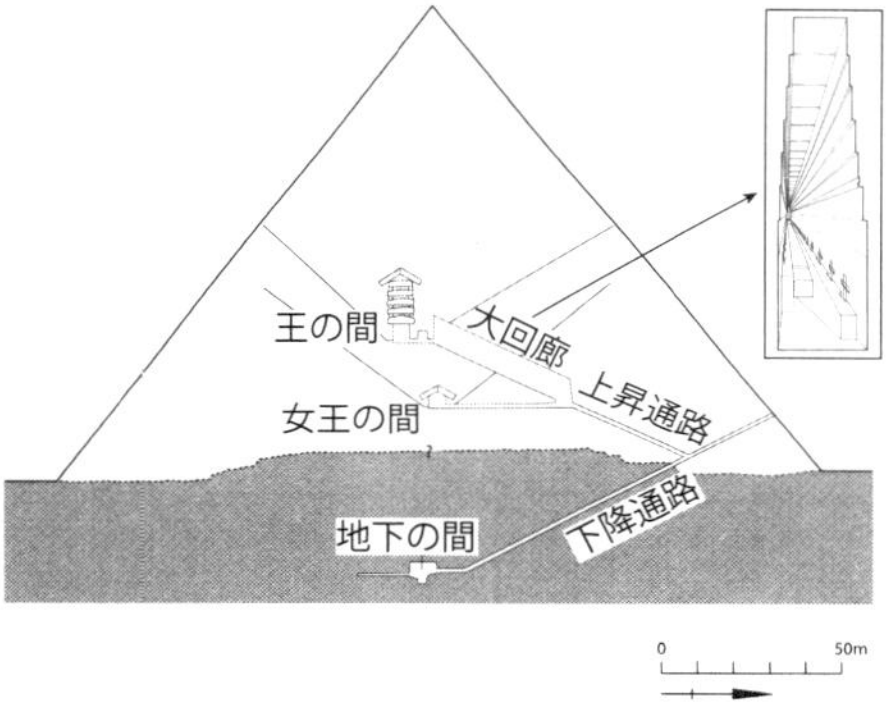

図6-13　クフ王のピラミッド

が九メートルもある「大回廊」に辿り着く。大回廊は、先代スネフェル王の建築技術を取り入れた、持ち送り積み天井で築かれ、上昇しながら四七メートルほど続いていく。

大回廊の入口からは水平に南に伸びる通路があり、ピラミッドの中心軸上に位置する「女王の間」へとつうじる。女王の間は、王妃などを埋葬するためではなく、クフ王の霊が宿る彫像を置いたセルダブとして用意されたとの意見もある。

大回廊をさらに進むと、「王の間」と呼ばれる玄室に辿り着く。王の間は全体が巨大な赤色花崗岩で造られているが、紙一枚入る隙間もなく積まれ、その精度の高さに驚かされる。この王の間に存在する唯一のものが、蓋のない赤色花崗岩の石棺だ。

王の間の上には、五層からなるいわゆる「重量軽減の間」がある。これはそれまでのピラミッドになかったものだ。一般的には、王の間にかかる重圧を軽減させるために設けられたとされる。かつての探検家たちは、そこにクフ王の財宝が隠されていると思い、ダイナマイトで破壊しながら一段ずつ昇っていったが、結局は何もなく徒労に終わった。しかしその最上層で、クフ王のカルトゥーシュが発見された。実際にはこの王名は、石材の運搬を指示するために記された労働者グループの名前の一部なのだが、これがピラミッド内でクフの名を示す唯一の文字となっている。

これまで判明したなかで、これほど複雑な内部構造はクフ王のピラミッドだけであり、その建築技術はまさに驚愕である。それを成し遂げたのが、クフ王の宰相であり建築家であったヘムオン（またはヘムイウヌウ）だ。スネフェル王の時代に培った技術をベースに、ヘムオンの創造性が発揮され、大ピラミッドは完成されたのだ。

†完成当時のピラミッド

どのピラミッドでも、完成時は表面がツルツルで光り輝いていた。核となる石材は、ピラミッドのすぐそばで採石された石灰岩である。そして最後に、ピラミッド全体の外装として化粧石が葺かれるのだが、積んだ後に斜めにカットされ、滑らかに仕上げられた。この化粧石だけは、ナイル東岸のトゥーラで採石される良質で真っ白な石灰岩が用いられた。トゥーラからブロックを船に乗せて、ナイル川と運河をとおって運び込まれたのである。

いまでは化粧石が持ち去られ、近くで採石された石灰岩を積んだ内部が露呈しているため、ピラミッドは薄茶色に見える。しかし完成当初は、太陽光を反射して真っ白に光り輝いていたのだ。唯一、カフラー王のピラミッド頂部には、その化粧石が残っており、往時の滑らかな外観を留めている。

†大スフィンクス

ギザ台地には、屹立する三大ピラミッドを背にして、スフィンクスが鎮座している。古代においては「シェセプ・アンク・テム（アトゥム神の生きし像の意）」と呼ばれていた。略称の「シェセプ・アンク」がギリシア語に訛って、「スフィンクス」となったようだ。

この大スフィンクスは、石材を積んで造られたのではなく、ピラミッドの採石活動で周囲の岩盤が掘り下がっていくなかで、石灰岩を彫り抜いて造られたものである。高さ二〇メートルもあり、およそ五階建てのビルに相当する。その高さからも、ギザ台地の地形を変えるほどの大規模な採石活動が行われていたことが理解できるだろう。

もともとは付け髭があり（後世に付け加えられたとの意見もあり）、全体は赤色に塗られていた。付け髭は、ナポレオンの遠征隊により発見されたが、フランス軍に勝利したイギリス軍が奪いとり、現在は大英博物館に所蔵されている。

大スフィンクスの目的は、この神聖なピラミッド・フィールドを守ることであったと考えられる。初期王朝時代からすでに墓地などの聖域には、ライオン像が設置されていた。ギザの大スフィンクスはライオンの体とネメス頭巾を被ったファラオの顔をもつが、それは、ライオンの力強さと王権力を融合させた守護神を表現している。真東を向いていることから、太陽神信仰との強い関わりもあったと考えられる。

造られた年代について、クフ王の時期とする見解もあるが、カフラー王とする意見が多い。どちらも顔の表現を主な根拠としているのだが、これはあまりあてにはならない。美術的にではなく、あくまで考古学的に考えるべきであろう。肩を寄り添うように建てられたスフィンクス神殿とカフラー王の河岸神殿は、同時に造られていることが基礎部の調査から指摘されている。ただし、スフィンクス神殿は、大スフィンクス底部の岩盤から採石された石灰岩ブロックを用いて造られていることが判明しており、大スフィンクス自体の製作は、カフラー王以前と考えられる。よって、大スフィンクスと神殿はカフラー王の時期に完成をみるが、その計画や着工はギザ台地の開発を始めたクフ王のときまで遡るといえる。

†夢の碑文

大スフィンクスに対する信仰は、新王国時代に再興する。「ホル・エム・アケト（地平線のホルスの意）」という神の姿として崇められ、近くに神殿や礼拝所が建立された。こうした信仰のなかで最も有名なのが、トトメス四世の「夢の碑文」である。スフィンクスの前足の間に建てられた大きな石碑であり、そこには以下の内容が刻まれている。「トトメス四世が若き王子の頃、狩りに出かけたギザの砂漠で昼寝をしてしまう。そうしたら夢の中にスフィンクスが現れ、私を砂からかき出してくれれば、ファラオにしてあげようと告げる」。

それを実行したトトメス四世は、はれてファラオに即位することができたわけである。この碑文は、王位の正統性を誇示するためともいわれているが、古王国時代の大スフィンクスはトトメス四世の時代から一〇〇〇年以上も昔のものであり、当時砂で埋もれていたスフィンクスを「発掘」した彼は、エジプト最初の考古学者といえる。

4 ピラミッド・コンプレックスの意味

†構成要素

ピラミッド・コンプレックスは、ジェセル王の階段ピラミッドに始まるが、その当初からすべての構成要素が揃っていたわけではない。時代とともに、不要な施設は除かれ、必要なものが加えられながら、標準的なコンプレックスが完成した。

構成要素の配置も時代とともに変化した。ジェセル王の階段ピラミッドでは、葬祭殿がピラミッドの北面に設けられ、配置の軸線は南北方向であったが、メイドゥームのピラミッド以降は、葬祭殿が東側に造られ、参道と河岸神殿も東側と軸線が東西方向へと変化する。東西方向への軸線のシフトは、太陽神信仰との関係にあり、東の地平線から昇る太陽を拝むため東を向くようになった。

標準的なピラミッド・コンプレックスの構成要素は、周壁に囲まれたピラミッドの周りに、小型ピラミッドと葬祭殿が配され、それと河岸神殿が参道で結ばれている（図6－14）。ちなみに、河岸神殿はもともと港湾施設であり、参道は物資を運ぶ傾斜路であった。

†機能

これらの要素はそれぞれ役割をもっていた。河岸神殿は「俗と聖の境界」である。そこから参道で結ばれる葬祭殿は「王の彫像への供物奉納と、王の再生復活を祈る場」。そして、その背後に鎮座するピラミッドは「王が再生復活を果たし、昇天する場」である。

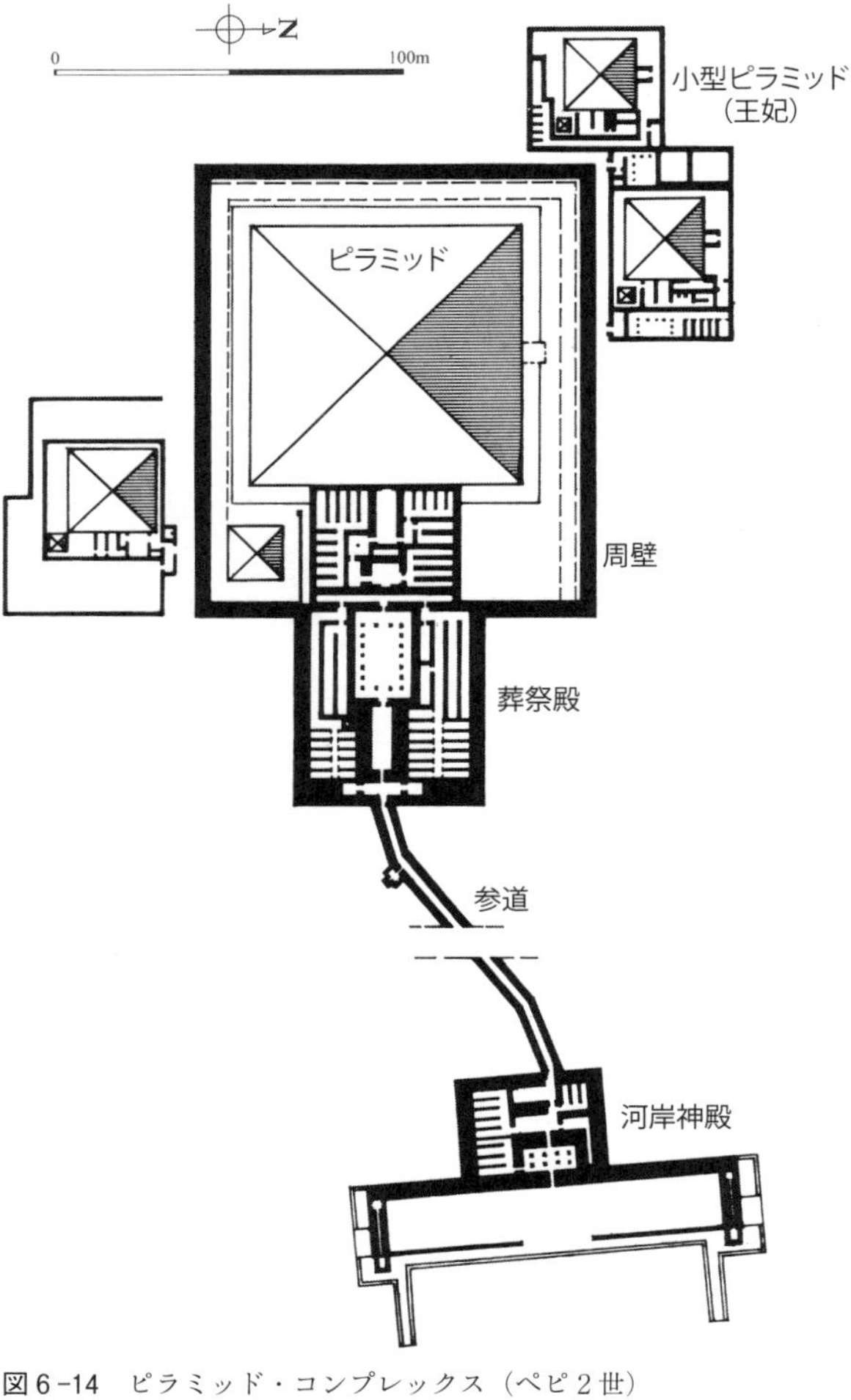

図6-14　ピラミッド・コンプレックス（ペピ２世）

つまり、ファラオが再生復活する装置なのだが、D・オコーナーによれば、ピラミッド自体は「原初の丘（ベンベン）」を、そしてピラミッド・コンプレックス全体で「世界（コスモス）」の概念を具現化しているという。前章で述べたように、J・アレンは、ピラミッド・テキストから「ファラオの魂が冥界のドゥアトから天へと昇るため」というピラミッドの機能を導いたが、地上のコンプレックスは、そのピラミッドとして表現された原初の丘を中枢とするコスモス全体なのである。

ファラオはコスモスの統治者であり、ファラオが日々太陽のごとく冥界から復活することでコスモスは再生・安定するのである。それを願って葬祭殿では日々、亡きファラオの影像への供物儀礼が行われる。これこそが、ピラミッド・コンプレックスの目的なのだ。

†なぜピラミッドとなったのか?

オコーナーは、ピラミッド・テキストが出現する古王国時代後半に限定してこうした解釈を述べているが、しかしピラミッド・コンプレックス建設の開始当初からこの概念はあったと考えられる。ジェセル王のコンプレックスには、南側にセド祭の走行儀礼の広い空間が備わっている。セド祭は王が生前に執り行う儀式であるが、支配力を再生復活させる点でコスモロジーの概念とも通底する。

上述したように、ジェセル王の階段ピラミッドは、最初は巨大なマスタバであった。それが階段ピラミッドへと発展した理由は、太陽神信仰の深まりにほかならない。すべての源である太陽が日々冥界から再生復活するという思想である。ファラオを太陽神のごとく復活させるためには、確実に魂を天空の太陽の船へと届けなければならず、その装置をより高くする必要があった。そこで、階段状のピラミッドへと変貌を遂げたのであろう。

もちろん、北の周極星を指向する意図もあったであろうが、ジェセル王はヘリオポリスでの建築活動をすすめ、イムホテプがヘリオポリスの大司祭であったことからも、太陽神信仰の高まりがピラミッドの発案に強く影響をもたらしたといえる。

装置は高ければ高いほどよい。そのため、クフ王まで巨大化の一途をたどっていく。第四王朝に正四角錐の真正ピラミッドが生まれるが、それは、「天へと昇る階段」という機能のみならず、「天から降り注ぐ太陽光線」を凝結させたものと考えられる。その意味で、まさにアトゥム神やラー神の顕在であり、そこに太陽神信仰の絶頂がみてとれる。

†ピラミッドは権威の強化?

認知考古学の観点から人類のモニュメントを分類した松木《まつき》武彦《たけひこ》氏によると、ピラミッドは仰視型にあたる。仰視型とは、直線と角を基調とする三次元の巨大構造物であり、まさに仰ぎみるモニュメントである。メソポタミアのジグラッドなどもこれに分類される。

ヒトが進化する過程で身に付けた認知のしくみでは、視線を下から上に導くピラミッドの形状は、物理的な上下のイメージを社会的な上下の関係になぞらえるヒト共通の心理的はたらきにより、その頂に君臨する王や神に対する畏敬の念を高め、その下に集まった人びとの帰属意識や連帯感、奉仕の感情をうながすという。こうした仰視型は、文明形成まもない社会に特徴的なモニュメントであり、王の権威を強化するといった社会的役割を演じるにふさわしく思いつきやすいかたちであるという。

松木氏による認知考古学のアプローチは、現代的な視点からピラミッドの形状の意味を説明しており、興味深い。たしかに、エリートが台頭する先王朝時代からピラミッドが誕生する古王国時代まで、支配者のモニュメントは強烈な印象を与えるほどに巨大化し、権威誇示のようにもみえる（図6-15）。だがしかし、モニュメントによる権力や不平等の制度化は遅くとも初期王朝時代には完了し、ピラミッド・コンプレックスは目的と規模がそれとはまったく異なる。古王国時代には、ファラオの権威とそれを頂点とする中央集権

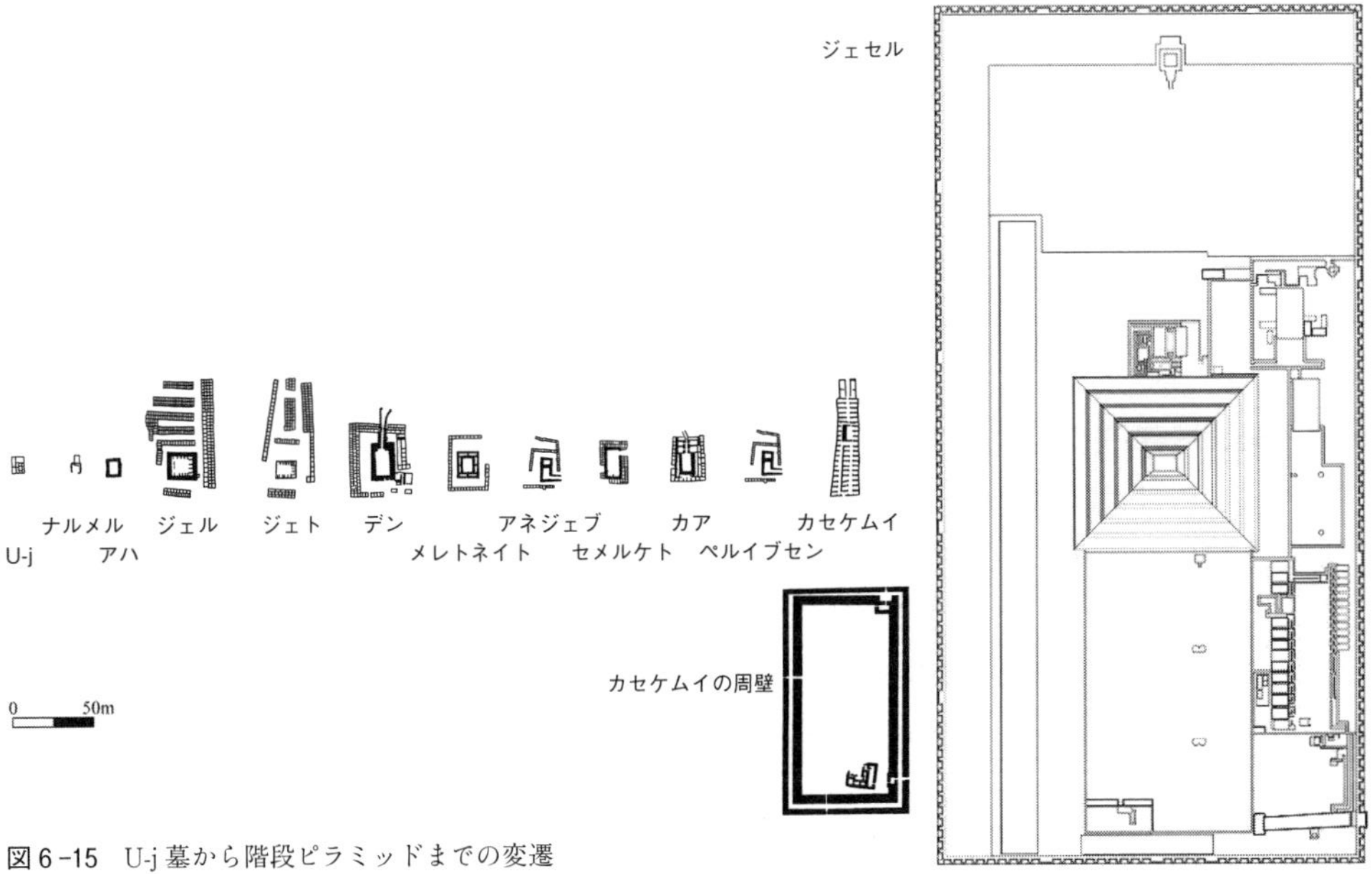

図6-15　U-j墓から階段ピラミッドまでの変遷

国家は不動なものとなっており、そうでなければ、あれほど巨大で総石造の構造物を造り上げることはできない。

ピラミッドのかたちのみで解釈してはならない。ファラオの権威を示す効果はあったかもしれないが、それは副次的なものであり、そこに世俗的な目的はない。ピラミッドの形状は王の魂を昇天させるためであり、コンプレックス全体がコスモロジーの実践の場であり、世界の安寧を求めた装置なのである。

5 ピラミッド建設にまつわる誤解

†建設労働者は奴隷？

ここでついでながら、ピラミッド建設に関するいくつかの誤解をといておこう。

ピラミッド建設に携わった労働者が奴隷であったとのイメージは、いまも根強い。その根源の一つは、ヘロドトスの『歴史』にある。「……ケオプス（クフ）は、国民を世にも悲惨な状態にさせた、と祭司たちは語っていた。……エジプト全国民を強制的に自分のために働かせたという」。そのため映画などで、ムチで叩かれながら石材を運ぶ労働者のシーンが創られ、「労働者＝奴隷」のイメージが一般化した。

しかし近年の考古学的調査により、このイメージからの脱却が図られている。それに大きく貢献しているのが、M・レーナー率いるアメリカ隊による労働者住居の発掘である。大スフィンクスの東四〇〇メートルには巨大な壁体「ヘイト・アル＝グラーブ（カラスの壁の意）」があるが、それを境界とした南側に広がる計画的な町並みを持つ集落が発見された。カフラー王とメンカウラー王のピラミッド建設時の集落とされる。

注目すべきは、周壁と目抜き通りで仕切られたギャラリーと名付けられた区域であり、そこには、同一スペックの家屋が立ち並ぶ。長軸五〇メートルもある長方形の家屋には、細長い部屋が二列に並び、ここが労働者たちの寝泊まりする場所であったとされる。奥には台所も備わっている。調査隊が現場で試したところ、四〇〜五〇人は寝られるようであり、建設労働者の一グループが一つの家屋で寝起きを共にしていたのであろう。

その労働者たちの胃袋を満たすため、集落内の工房ではパンとビールが大量に生産され、毎日ウシやヒツジがふんだんに屠られた。ほかにも魚や野菜なども提供され、ピラミッド建設に携わった労働者たちにとってはありがたいほど潤沢な生活を送っていたようだ。

さらに、労働者住居のとなりで、かれらの墓地も発見されている。大きな成果は人骨の分析であり、男女ともに腰や膝の関節炎を患い、腕や脚を骨折していた。ピラミッド建設の過酷さを物語っている。ただし、骨折した箇所は綺麗に治癒し、外科治療を受けた痕跡もあるという。

このように、ピラミッド建設の労働者は、住まいと豊富な食糧を与えられ、怪我の治療までも受けていた。つまり、かれらは奴隷ではないのだ。建設作業には、石工からパン職人にいたるまで、およそ二・五万人が従事したと見積もられている。その大部分がパートタイムで雇われた農民であり、かれらは通年で働く監督官や熟練工たちによってうまく管理統制されていたようだ。

†ピラミッドは公共事業?

しばしば、ピラミッド建設が「農閑期の農民の雇用対策としての公共事業」であるとの意見も耳にする。しかし、まず前提として、エジプトの土地と人はすべて神またはその化身であるファラオのものであるため、そこで行われる活動はすべて国家に属する。

その意味で、ピラミッド建設も「公共事業」になるかもしれないが、現代におけるそれは、国民の生活に役立つため、またはサービスを提供するための行政による事業である。だが、ピラミッドは臣民のために建造したのではなく、ファラオの再生復活、そして世界の安定のためである。雇用対策や公共事業といった世俗的な意味合いはないのだ。古代エジプトの臣民をピラミッド建設に突き動かしたのは、まさに王への忠誠や神への信仰なのである。

また、建設作業が農閑期のみとする点もなんら根拠がない。おそらく、増水期のナイルを利用したほうが石材の運搬がしやすいからであろうが、それは対岸のトゥーラから化粧石を運ぶ必要のある建設の最終段階のことであり、農閑期のわずか数カ月のみの作業では到底間に合わない。

例えば、クフ王のピラミッドでは一個平均二・五トンのブロックが、研究者によって異なるが、二三〇万または三〇〇万個使われたと計算されている。仮に二三〇万個としても、クフの在位期間は二三年間なので、一年一〇万個、一日で約三〇〇個を積み上げなければ完成しない。もちろんこの数は、ピラミッド内部がすべてブロックで満たされていればの話であり、実際には砂や瓦礫が充填されている箇所もある。しかしそれでもなお、その数は途方もなく、通年の作業でなければ成し遂げられないのだ。

†ピラミッド労働者の出勤簿はない

余談であるが、ピラミッド建設労働者が「二日酔いで仕事を休んだ」という記録があると、ネットなどに書かれているようだ。私もその取材を受けたことがある。しかしこれは、まったくのデマ。こうした労働者の出勤簿の発見は、ラメセス二世治世四〇年のものであり、古王国時代から一〇〇〇年以上たった新王国時代なのである。それは、ルクソールの「王家の谷」で王墓造営などに携わっていた職人たちの町デル・エル＝メディーナで発掘された出勤簿のオストラカである（大英博物館所蔵）。

石灰岩片にメモ書きしたオストラカには、四〇人の作業員名、その横に日付と欠勤理由が記録されている。病欠（眼の病気など）が多く、妻や子どもの面倒をみるため、祭りに参加するため、祭事用のビールづくりのため、さらにはミイラづくりや葬儀のためなどの理由もあり、当時の実生活が垣間みえる面白い資料となっている。

出勤簿ではないが、ピラミッド建設に関わる作業記録のパピルスは近年、紅海沿岸のワディ・エル＝ジャルフという港湾施設の遺跡で発見された。この最古のパピルス文書には、指揮官メレルの日誌もあり、クフ王のピラミッド・コンプレックスにトゥーラから石材を運搬した作業内容などが記録されていた。こうした文書のさらなる発見があれば、二日酔いのピラミッド労働者の存在もあきらかになるかもしれない。

6　ピラミッド時代の終焉

†縮小していくピラミッド

ピラミッドの建設は、クフ王の大ピラミッドを頂点として、その後、規模が縮小していく。ただしそれは、単なる衰退ではない。

第五王朝になると、ファラオはギザ台地を離れ、サッカラとアブ・シールにピラミッド・コンプレックスを建てるようになる。例えば、アブ・シールに建設されたサフラー王のピラミッドは、底辺が七九×七九メートルとクフ王ピラミッドの八分の一の面積である。また、石材の積み方も粗い。その一方で、葬祭殿や河岸神殿などの付属施設がより複雑になり、壁面は精巧なレリーフ装飾で満たされるようになる。さらに、ウナス王のピラミッドから、「ピラミッド・テキスト」と呼ばれる宗教文書が、内部の部屋の壁面にびっしり

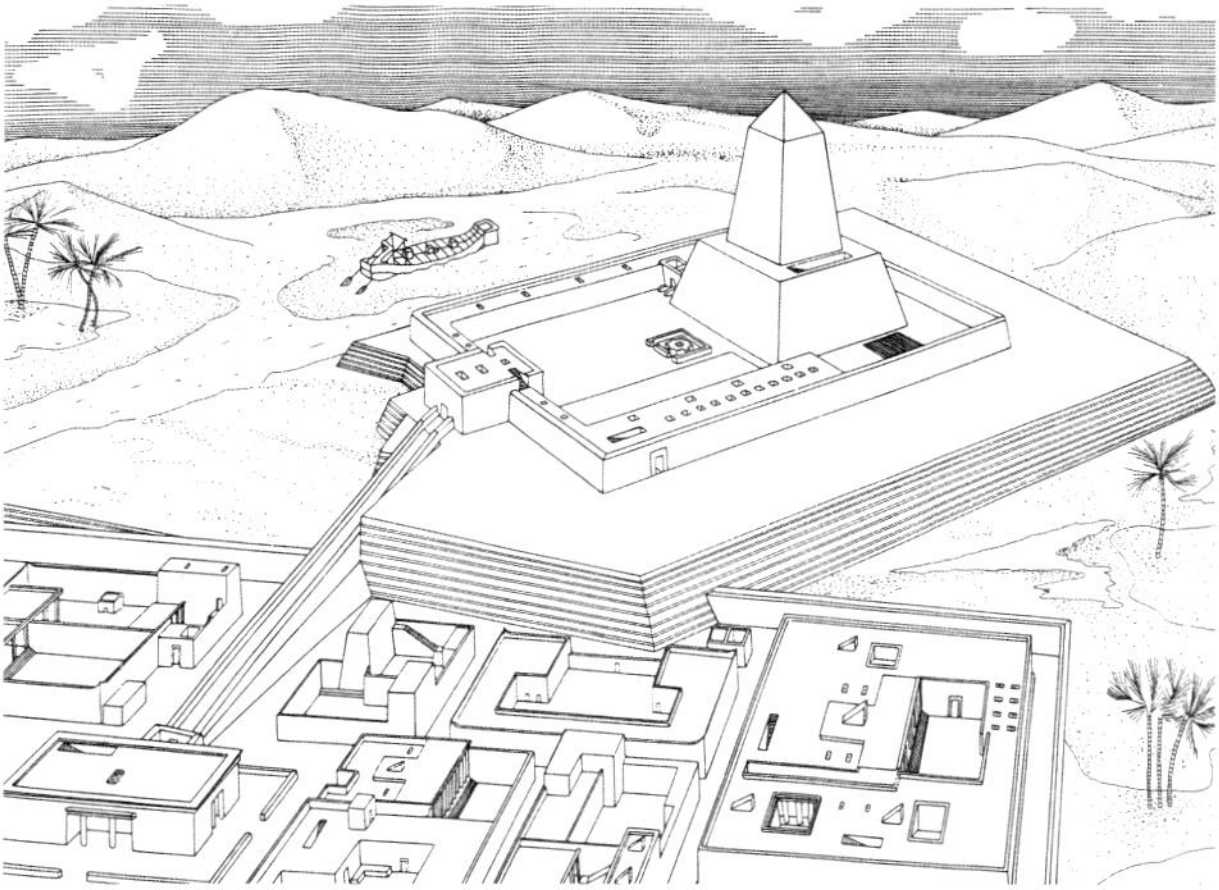

図6-16　ニウセルラー王の太陽神殿

と刻まれるようになる。

　また、この時代のファラオは、ピラミッドとともにアブ・グラーブに太陽神殿を建立するようになる。アブ・グラーブは、ヘリオポリスを望むことができるその南限であり、太陽神を最も重要視していたことは明らかである。太陽神殿は、ピラミッド・コンプレックスと同じく参道と河岸神殿を備えるが、ピラミッドにかわってオベリスクを置くことが特徴である（図6-16）。オベリスクは、ヘリオポリスのご神体とされるベンベン石を模したもので、上に向かって徐々に狭まるずんぐりした四角形の塔である。中心に鎮座するそのオベリスクの前には祭壇が設けられ、そこではパンやビールのほかに、毎日一頭の雄牛が屠殺され、太陽神への供物として奉納された。

このように第五王朝以降のファラオたちは、ピラミッド以外の建築にも注力した。そのために、ピラミッド本体が縮小したともいえる。そして、太陽神殿を建設したその目的は、もちろん太陽神信仰にあるのだが、王権の強化のためでもあったと考えられている。第五王朝になると、それまで一握りの王族が牛耳っていた国家行政のポストに、有能であれば王家の血筋にない人々でも就けるようになった。王家の権力と影響力を維持するため、ファラオは太陽神殿を建設して「ラーの息子」を誇示したとされる。

†王権衰勢の環境的要因

ピラミッドの規模やクオリティーから政治や社会を語ることはできないが、第六王朝も終わりにさしかかると王権と中央政府は瓦解し、ピラミッド建設も途絶えてしまう。そして、覇権争いを繰り広げて各地の君主が暗躍する時代、第一中間期となる。王権と政府の衰退の要因として、「環境」と「政治経済」の悪化が挙げられている。

まず環境について、かつてB・ベルによって第一中間期は暗黒時代と呼ばれ、古王国時代終焉の要因に気候変動が挙げられた。その根拠の一つが、自叙伝や教訓文学にみられるナイル川の水位低下や飢餓など当時の環境に関する記述である。例えば、『イプエルの訓戒』には以下のような記述がある。

「門番たちはいう。さあ、強盗に行こうと。……人は自分の息子を敵とみなしている。……自分のサンダルもつくれなかったものが、富の所有者となっている。……人の心は凶暴で、災難は国中にあり、血はいたるところにある。……多くの死人が川に埋葬されている。……国中に砂漠が広がり、州は荒れはて、国外からきた野蛮人どもがエジプトにいる」。

こうした文学作品には誇張が多分に含まれるが、不作が続き、争いが絶えずおき、異国から侵略を受けるなど、国内の無秩序をもたらした環境悪化は、近年の研究でも明らかとなっている。デルタやファイユーム盆地カルーン湖の古環境分析により、紀元前二二〇〇年頃に起きた地球規模での気候変動（四・二Kaイベント）の痕跡はエジプトでも確認されており、乾燥化とナイル川の水位低下といった環境悪化は歴史的な出来事のようだ。

また、かつては、文学作品の記述から突然の悪化と考えられていたが、アブ・シール湖に堆積する厚い風成砂層などから、長期にわたる段階的な乾燥化であったことも判明している。

†王権衰勢の政治経済的要因

ただし、気候変化のみで社会が崩壊するわけでもない。やはり政治や経済といった内的要因も大きく影響していた。

まず、政府の土崩瓦解の根元となったのが、ピラミッド・コンプレックスの運営であろう。先述したように、葬祭殿では日々、亡きファラオの再生復活による世界の安寧を願って、神官団が供物儀礼を行っていた。新たなファラオは新たにピラミッド・コンプレックスを造るわけだが、先王たちの供物儀礼はすべて継続される。

第五王朝も半ばを過ぎると、一〇カ所ほどで、パンやビールなどの大量の供物が日々捧げられることとなる。さらに第五王朝からは、太陽神殿も備わり、ここでの供物儀礼も加わるわけだ。

儀礼の場が増えれば、神官の数もおのずと増加する。神官団を束ねる官僚組織も肥大化する。かれらの給与と儀礼の供物に必要な穀物は膨大となり、それを負担する国家経済は疲弊する。王領地では到底賄いきれず、地方の農地が納税義務のない葬祭殿（または神官）に帰属した土地となっていく。悪循環のはじまりである。

それに呼応して、政治も腐敗する。まず官僚と神官が増大するなかで、非王族系が多く重職に就くようになる。かれらは個人領地を獲得して、富と権威を掌握するようになる。それにより官僚組織内での世襲や身内びいきが蔓延《はびこ》り、政治が堕落していく。もちろん、王の権力も低下していく。

ニウセルラー王以降、ファラオはこの状況を打開すべく、官僚数を制限したり、信頼する部下に権限を与えたり、かれらと王族の娘たちを政略結婚させたりと、王支持派を増やす策を講じた。ジェドカラー王は、膨らみ続けるピラミッド運営費と中央政府の物資を確保するため、エジプト南部の三カ所に「行政センター」を設置し、「上エジプトの監督官」を配置した。

しかし、こうした南方のコントロールは中央からの派遣型であったため、信頼が得られず地方との仕事がうまくいかなかった。そこで第六王朝初代のテティ王は、行政センターを増やし、各自治区に「大首長（知事）」を置いて、地方に住まわせた。だがこれが、結果的に下策となってしまう。

地方で甘い汁を吸いまくることのできる大首長は、世襲され、土着化し、中央からの独立性が増大していったのだ。そこに、ペピ二世の長期政権（六〇年以上）と深刻な気候悪化・干ばつがのしかかり、大首長のあいだで権力闘争が頻発。中央政府にはもはや対応できる体力はなく、社会は混沌と化した。こうして、大首長は州侯となり、ピラミッド時代は終焉を迎える。

古王国時代の崩壊は、エジプト学で繰り返し議論されているテーマの一つである。近年の研究では、こうした環境・政治・経済の負の要因が重層的に長期にわたり蓄積したという考えが主流となっている。ただし、あまり重要視されていないのだが、王権衰退の根元は、ピラミッド運営の肥大化だと私は考えている。世界の安寧を願った葬祭殿活動が、かえって王権の弱体化と社会の混乱を招いてしまったのである。

7　ピラミッドはお墓？

†墓の認定

さて、最後に大きな問題、ピラミッドが王墓か否かについて述べたい。教科書にも王墓と書かれていることから当然、ピラミッドが墓であることを疑う人は少ないであろう。しかし、王墓を否定する意見もあるのだ。その根拠に、明確な王の埋葬がなく、副葬品も見つかっていないこと、そして一人の王がいくつも造っていることなどが指摘されている。たしかに、ファラオのピラミッドはたび重なる盗掘を受け、当時のままを残した状態で発見された例はない。ジェセル、スネフェル、ウナス、ラーネフェルエフ、ジェドカラー(・イセシ)、テティのピラミッド内部では、ミイラの断片が見つかっているが、後世の再利用という可能性もあるため、王自身の遺体であるとは言い切れない。

唯一、サッカラにあるメルエンラー王のピラミッドでは、ほぼ完全な状態のミイラがみつかっている。一八八一年、エジプト考古局長官A・マリエットのアシスタントであったブルグシュ兄弟は、盗掘坑から玄室に入ることに成功し、玄武岩製の石棺内に納められたミイラを発見した。盗掘者によって、石棺の蓋はすでにずらされ、ミイラは包帯が一部剝がされていたが、頭からつま先まで残っていた。マリエットに報告するため、ミイラはカイロに移送された。

ミイラは身長一・六六メートルほどの男性で、編んだ髪を耳の上から垂らす子どもに特徴的な髪型をしていた。メルエンラーの治世は一〇年にも満たず、かなり若くして亡くなったとされ、発見されたミイラは彼にふさわしい。だがしかし、ミイラ研究で著名なE・

スミスの観察によると、包帯の巻き方などが新王国時代以降のものであり、後世に再利用された埋葬との見解を示している。ミイラの処理方法は時代ごとに傾向が異なり、プロがみればわかるようだ。よって、コンテキストが明瞭な唯一のミイラも、メルエンラー王のものと断定できていないのである。

ファラオ以外では、ペピ一世の母イプートや、最近ではテティ王の母セシェシェトのピラミッドではほぼ未盗掘の埋葬遺体が発見され、この二つの王妃のピラミッドは確実に墓といえる。だが、それを王のピラミッドにまで安易に敷衍することはできない。

こうした状況において必要な作業は、王のピラミッドで見つかった断片的なミイラを、科学的に同定することである。すなわち、理化学的年代測定、ミイラ処理方法、形質学的分析である。

†ストロウハルの献身的研究

チェコの人類学者E・ストロウハルは、それに果敢に挑んだ研究者である。彼は、ジェセル、ラーネフェルエフ、ジェドカラーのピラミッドで見つかった骨の分析を行った。

まず、ジェセルの骨とされていた複数の断片は、花崗岩ブロックで構築された埋葬室でみつかったものであるが、彼の分析により、ミイラ処理方法が第三王朝のものでなく、異なる年齢の骨が混在することが判明した。年代測定の結果も末期王朝以降であり、ジェセル王のミイラではないことが証明されたのだ。

アブ・シールにあるラーネフェルエフの未完成ピラミッドでは一九九八年、チェコ隊によって、玄室からカノポス壺などの副葬品とともに複数のミイラの断片が発見された。ストロウハルの分析により、すべての断片は一人の人物のもので、二〇~二三歳の男性であることがわかった。この年齢は、二、三年間とするラーネフェルエフの治世期間とも合致する。年代測定でもミイラは古王国時代のものであることを示している。

最後のジェドカラーについて、南サッカラにあるピラミッドは、一九四五年にエジプトの査察官によって調査された。報告書が刊行されておらず出土場所などの詳細は不明であるが、ピラミッド内部でカノポス壺とともに見つかったとされるミイラの断片が、カイロの研究施設に保管されていた。ストロウハルは、アブ・シールのマスタバでジェドカラー王の二人の王女の人骨を発見しており、それと比較することで、ピラミッドで見つかったミイラの同定を試みた。結果、ミイラは四五~六〇歳の男性であり、ミイラ処理方法と骨の形質的特徴が二人の王女と類似していた。年代測定からも、三人の骨が同時代のものであることが判明し、ピラミッドで発見されたミイラは、ジェドカラー本人であることが証明された。

†クフ王の埋葬はどこに？

ストロウハルの一連の研究により、第五王朝のラーネフェルエフとジェドカラーのピラミッドは墓であるといえる。ただし、これですべてのピラミッドが王墓であると断言することは難しい。やはり考古学的に墓と同定するには、王の埋葬遺体の存在が不可欠であり、それがない状況ではピラミッドをおしなべて王墓と呼ぶことはできない。

最も有名なクフ王の大ピラミッドでは、ミイラも副葬品も断片すら発見されていない。このピラミッドは唯一、内部に複雑な構造を持つ特異なものだが、我々が現在入って確認できる内部構造はピラミッド全体のわずか数パーセントであり、それ以外はまったくわかっていない。近年、宇宙線のミューオン（素粒子）を用いた分析で、大回廊の上方に巨大な空間が新たに確認された。ただし、これについては埋葬室などではなく、構造的に弱い持ち送り積み天井を守るため、その上に強固な屋根を掛けたその空間であるとの指摘がある。おそらくそうであろう。それでも、まだまだ知られていない内部構造が存在する可能性は十分にある。

吉村作治氏は、大ピラミッドの外部でクフ王の墓を探すプロジェクトを立ち上げ、二〇二三年、ギザ台地の西部墓地にて発掘を開始した。たしかに、内部では埋葬の痕跡が皆無であり、かりにミューオンで未知の空間が示唆されても、非破壊調査が基本であるため、それを考古学的に検証するのは極めて難しい。ならば、大ピラミッドが墓か否かの議論を推し進めるには、その外でクフ王の埋葬を探すしかないという、いたって論理的に想到された結果である。

日本では、ピラミッドが墓か否かの話が好まれているが、残念ながら誰もストロウハルの成果に言及していない。不確かな根拠や思い込みによる議論ではなく、科学的な論拠と調査をもって語るべきであろう。

おわりに

ファラオとその王権はいかにして形づくられたのか、これが本書の主題である。それは、エジプト文明またはエジプト初期国家の形成とも換言できる。ここで本書のエッセンスを改めてまとめておこう。

古代エジプトでは、紀元前三一〇〇年頃に一人のファラオがナイル川下流域を統治する国家が成立する。しかしそれは突如として達成されたわけではない。紀元前四千年紀のナカダ文化の時期に、エリートを擁する階層社会が出現し、社会の複雑化が加速度的に進行した結果、ファラオの国家が誕生したのである。

そのナカダ文化の中心地が、エジプト南部に位置するヒエラコンポリス遺跡である。近年の発掘調査により、ここでは他のどこよりもはやく社会的格差が生じていたことが明らかとなった。それはおもに墓地にみられ、砂漠の奥地に隔離されたエリート墓地では、四メートルを超える墓坑を中心に附属墓が取り囲む複合体が複数存在する。一般の人々の墓地も発掘されたが、それと比べると支配者墓地は、規模と副葬品の多寡、奢侈品や威信財の存在においてその特異性は歴然であり、権力を掌握する一握りの社会集団が存在していたことを示している。

さらにエリートたちは、墓地では動物埋葬をともない、祭祀センターでは屠殺儀礼を挙行していた。特に、カバやワニといった危険な野生動物を生きたまま捕獲し、飼育していたのだ。それはつまり、自然の力をコントロールすることで権力を誇示し、エリートこそが世界に安寧をもたらしていることを顕示するものであった。加えて、そうした動物を殺す儀礼により、自然の猛威を排除できるのはエリートのみであることを見せつけた。

このように、ヒエラコンポリスのエリートたちは、権力を創出・維持する儀礼行為を実践していた。それが、「イスフェトを抑止して、マアトを維持する」というファラオの王権イデオロギーをもたらしたのである。

近年、社会の複雑化に関する研究では、「権力資源論」という考え方が注目されている。権力資源は政治、経済、軍事、イデオロギーに分けられるが、なかでも、エリートが儀礼祭祀をつうじて行うイデオロギーの制度化が、権力と地位の維持・向上と、不平等の正当化において重要であったという。

現在、さまざまな地域を対象に権力資源の視点から研究が行われているが、そこに共通する問題提起は、マルクス主義的唯物史観の見直しである。なぜなら、生産力の発展が社会を変えるという従来の経済重視の考え方では説明できない例が、過去社会に多分にあるからだ。例えば、アンデスの文明形成期では、余剰生産物が乏しくとも、社会の階層分化が生じている。その要因が神殿更新であり、共同労働を行うなかでリーダーがうまれ、さらに神殿を祖先崇拝の祭祀空間とすることで、リーダーの地位や権力も強化されたとする。

エジプトでも、それは同じと思われる。なぜなら、ナイル川下流域に農耕が導入されてから王朝時代にいたるまで、生産技術に大きな変化はないからである。また、ナイル川下流域は生態環境がどこも一様であるため、余剰が偏在することもそれを奪い合う必要もない。つまり、社会変容の要因を経済的側面以外に求めなければならない。それは、儀礼祭祀による権力形成であったにちがいない。エジプトにおいてもやはり、ファラオを輩出するにいたる社会へと牽引したのは、支配を正当化させるイデオロギーの創出であったと考えられるのだ。

それが、「マアト」という世界を安定に保つ王朝時代の王権観として結実する。そして、その概念が大規模に具現化されたのが、神殿であり、ピラミッドなのである。ファラオは、神殿にて神に供物を捧げて秩序ある世界を祈った。亡きファラオの魂を、ピラミッドをつうじて天空の太陽のもとにとどけ、日々復活してもらうことで世界の再生・安定を願ったのだ。

このように、権力の形成と拡大のために生み出されたイデオロギーは、ファラオの王権へと移行するとそれは使命となり、その使命こそがファラオの存在意義となった。およそ三〇〇〇年にもわたってエジプト文明を維持しえたのは、「マアトの維持」というファラオの使命によるものだったのである。

あとがき

エジプトの研究では、エジプト学とエジプト考古学という二つの呼び名がある。両者は主たる研究手法が異なり、前者は文献、後者は発掘である。もちろん、どちらの学問においても古代エジプトの歴史と文化を再構築することが大テーマであるため、考古学でも文献を多用するのが基本である。それでも、「エジプト考古学者」であるには、研究命題をもって現地で発掘調査を行い、そこで得た新資料からオリジナリティーのある論文を積み重ねていかねばならない。

吉村作治先生率いる早稲田大学エジプト調査隊に、私は学部三年のときに参加させてもらった。調査中、先生や先輩からよく言い聞かされていたのは、「自分で現場をもてるようになれ」であった。調査では、発掘の技術もさることながら、マネージメント力が必要となる。とりわけ海外となると、予算も日数も限られたなかで成果を収めなければならず、またエジプト人の作業員とも信頼関係を築き、ときには厳しく、ときには楽しく、調査を円滑に進めなければならない。ほかにも、エジプト考古省との交渉や申請を滞りなく行うことも必要である。こうしたことを、現場で先輩から盗んで自分のものにしていく。みんなそうしてきた。

ヒエラコンポリス遺跡で自分の発掘区をもらって調査ができるのも、吉村先生の現場で学んだ一〇年があったからであり、それがなければ本書を執筆することすらできなかった。感謝の念に堪えません。そして、調査メンバーに加えていただき、先王朝研究の議論をつねにさせてもらっているレネ・フリードマン隊長に深く感謝している。

二〇二一年四月、筑摩書房の田所健太郎さんから熱烈なラブレターをいただいた。六一書房から上梓させていただいた『古代エジプトを学ぶ——通史と一〇のテーマから』をお読みになったようで、そのなかの王権のテーマをさらに膨らませた内容のオファーであった。もちろん二つ返事でお受けした。執筆作業に取り組むも、本庄の早稲田大学考古資料館に勤務地が移動したことにより、本書を仕上げるのにかなりの時間がかかってしまった。その間、田所さんには、たえず奮い起こしていただき、的確できめ細やかな文章チェックをしていただいた。ここに御礼申し上げる。

現在、エジプト考古省の方針で、外国隊が新規の発掘権を得ることは極めて難しい状況にある。かれらの国の文化財であるから、それはごもっともである。であるからして、吉村先生のご尽力により獲得した現場をわたしたちは維持継続させ、研究と教育に今後も生かしていかねばならない。本書によって、古代エジプトに興味をもち、わたしたちと一緒に発掘現場に立って、本物の「エジプト考古学者」を目指す若者が少しでも増えてくれることを期待してやまない。

二〇二五年一月

馬場匡浩

図版出典

図0－1　筆者作成。
図0－2　筆者作成。
図0－3　筆者作成。
図1－1　筆者作成。
図1－2　©Lehnert & Landrock-Cairo
図1－3　Spencer, J. 1993 *Early Egypt: The Rise of Civilization in the Nile Valley*, London: Fig. 43.
図1－4　筆者作成。
図1－5　Wengrow, D. 2006 *The Archaeology of Early Egypt: Social Transformations in North-East Africa, 10,000–2,650 BC*, Cambridge: figs.2-1, 2-2.
図1－6　Bietak, M. 2010 "House, Palaces and Development of Social Structure in Avaris", in Bietak, M., Czerny, E. and Forstner-Müller, I. (eds.), *Cities and Urbanism in Ancient Egypt*, Wien: Figs. 6, 25 をもとに作成。
図1－7　Bietak, M. 1996 *Avaris: The Capital of the Hyksos, Recent Excavations at Tell el-Dab'a*, London: Fig. 35.
図1－8　Strudwick, N. and Strudwick, H. 1999 *Thebes in Egypt: A Guide to the Tombs and Temples of Ancient Luxor*, London: 11 をもとに作成。
図1－9　上：筆者撮影（デル・エル＝バハリ）。下：Aufrère, S., Golvin, J.-Cl. and Goyon, J.-Cl. 1997 *L'Égypte restituée tome 1*, Paris: 156 をもとに作成。
図1－10　筆者撮影。
図1－11　筆者撮影（アメンヘテプ３世葬祭殿）。
図1－12　Kemp, B.J. 2012 *The City of Akhenaten and Nefertiti: Amarna and its People*, London: Fig. 2.1 をもとに作成。
図1－13　Saleh, M. and Sourouzian, H. 1987 *Official Catalogue: The Egyptian Museum Cairo*, Cairo: Cat. 164.
図1－14　Aufrère, S., Golvin, J.-Cl. and Goyon, J.-Cl. 1997 *L'Égypte restituée tome 1*, Paris: 194.
図1－15　Seton-Williams, M.V. 1980 *Tutanchamun. Der Pharao. Das Grab. Der Goldschatz*, Frankfurt: 43.
図1－16　筆者撮影（大英博物館）。

図 1 -17　筆者撮影。
図 1 -18　筆者撮影（大英博物館）。
図 1 -19　Lehner, M. 1997 *The Complete Pyramids*, London: 195 をもとに作成。
図 1 -20　筆者撮影（ルクソール神殿）。
図 1 -21　筆者撮影（デンデラ神殿）。
表 2 - 1　筆者作成。
図 2 - 1　筆者作成。
図 2 - 2　©Hierakonpolis Expedition
図 2 - 3　Friedman, R. 1996 "The Ceremonial Centre at Hierakonpolis Locality HK29A", in Spencer, J. (ed.), *Aspects of Early Egypt*, London: Fig. 12.
図 2 - 4　筆者撮影。
図 2 - 5　筆者作成。
図 2 - 6　筆者作成。
図 2 - 7　筆者作成。
図 2 - 8　筆者撮影。
図 2 - 9　筆者作成。
図 2 -10　筆者撮影。
図 2 -11　©Hierakonpolis Expedition
図 2 -12　Hartung, U. 2001 *Umm el-Qaab II, Importkeramik aus dem Friedhof U in Abydos(Umm el-Qaab)und die Beziehungen Ägyptens zu Vorderasien im 4. Jahrtausend v. Chr*, Mainz: Abb. 3.
図 2 -13　Hartung, U. 2001 *Umm el-Qaab II, Importkeramik aus dem Friedhof U in Abydos(Umm el-Qaab)und die Beziehungen Ägyptens zu Vorderasien im 4. Jahrtausend v. Chr*, Mainz: Abb. 1.
図 3 - 1　Hornung, E. 1982 *Tal der Könige*, Zurich: 96.
図 3 - 2　Wengrow, D. 2006 *The Archaeology of Early Egypt: Social Transformations in North-East Africa, 10,000–2,650 BC*, Cambridge: Fig. 2-2.
図 3 - 3　筆者作成。
図 3 - 4　Shedid, A.G. 1994 *Das Grab des Sennedjem*, Mainz: 94.
図 3 - 5　https://en.wikipedia.org/wiki/File:Atum.svg
図 3 - 6　Taylor, J.H. 2010 *Journey Through the Afterlife: Ancient Egyptian Book of the Dead*, Cambridge: Fig. 2.
図 3 - 7　筆者作成。
図 3 - 8　https://en.wikipedia.org/wiki/Ptah#/media/File:Ptah_standing.

svg

図3－9　https://en.wikipedia.org/wiki/Thoth#/media/File:Thoth.svg

図3－10　https://en.wikipedia.org/wiki/Osiris#/media/File:Standing_Osiris_edit1.svg;/Isis#/media/File:Isis.svg;Nephthys#/media/File:Nepthys.svg;Horus#/media/File:Horus_(based_on_reliefs).svg

図3－11　筆者作成（ダハシュール北遺跡出土セベクハトの木棺 © 日本エジプト考古学研究所）。

図3－12　Spencer, J. 1993 *Early Egypt: The Rise of Civilization in the Nile Valley*, London: Fig. 76.

図3－13　Epigraphic Survey 1986 *Reliefs and Inscriptions at Karnak, Volume IV: The Battle Reliefs of King Sety I*, Chicago: Pl. 20.

図3－14　Wilkinson, R.H. 2000 *The Complete Temples of Ancient Egypt*, London: 24–25 をもとに作成。

図3－15　筆者撮影（カルナク神殿）。

図3－16　筆者撮影（メディネト・ハブ）。

図3－17　Chassinat, É. *1934 Le temple d'Edfou 12*（MMAF 30）, Cairo: Pl. 512.

図4－1　Linseele, V., Van Neer, W. and Friedman, R. 2009 "Special Animals from a Special Place? The Fauna from HK29A at Predynastic Hierakonpolis," *Journal of the American Research Center in Egypt* 45, pp. 105–136.

図4－2　©Hierakonpolis Expedition

表4－2　Van Neer, W., Linseele, V. and Friedman, R. 2017 "More animal burials from the Predynastic elite cemetery of Hierakonpolis（Upper Egypt）: the 2008 season," In Mashkour, M. and Beech, M.（eds.）, *Archaeozoology of the Near East 9: In honour of Hans-Peter Uerpmann and François Poplin*, pp. 388–403, Oxford, Oxbow Books; Van Neer, W., Udrescu, M., Linseele, V., De Cupere, B. and Friedman, R. 2017 "Traumatism in the wild animals kept and offered at predynastic Hierakonpolis, Upper Egypt," *International Journal of Osteoarchaeology* 27, pp. 86–105.

図5－1　筆者作成。

図5－2　筆者作成。

図5－3　©日本エジプト考古学研究所

図5－4　©日本エジプト考古学研究所

図5－5　筆者作成。

図5－6　筆者作成。

図5－7　Allen, J. 2005 *The Ancient Egyptian Pyramid Texts, Atlanta*: Fig.

1をもとに作成。

図5－8　de Buck, A. 1961 *The Egyptian Coffin Texts, Vol. 7: Texts of Spells 787–1185*, Chicago, Pl. 1.

図5－9　Naville, E. 1886 *Das aegyptische Todtenbuch der XVIII. bis XX. Dynastie, Vol. 1*, Berlin: Pl. 136.

図5－10　Budge, E.A.W. 1905 *The Egyptian Heaven and Hell Vol. 1*, London, p.208.

図5－11　Budge, E.A.W. 1905 *The Egyptian Heaven and Hell Vol. 1*, London, p.277.

図5－12　Shedid, A.G. 1994 *Das Grab des Sennedjem*, Mainz: 80.

図5－13　筆者作成。

図5－14　筆者撮影（大英博物館）。

図5－15　©Hierakonpolis Expedition

図5－16　https://commons.wikimedia.org/wiki/File:Egyptian_-_A_Complete_Set_of_Canopic_Jars_-_Walters_41171,_41172,_41173,_41174_-_Group.jpg

図6－1　筆者撮影。

図6－2　Stadelmann, R. 1985 *Die Ägyptischen Pyramiden*, Main am Rhein: Abb. 13をもとに作成。

図6－3　Arnold, D. 2003 *The Encyclopedia of Ancient Egyptian Architecture*, New York: 73.

図6－4　筆者撮影。

図6－5　Dreyer, G. 1991 "Zur Rekonstruktion der Oberbauten der Königsgräber der 1. Dynastie in Abydos", *Mitteilungen des Deutschen Archäologischen Instituts, Abteilung Kairo* 47: Abb. 7.

図6－6　Emery, W.B. 1949 *Great Tombs of the First Dynasty I*, Cairo: Pl. 22.

図6－7　Bestock, L. 2008 "The Early Dynastic Funerary Enclosures of Abydos", *Archéo-Nil* 18: Fig. 3. をもとに作成。

図6－8　Jánosi, P. 2004 "Die Pyramiden der Könige der 4. Dynastie", in Hölzl, C.（ed.）, *Die Pyramiden Ägyptens: Monumente der Ewigkeit*, Wien: Abb. 19をもとに作成。

図6－9　Jánosi, P. 2004 "Die Pyramiden der Könige der 4. Dynastie", in Hölzl, C.（ed.）, *Die Pyramiden Ägyptens Monumente der Ewigkeit*, Wien: Abb. 19をもとに作成。

図6－10　Jánosi, P. 2004 "Die Pyramiden der Könige der 4. Dynastie", in Hölzl, C.（ed.）, *Die Pyramiden Ägyptens: Monumente der Ewigkeit*, Wien: Abb. 19; Stadelmann, R. 1985 *Die Ägyptischen Pyramiden*, Main am

Rhein: Abb. 28をもとに作成。

図6-11　筆者撮影。

図6-12　Baines, J. and Málek, J. 1992 *Atlas of Ancient Egypt* (reprint), Cairo: 158をもとに作成。

図6-13　Jánosi, P. 2004 "Die Pyramiden der Könige der 4. Dynastie", in Hölzl, C. (ed.), *Die Pyramiden Ägyptens: Monumente der Ewigkeit*, Wien: Abb. 19; Stadelmann, R. 1985 *Die Ägyptischen Pyramiden*, Main am Rhein: Abb. 31aをもとに作成。

図6-14　Stadelmann, R. 1985 *Die Ägyptischen Pyramiden*, Main am Rhein: Abb. 67.

図6-15　筆者作成。

図6-16　Verner, M. 1994 *Forgotten Pharaohs, Lost Pyramids: Abusir*, Praha: 107.

参考文献

第１章

Baines, J. 2015, “Ancient Egyptian cities: monumentality and performance”, In Yoffee, N. (ed.), *The Cambridge World History Volume 3*, Cambridge: 27–47.

Bard, K.A. 2007, *An Introduction to the Archaeology of Ancient Egypt*, Oxford.

Bietak, M. 1996, *Avaris: The Capital of the Hyksos, Recent Excavations at Tell el-Dab'a*, London.

Jeffreys, D. 1997, “Excavation and Survey East of the Saqqara-Abusir Escarpment”, *Journal of Egyptian Archaeology* 83: 2–4.

Jeffreys, D. and Tavares, A. 1994, “The Historic Landscape of Early Dynastic Memphis”, *Mitteilungen des Deutschen Archäologischen Instituts, Kairo* 50: 143–173.

Shaw, I., 2000, *The Oxford History of Ancient Egypt*, Oxford.

Van De Mieroop, M. 2011, *A History of Ancient Egypt*, Chichester.

Wilkinson, T.A.H. 1999, *Early Dynastic Egypt*, London.

河合望 2021『古代エジプト全史』雄山閣.

河合望 2012『ツタンカーメン　少年王の謎』集英社新書.

西本真一 2002『ファラオの形象――エジプト建築調査ノート』淡交社.

ヘロドトス（松平千秋訳）1971『歴史　上』岩波文庫.

屋形禎亮 1978「エジプト」『筑摩世界文学大系１　古代オリエント集』筑摩書房.

吉村作治 1994『吉村作治の古代エジプト講義録　上・下』講談社.

第２章

Adams, B. 1995, *Ancient Nekhen: Garstang in the City of Hierakonpolis*, New Malden.

Attia, E.A.E, Marinova, E, and Baba, M. 2018, “Archaeobotanical Studies from Hierakonpolis: Evidence for Food Processing During the Predynastic Period in Egypt”, In Mercuri, A.M., et al. (eds.), *Plants and People in the African Past: Progress in African Archaeobotany*: 76–89.

Baba, M. 2021, “Ceramic Assemblages from HK11C at Hierakonpolis: Spe-

cialization Examined, In Köhler, C. et al. (eds.), *Egypt at its Origins 6*, Leuven: 1-20.

Baba, M., Neer, W.V. and De Cupere, B. 2017, "Industrial Food Production Activities during the Naqada II period at HK11C, Hierakonpolis", In Midant-Reynes, B. and Tristant, Y. (eds.), *Egypt at its Origins 5*, Leuven/Paris/Bristol: 3-34.

Baba, M. and Saito, M. 2004, "Experimental Studies on the Firing Methods of the Black-topped Pottery in Predynastic Egypt" In Hendrickx, S. et al. (eds.), *Egypt at its Origin. Studies in Memory of Barbara Adams*, Leuven: 575-589.

Ciałowicz, K.M. 2017, "New Discoveries at Tell El-Farkha and the Beginnings of the Egyptian State", *Études et Travaux* 30: 231-250.

Costin, C.L. 1991, "Craft Specialization: Issues in Defining, Documenting, and Explaining the Organization of Production", *Archaeological Method and Theory* 3: 1-56.

Dreyer, G. 1998, *Umm el-Qaab I: Das prädynastische Königsgrab U-j und seine frühen Schriftzeugnisse*, Mainz.

Farag, M.A., Elmassry, M.M., Baba, M. and Friedman, R. 2019, "Revealing the constituents of Egypt's oldest beer using infrared and mass spectrometry", *Scientific Reports* 9 (1): 16199.

Friedman, R. 2009, "Hierakonpolis Locality HK29A: The Predynastic Ceremonial Center Revisited", *Journal of the American Research Center in Egypt* 45: 79-103.

Friedman, R. 2000, "Regional Diversity in the Predynastic Pottery of Upper Egyptian Settlements", In Krzyzaniak, L., Kroeper, K. and Kobusiewicz, M. (eds.), *Recent Research into the Stone Age of Northeastern Africa*, Poznan: 171-86.

Friedman, R. 2011, "Hierakonpolis", In Teeter, E. (ed.), *Before the Pyramids*, Chicago: 33-44.

Friedman, R. (ed.) 1999, "Preliminary report on field work at Hierakonpolis: 1996-1998", *Journal of the American Research Center in Egypt* 36: 1-35.

Friedman, R. and Nagaya, K. 2021, "Fine lithic products from Hierakonpolis", In Nathalie, B. and Tristant, Y. (eds.), *Égypte Antérieure: Mélanges de préhistoire et d'archéologie offerts à Béatrix Midant-Reynes par ses étudiants, collègues et amis*, Leuven/Paris/Bristol: 341-68.

Hartmann, R. 2022, "Local Aspects of the pottery of the later Lower Egyp-

tian contexts at Tell el-Fara'in/Buto", In Köhler, C. et al. (eds.), *Egypt at its Origins 6*, Leuven: 211-231.
Hartung. U. 2014, "Interconnections between the Nile Valley and the Southern Levant in the 4th Millennium BC", In Höflmayer, F. and Eichmann, R. (eds.), *Egypt and the Southern Levant in the Early Bronze Age*, Rahden/Westf: 107-33.
Hartung. U. 2022, "Recent Excavations in the Late Predynastic Settlement of Tell el-Fara'in/Buto", In Köhler, C.et al. (eds.), *Egypt at its Origins 6*, Leuven: 233-251.
Hartung. U., Köhler, C., Müller V. and Ownby, M.F. 2015, "Imported Pottery from Abydos: A New Petrographic Perspective", *Ägypten und Levante* 25: 295-333.
Hendrickx, S. 2020, "Chapter 27: The Predynastic Period", In Shaw, I and Bloxam E. (eds.), *The Oxford Handbook of Egyptology*, Oxford: 573-95.
Hoffman, M.A. (ed.) 1982, *The Predynastic of Hierakonpolis*, Cairo and Illinois.
Kaiser, W. 1957, "Zur inneren Chronologie der Naqadakultur", *Archaeologia Geographica* 6: 69-72.
Kemp, B. J. 2006, *Ancient Egypt: Anatomy of a Civilization*, 2nd revised edition, London.
Köhler, C. 1995, "The State of Research on Late Predynastic Egypt: New Evidence for the Development of the Pharaonic State?", *Göttinger Miszellen* 147: 79-92.
Köhler, C. 2017, "The development of Social Complexity in Early Egypt. A View from the Perspective of the Settlements and Material Culture of the Nile Valley", *Ägypten und Levante* 27: 335-56.
Midant-Reynes, B. and Buchez, N. 2019, "Naqadian Expansion: A Review of the Question based on the Necropolis of Kom el-Khilgan", *Archéo-Nil* 29: 129-56.
Wang, J., Friedman, R. and Baba, M. 2021, "Predynastic beer production, distribution, and consumption at Hierakonpolis, Egypt" *Journal of Anthropological Archaeology* 64: 101347-101347.
Wilkinson, T.A.H. 2000, "Political Unification: Towards a reconstruction", *Mitteilungen des Deutschen Archäologischen Instituts, Abteilung Kairo* 56: 377-95.
馬場匡浩 2013『エジプト先王朝時代の土器研究』六一書房.
馬場匡浩 2023「初期国家形成期のエジプト」『岩波講座 世界歴史02 古代

西アジアとギリシア ～前一世紀』岩波書店.

第3章

Allen, J.P. 1997, "The Celestial Realm", In Silverman, D.P. (ed.), *Ancient Egypt*, New York: 114–131.
Hartung, U. 2010, "Hippopotamus hunters and bureaucrats. Elite burials at cemetery U at Abydos", In Raffaele, F. et al. (eds.), *Recent Discoveries and Latest Researches in Egyptology*, Wiesbaden: 107–120.
Hornung, E. 1996, *Conceptions of God in Ancient Egypt: The one and the many*, Ithaca and London.
O'Connor, D. 1991, "Mirror of the Cosmos: The Palace of Merenptah", In Bleiberg, E. and Freed, R. (eds.), *Fragments of a Shattered Visage*, Memphis: 167–198.
Pinch, P. 2002, *Egyptian Mythology: A Guide to the Gods, Goddesses, and Traditions of Ancient Egypt*, Oxford.
Shafer, B.E. (ed.) 1991, *Religion in Ancient Egypt*, London.
Teeter, E. 2011, *Religion and Ritual in Ancient Egypt*, Cambridge.
Van Dijk, Y. 1995, "Myth and Mythmaking in Ancient Egypt", In Sasson, J.M. (ed.), *Civilizations of the Ancient Near East*, New York: 1697–1709.
ウィルキンソン, R.H.（内田杉彦訳）2002『古代エジプト神殿大百科』東洋書林.
ウィルキンソン, R.H.（内田杉彦訳）2004『古代エジプト神々大百科』東洋書林.
ショー, G.J.（近藤二郎訳）2014『ファラオの生活文化図鑑』原書房.

第4章

Baines, J. 1995, "Kingship, Definition of Culture, and Legitimation", In O'Connor, D. and Silverman, D.P. (eds.), *Ancient Egyptian Kingship*, Leiden/New York/Köln: 3–47.
Baines, J. 1995, "Origins of Egyptian kingship", In O'Connor, D. and Silverman, D.P. (eds.), *Ancient Egyptian Kingship*, Leiden/New York/Köln: 95–156.
Bárta, M. 2013, "Egyptian Kingship during the Old Kingdom", In Hill, A.J., Jones, P. and Antonio, M.J. (eds.), *Experiencing Power, Generating Authority*, Philadelphia: 257–283.
Frankfort, H. 1948, *Kingship and the Gods*, Chicago and London.
Friedman, R. 2010, "The Early Royal Cemetery at Hierakonpolis: An over-

view", In Raffaele, F. et al. (eds.), *Recent Discoveries and Latest Researches in Egyptology*, Wiesbaden: 67-89.

Friedman, R., Van Neer, W. and Linseele, V. 2011, "The Elite Predynastic Cemetery at Hierakonpolis: 2009-2010 update", In Friedman, R. and Fiske, P.N. (eds.), *Egypt at its Origins 3*, Leuven/Paris/Walpole: 157-91.

Friedman, R., Van Neer, W., De Cupere, B. and Dorux, X. 2017, "The Elite Predynastic Cemetery at Hierakonpolis HK6: 2011-2015 Progress Report", In Midant-Reynes, B. and Tristant, Y. (eds.), *Egypt at its Origins 5*, Leuven/Paris/Bristol: 231-89.

Graeber, D. and Sahlins, M. 2017, *On Kings*, Chicago.

Hendrickx, S. 2011, "Iconography of the Predynastic and Early Dynastic periods", In Teeter, E. (ed.), *Before the Pyramids*, Chicago: 75-81.

Hendrickx, S. 2013, "Hunting and social complexity in Predynastic Egypt", *Bulletin des Séances de l'Académie Royale des Sciences d'Outre-Mer* 57: 237-263.

Hendrickx, S. and Eyckerman, M. 2010, "Continuity and change in the visual representations of Predynastic Egypt", In Raffaele, F. et al. (eds.), *Recent Discoveries and Latest Researches in Egyptology*, Wiesbaden: 121-143.

Hornung, E. 1966, *Geschichte als Fest. Zwei Vorträge zum Geschichtsbild der frühen Menschheit*, Darmstadt.

Jiménez Serrano, A. 2002, *Royal Festivals in the Late Predynastic Period and the First Dynasty*, Oxford.

Linseele, V., Van Neer, W. and Friedman, R. 2009, "Special Animals from a Special Place? The Fauna from HK29A at Predynastic Hierakonpolis", *Journal of the American Research Center in Egypt* 45: 105-136.

Morris, E.F., 2010, "Chapter 11: The Pharaoh and Pharaonic Office", In Lloyd, A.B. (ed.), *A Companion to Ancient Egypt*, Oxford: 201-217.

Müller, V. 2008, "Nilpferdjagd und Geköpfte Feinde: zu zwei Ikonen des Feindvernichtungsrituals", In Engel, E.-M., Müller, V. and Hartung, U. (eds.), *Zeichen aus dem Sand: Streiflichter aus Ägyptens Geschichte zu Ehren von Günter Dreyer*, Wiesbaden: 477-493.

Silverman, D.P., 1997, "The Lord of the Two Lands", in Silverman, D.P.(ed.), *Ancient Egypt*, New York: 106-113.

Van Neer, W., De Cupere, B. and Friedman, R. 2013, "A leopard in the predynastic elite cemetery HK6 at Hierakonpolis, Egypt", In De Cupere, B., Linseele, V. and Hamilton, S. (eds), *Archaeozoology of the Near East X*,

Leuven: 283–306.
Van Neer, W., Linseele, V. and Friedman, R. 2017, "More animal burials from the Predynastic elite cemetery of Hierakonpolis (Upper Egypt): the 2008 season", In Mashkour, M. and Beech, M. (eds.), *Archaeozoology of the Near East 9*, Oxford: 388–403.
Van Neer, W., Udrescu, M., Linseele, V., De Cupere, B. and Friedman, R. 2017, "Traumatism in the wild animals kept and offered at predynastic Hierakonpolis, Upper Egypt", *International Journal of Osteoarchaeology* 27: 86–105.
Wendorf, F. and Schild, R. 2001 *Holocene Settlement of the Egyptian Sahara: Volume 1: The Archaeology of Nabta Playa*, New York.
河合望 2018「第２章　古代エジプト――ファラオと神々」『イスラームは特殊か――西アジアの宗教と政治の系譜』(柴田大輔・中町信孝編著) 勁草書房.
馬場匡浩 2020「ファラオの起源」『オシリスへの贈物――エジプト考古学の最前線』(吉村作治編) 雄山閣.
フレーザー，J.G.（吉岡晶子訳）2011『図説 金枝篇　上・下』講談社学術文庫.
ホカート，A.M.（橋本和也訳）2012『王権』岩波文庫.
屋形禎亮 1980「ファラオの王権」『古代オリエント』(屋形禎亮編) 有斐閣新書.
渡辺仁 2000『縄文式階層化社会（新装版)』六一書房.

第５章

Allen, J. 1994, "Reading a Pyramid", In Berger, C.M., Clerc, G. and Grimal, N.C. (eds.), *Hommages à Jean Leclant*, Vol. 1, Cairo: 5–28.
Allen, J. 2005, *The Ancient Egyptian Pyramid Texts*, Atlanta.
Assmann, J. *Death and Salvation in Ancient Egypt*, Ithaca and London.
Hornung, E. 1999, *The Ancient Egyptian Books of the Afterlife*, Ithaca and New York.
Ikram, S. and Dodson, A. 1998, *The Mummy in Ancient Egypt: Equipping the Dead for Eternity*, London.
Friedman, R. et al. 2002, "Excavations at Hierakonpolis", *Archéo-Nil* 12: 55–68.
Jones, J. et al., 2014, "Evidence for Prehistoric Origins of Egyptian Mummification in Late Neolithic Burials", *PLOS ONE* 9–8.
Snape, S. 2011, *Ancient Egyptian Tombs: The Culture of Life and Death*,

Chichester.
和田浩一郎 2014『古代エジプトの埋葬習慣』ポプラ新書.
ヘロドトス（松平千秋訳）1971『歴史　上』岩波文庫.

第6章

Bárta, M. 2019, *Analyzing Collapse: The Rise and Fall of the Old Kingdom*, Cairo/New York.
Bell, B. 1971, "The Dark Ages in Ancient History: I. The First Dark Age in Egypt", *American Journal of Archaeology* 75(1): 1-26.
Bestock, L. 2008, "The Early Dynastic Funerary Enclosures of Abydos", *Archéo-Nil* 18: 43-59.
Bestock, L. 2011, "The First Kings of Egypt: The Abydos Evidence", In Teeter, E. (ed.), *Before the Pyramids*, Chicago: 137-144.
Hendrickx, S. 2008, "Les grands mastabas de la 1re dynasties a Saqqara", *Archéo-Nil* 18: 60-88.
Kanawati, N. and Swinton, J. 2018, *Egypt in the Sixth Dynasty: Challenges and Responses*, Wallasey.
Klemm, R. and Klemm, D., 2008, *Stones and Quarries in Ancient Egypt*, London.
Lauer, J.-Ph. 1962, *Histoire monumentale des pyramides d'Egypte. Vol. 1: Les pyramides à degrés(IIIe dynastie)*, Cairo.
Lehner, M. and Hawass, Z. 2017, *Giza and the Pyramids*, Chicago.
Love, S. 2003, "Questioning the Location of the Old Kingdom Capital of Memphis, Egypt", *Papers from the Institute of Archaeology* 14: 70-84.
O'Connor, D. 1992, "The status of early Egyptian temples: an alternative theory", In Friedman, R. and Adams, B. (eds.), *The Followers of Horus*, Oxford: 83-98.
O'Connor, D. 1998, "The Interpretation of the Old Kingdom Pyramid Complex", In Guksch, H. and Polz, D. (eds.), *Stationen. Beiträge zur Kulturgeschichte Ägyptens. Rainer Stadelmann gewidmet*, Mainz: 63-71.
O'Connor, D. 2002, "Pyramid Origins: A New Theory", In Ehrenberg, E. (ed.), *Leaving No Stones Unturned*, Indiana: 169-182.
Smith, E. and Dawson, W. 1991, *Egyptian Mummies*, New York.
Stadelmann, R. 1996, "Origin and Development of the Funerary Complex of Djoser", In Der Manuelian, P. and Freed, R. (eds.), *Studies in Honor of William Kelly Simpson*, Vol. 2, Boston: 787-800.
Strouhal, E. and Gaballah, M.F. 1993, "King Djedkare Isesi and his daugh-

ters", In Davies, W.V. and Walker, R. (eds.), *Biological Anthropology and the Study of Ancient Egypt*, London: 104–118.

Strouhal, E. and Něměčková, A. 2006, "2. 12 Identification of king Raneferef according to human remains found in the burial Chamber of the Unfinished Pyramid", In Verner, M., Bárta, M. and Benesovska, H. (eds.), *Abusir IX: The Pyramid Complex of Raneferef, the Archaeology*, Prague: 513–518.

Strouhal, E. et al. 1994, "Re-investigation of the remains thought to be of king Djoser and those of an unidentified female from the step pyramid at Saqqara", *Anthropologie: International Journal of Human Diversity and Evolution* 32–3: 225–242.

Strouhal, E. et al. 2001, "Identification of royal skeletal remains from Egyptian pyramids", *Anthropologie: International Journal of Human Diversity and Evolution* 39–1: 15–23.

Verner, M. 2020, *The Pyramids: The Archeology and History of Egypt's Iconic Monuments*, Cairo/New York.

Welc, F. and Marks, L. 2014, "Climate change at the end of the Old Kingdom in Egypt around 4200 BP: New geoarchaeological evidence", *Quaternary International* 324: 124–133.

馬場匡浩 2014「エジプトの王墓」『アジアの王墓』（アジア考古学四学会編集）高志書院.

松木武彦 2009『進化考古学の大冒険』新潮選書.

レーナー, M.（内田杉彦訳）2000『図説 ピラミッド大百科』東洋書林.

古代エジプト年表

I. Shaw, *The Oxford History of Ancient Egypt,* Oxford, 2000 をもとに作成

時代	王朝／文化	年代	王名
新石器時代	ファイユーム文化	前5200～4400年頃	
先王朝時代	バダリ・ナカダ文化	前4400～3100年頃	
初期王朝時代	第１王朝	前3100～2890年頃	ナルメル（メネス）
			アハ（ホルアハ）
			ジェル
			ジェト
			デン
			メレトネイト王妃
			アネジェブ
			セメルケト
			カア
	第２王朝	前2890～2686年	ヘテプセケムイ
			ラーネブ（ネブラー）
			ニネチェル
			ウェネグ
			セネド
			ペルイブセン
			カセケムイ
古王国時代	第３王朝	前2686～2613年	ジェセル（ネチェリケト）
			セケムケト
			カーバー
			サナクト（ネブカ）？
			フニ
	第４王朝	前2613～2494年	スネフェル
			クフ
			ジェドエフラー
			カフラー
			メンカウラー
			シェプセスカフ
	第５王朝	前2494～2345年	ウセルカフ
			サフラー
			ネフェルイルカラー
			シェプセスカラー
			ラーネフェルエフ
			ニウセルラー

			メンカウホル
			ジェドカラー
			ウナス
	第６王朝	前2345～2181年	テティ
			ウセルカラー
			ペピ１世（メリラー）
			メルエンラー
			ペピ２世（ネフェルカラー）
			ニトイクレト女王（ニトクリス）
	第７・８王朝	前2181～2160年	ネフェルカラーなど
第１中間期	第９・10王朝（ヘラクレオポリス）	前2160～2025年	ケティなど
	第11王朝（テーベのみ）	前2125～2055年	メンチュヘテプ１世、インテフ１世など
中王国時代	第11王朝（エジプト全土）	前2055～1985年	メンチュヘテプ２世
			メンチュヘテプ３世
			メンチュヘテプ４世
	第12王朝	前1985～1773年	アメンエムハト１世
			センウセレト１世
			アメンエムハト２世
			センウセレト２世
			センウセレト３世
			アメンエムハト３世
			アメンエムハト４世
			セベクネフェル女王
	第13・14王朝	前1773～1650年	ウェグアフ
			セベクヘテプ２世
			イケルネフェルト・ネフェルヘテプ
			アメニ・インテフ・アメンエムハト
			ホル
			ケンジェル
			セベクヘテプ３世
			ネフェルヘテプ１世
			サハトホル
			セベクヘテプ４世
			セベクヘテプ５世
			アイ
第２中間期	第15王朝（ヒクソス）	前1650～1550年	サリティス（セケルヘル）
			キアン
			アペピ
			カムディ

	第16・17王朝	前1650〜1550年	ラーヘテプ
			セベクエムサフ1世
			インテフ6世
			インテフ7世
			インテフ8世
			セベクエムサフ2世
			タア（セケンエンラー）
			カーメス
新王国時代	第18王朝	前1550〜1295年	アハメス
			アメンヘテプ1世
			トトメス1世
			トトメス2世
			トトメス3世
			ハトシェプスト
			アメンヘテプ2世
			トトメス4世
			アメンヘテプ3世
			アメンヘテプ4世（アクエンアテン）
			スメンクカラー
			トゥトアンクアメン（ツタンカーメン）
			アイ
			ホルエムヘブ
	第19王朝	前1295〜1186年	ラメセス1世
			セティ1世
			ラメセス2世
			メルエンプタハ
			アメンメス
			セティ2世
			シプタハ
			タウセレト
	第20王朝	前1186〜1069年	セトナクト
			ラメセス3〜11世
第3中間期	第21王朝（タニス）	前1069〜945年	スメンデス
			アメンエムネスウ
			プスセンネス1世
			アメンエムオペ
			大オソルコン
			シアメン
			プスセンネス2世
			シェションク1世
			オソルコン1世

	第22王朝（ブバスティス）	前945～715年	タケロト１世
			オソルコン２世
			タケロト２世
			シェションク３世
			パミウ
			シェションク５世
			オソルコン４世
	第23王朝（リビア）	前818～715年	パディバステト１世
			イウプウト１世
			シェションク６世
			オソルコン３世
			タケロト３世
			ルウドアメン
			ペフチャウアウイバステト
			イウプウト２世
	第24王朝	前727～715年	バーケンレンエフ
	第25王朝（クシュ）	前747～656年	ピイ（ピアンキ）
			シャバカ
			シェバタカ
			タハルカ
			タヌトアメン
末期王朝時代	第26王朝（サイス）	前664～525年	ネカウ１世
			プサムテク１世
			ネカウ２世
			プサムテク２世
			アプリエス
			アマシス
			プサムテク３世
	第27王朝（ペルシャ）	前525～404年	カンビュセス
			ダレイオス１世
			クセルクセス１世
			アルタクセルクセス１世
			ダレイオス２世
			アルタクセルクセス２世
	第28王朝	前404～399年	アミルタイオス
	第29王朝	前399～380年	ネフェリテス１世
			アコリス（ハコル）
			ネフェリテス２世
	第30王朝	前380～343年	ネクタネボ１世
			テオス
			ネクタネボ２世
	第２次ペルシャ支配	前343～332年	アルタクセルクセス３世
			アルセス

			ダレイオス３世
プトレマイオス時代	マケドニア王朝	前332〜305年	アレクサンドロス大王
			フィリッポス３世（アリダイオス）
			アレクサンドロス４世
	プトレマイオス王朝	前305〜30年	プトレマイオス１世〜12世
			クレオパトラ７世
			プトレマイオス13〜14世
			プトレマイオス15世（カエサリオン）
ローマ支配時代		前30〜後395年	
ビザンティン時代		後395〜641年	
アラブ支配		後641年〜	

ちくま新書
1849

ファラオ
——古代《こだい》エジプト王権《おうけん》の形成《けいせい》

二〇二五年三月一〇日　第一刷発行

著　者　馬場匡浩（ばば・まさひろ）

発行者　増田健史

発行所　株式会社 筑摩書房
東京都台東区蔵前二-五-三　郵便番号一一一-八七五五
電話番号〇三-五六八七-二六〇一（代表）

装幀者　間村俊一

印刷・製本　三松堂印刷 株式会社

ISBN978-4-480-07676-2 C0222

ちくま新書

1800 アッシリア　人類最古の帝国

山田重郎

アッシリアはいかにして西アジアを統一する世界最古の帝国となりえたか。都市国家アッシュルの誕生から、帝国の絶頂期、そして謎に満ちた滅亡までを一望する。

1692 ケルトの世界
——神話と歴史のあいだ

疋田隆康

日本でも人気の高いケルト文化。だが、その内実については激しい論争が展開されてきた。彼らは何者なのか？神話と歴史学を交差させ、ケルト社会の実像に迫る。

1286 ケルト 再生の思想
——ハロウィンからの生命循環

鶴岡真弓

近年、急速に広まったイヴェント「ハロウィン」。この祭りに封印されたケルト文明の思想を解きあかし、古代ヨーロッパの精霊を現代へよみがえらせる。

1481 芸術人類学講義

鶴岡真弓編

人類は神とともに生きることを選んだ時、「創造する種」として歩み始めた。詩学、色彩、装飾、祝祭、美術の観点から芸術の根源を問い、新しい学問を眺望する。

1255 縄文とケルト
——辺境の比較考古学

松木武彦

新石器時代、大陸の両端にある日本とイギリスは独自の非文明型の社会へと発展していく。二国を比較することでわかるこの国の成り立ちとは？驚き満載の考古学！

1771 古代中国王朝史の誕生
——歴史はどう記述されてきたか

佐藤信弥

文字、木簡などの記録メディア、年号などの興りとは。古代中国人の歴史記述への執念、歴史観の萌芽。それらが司馬遷『史記』へと結実する。歴史の誕生をたどる。

1662 インド宗教興亡史

保坂俊司

ヒンドゥー教とそのライバル宗教で読み解くインド文明史。仏教、ジャイナ教、ゾロアスター教、イスラム教、シク教、キリスト教。インドでの教え、対立、融和。